幕末・維新
ナンバーワン決定戦

監修：矢部健太郎
（國學院大學教授）

イラスト：諏訪原寛幸

宝島社

Contents

※本文記事中の年月日は、
明治5（1872）年12月2日まで、旧暦を採用しています。
※人物名は混乱を避けるため、編集部独自の判断で
有名な名前を採用しています。
※事件の名称などについても、編集部独自の判断で
名称を統一しています。

幕末・維新ナンバーワン決定戦

まえがき

江戸幕府開闢《かいびゃく》以来、250年続いた太平の世――。しかし、嘉永6(1853)年に、ペリー提督率いるわずか4隻の軍艦が、その眠りを覚ますこととなる。ペリー来航から明治10(1877)年の西南戦争終結の間、多くの男たち、そして彼らを支える女たちが、各々の信ずる道に向かい、新たな国をつくるために、その生涯を捧げた。

本書ではそんな、幕末・維新で活躍した人物や事件について、考えつく限りのカテゴリーでランク付けし、それぞれのナンバーワンを決定している。

本来、人の活躍ぶりや働き、事件などに序列など付けようもないものだが、その困難に敢えて挑戦したのが本書である。歴史関係の書物で筆を執り続ける敏腕歴史ライターや歴史ファンら、歴史好きを公言する人たちにアンケートを取り、主観を交えて採点していただいた。すると、意外な結果が浮かび上がってきた――。

評価付けは人それぞれなので、本書の結果に異を唱える向きもあるだろうが、自分のランキングと比べながら、幕末・維新の動乱の時代に思いを馳《は》せ、楽しんでいただけたら幸いである。

『幕末・維新ナンバーワン決定戦』編集部

CG制作：成瀬京司

実力者は誰だ!?

・維新ランキング

幕末・維新最強を発表!

PART I

歴史通が選んだ！ 近代日本をつくった真の最強の幕末

武力、政治力、経済力、計画力、カリスマ性。この5つの部門をそれぞれ4つの項目に分けて、幕末・維新で活躍した志士、幕府や朝廷の人々を採点した。単なる人気ランキングからは見えない、彼らの真の実力が浮かび上がる。

武力
剣技など個々の能力だけでなく、集団での統率力や、兵器装備数、そして戦術を加えた総合的な力。

政治力
新たな道を切り開くための政策企画力や交渉力、異国との折衝にもひるまぬ外交力。

経済力
経済分野における資金の潤沢さや先の先を読む先見性、新規事業を興す能力と交易力。

計画力
決して夢物語ではないプランの立案力と計画遂行力。想定外の事態にも対応する軌道修正力。

カリスマ性
逆境に耐え抜くメンタルの強靭さ、胆力や話術、あるいはその生まれで人心を掌握する力。

5つの部門でナンバーワンを決定

幕末・維新で活躍した人物は枚挙に遑《いとま》がないが、その能力は様々である。武力に長けた人物もいれば、参謀タイプで卓越したプランニング能力を持つ人物もいる。人を惹《ひ》きつけてやまないカリスマ性を有する人物もいる。この企画では、そういった人物たちを5つの部門別でそれぞれ、5点満点の4項目に分け、総合点20点で採点している。

採点したのは長年にわたり歴史系の分野で執筆を続ける歴史ライター、歴史のロマンや悲哀に惹かれてやまない筋金入りの歴史ファンら22名である。

武力は、集団を率いる能力を測る「統率力」、自軍を優位に導くための「戦術」、兵や小銃、大砲、戦艦などによる「軍事力」、巧みな剣さばきで時に相手の命をも奪う「剣技」の4項目。

政治力は、新たな国作りを推進するための「政策企画力」、目的のためなら手段を選ばず、駆け引きにも長けた「交渉力」、機に乗じて成り上がらんとし、集団のリーダーを目指す「出世力」、外敵にも屈せず、自軍への取り込みをも目論む「外交力」の4項目。

経済力は、自ら獲得したものでも、受け継いだものでも、その出所は問わない「資金力」、新たな事業を興し、着実に運営していく「起業力」、他国、他藩との経済活動で力を発揮する「交易力」、日々変わりゆく情勢を冷静に見つめビジネスチャンスを逃がさぬ「先見性」の4項目。

計画力は、斬新かつ現実的なプランを練り上げる「立案力」、プラン実行に向け、より正確で生きた情報を仕入れる「情報収集力」、反対勢力からの抵抗を退け目的を完遂するための「遂行力」、突発的な事件やにも焦らず対応する「軌道修正力」の4項目。

カリスマ性は、人の心をつかんで離さぬ「人心掌握力」、仲間の死、思いもよらぬ事件を目の当たりにしても平常心を保つ「メンタル」、想定外の事態にも臨機応変に耐え抜く力を持つ「逆境力」、出自そのものが力となる「家柄」の4項目。

果たして、各部門のナンバーワンに選ばれた人物は――。武力、政治力、経済力、計画力、カリスマ性の部門ごとのベスト10を見ていこう。

86ページからの『最強の幕末・維新名鑑』では、総合ランキングTOP50を発表しているので、あわせてお楽しみいただきたい。

イラスト：諏訪原寛幸

武力ランキング

欧米と戦って軍の近代化を進めた薩長軍が、圧倒的な兵力を持つはずの幕府軍を撃破した。変革の時代の武人とは!?

動けば雷電のごとく
発すれば風雨のごとし

第1位

選考理由
- 欧米列強や幕府に一歩も退かず
- 奇兵隊創設、藩の軍制を改変
- 伊藤、山県らを従えた

高杉晋作

shinsaku TAKASUGI

欧米近代兵器の導入と内乱、テロが頻発した幕末維新期

幕末維新期は、軍艦、小銃、大砲など欧米の近代兵器と軍制が導入された。新政府軍と旧幕府勢力が戦った戊辰戦争以外にも、禁門の変や西南戦争などの内乱、薩英戦争や下関戦争などの対外戦争、そして桜田門外の変や寺田屋事件など要人暗殺事件が頻発した。

合計 18.7

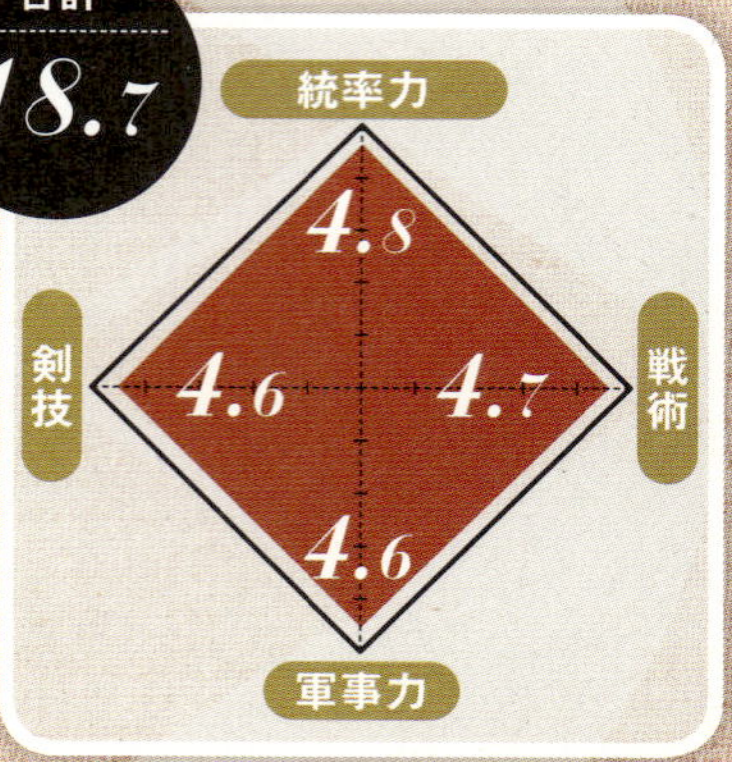

矢部チェック

高杉晋作の統率力・軍事力は、藩校明倫館から松下村塾へ進んだ向学心に支えられています。そこでの勉学により、西洋式の軍事訓練・武器の装備が可能になったのです。

下関市立歴史博物館所蔵

1

山口県立山口博物館所蔵

4

3

2

第二次長州征伐（四境戦争）の戦況図。図の星印の４カ所で、長州軍と幕府軍の戦いが繰り広げられた。

1『馬関戦争図』。長州藩は攘夷実行のため、馬関海峡でアメリカ、フランスなどの船を砲撃し、両国の艦隊から報復された。高杉は奇兵隊を結成した。翌年の四国連合艦隊との戦いでは、脱藩の罪で投獄されていた高杉が赦免され、伊藤博文を通訳に和議交渉を行った。2高下駄に破れ傘という奇抜な姿で奇兵隊を指揮する高杉を描いた図。3高杉が挙兵した功山寺。幕府に恭順する一派を倒し、藩政の主導権を握った。4功山寺境内の高杉晋作回天義挙像。トレードマークの長い刀を差した騎馬武者姿。

奇兵隊軍律

- 総督ー伍長ー隊士の命令系統を正し、一隊一和をはかる事
- 隊中、妄《みだ》りに他行してはならない事
- 酒宴、遊興、淫乱、高声等しない事
- 喧嘩・口論せず、意見は伍長を通して総督に申し出る事
- 陣中、敵味方の強弱や批判等しない事

“回天の義挙”で討幕を推進した風雲児

上海《シャンハイ》から帰国した高杉は、英国公使館焼き討ちという攘夷《じょうい》テロのあと、欧米諸国と戦うために、武士階級以外からの志願兵も含めた義勇軍《ぎゆうぐん》である奇兵《きへい》隊《たい》を創設した。

長州藩は八月十八日の政変、禁門《きんもん》の変で京都から駆逐《くちく》され、さらに朝廷の命で幕府から征長《せいちょう》軍を差し向けられた。高杉は、藩存亡の危機に際して、長州が恭順《きょうじゅん》姿勢に転じることに反発した。遊撃隊《ゆうげきたい》・力士隊《りきしたい》らの勢力わずか80名を率いて挙兵し、2000の藩兵に対して軍事クーデターを果たした。第二次長州征伐（四境《しきょう》戦争）では、小倉口《こくらぐち》の海陸軍参謀として、諸隊1000を率いて、諸藩連合の幕軍2万と激戦を繰り広げたのち、29歳で病没した。

武力

矢部チェック

西洋兵器が新たな武力となる

中世後期の合戦で有効な武器といえば弓・槍・鉄砲ですが、江戸時代には、武士のアイデンティティとして「剣術」が発達し、各所に道場が建設されました。そのため、幕末には剣技も重要な武力となっています。加えて、西洋から最新式の銃火器や軍艦がもたらされ、「武力」として重宝されました。

国立国会図書館所蔵

新政府は西郷という維新最大の功労者を結果的に反乱軍の首魁にしてしまった。しかし、この戦いによって西郷の名声はいっそう上がった。

第2位 合計18.6

人望と器量ゆえに大将に推される

西郷隆盛

薩摩藩主島津斉彬《なりあきら》の側近だった西郷は、斉彬急死後に二度も流刑となった。しかし、藩政に復帰して、禁門の変では薩摩・会津ら諸藩連合を指揮した。戊辰《ぼしん》戦争では諸藩軍を率いて江戸へ向かい、江戸無血開城を果たすなど、巧みに新政府軍を指揮。明治新政府では、参議筆頭、陸軍大将と政府軍のトップに立つが、故郷へ帰り、人望ゆえに西南戦争で担ぎ出され、戦死した。

京都国立博物館所蔵

『近世珍話』より「禁門の変」。京都守護職の松平容保は藩兵を率いて、朝敵長州軍を退けた。しかし、会津戦争では官軍の攻撃を受けることになる。

第3位 合計18.5

京都守護職として尊攘派と戦う

松平容保

幕府権威が失墜するなか、京都では尊攘派のテロ事件が頻発し、薩長による朝廷工作も盛んに行われていた。会津藩主松平容保《かたもり》は火中の栗を拾う覚悟で藩兵を率いて上洛し、尊攘勢力と戦った。新撰組、京都見廻組を使って治安維持に努め、禁門の変では長州藩を撃退した。幕府崩壊後も、旧幕勢力の雄として、新政府軍の集中砲火を浴びながら、本拠会津で抗戦した。

第4位 合計18.3

長州軍、新政府軍を近代化 その才知、鬼の如し

大村益次郎

大村は大坂の緒方洪庵《おがたこうあん》のもとで蘭学と医学を学んだが、宇和島藩に招かれて、西洋兵法書の翻訳や軍艦製造を指導した。これが好評で、幕府の蕃書調《ばんしょしらべ》所《しょ》や講武所で兵学を講義した。やがて江戸で桂小五郎と出会い、長州へ戻って藩軍の近代化を推進するようになる。

高杉晋作が創設した奇兵隊は西洋式軍制を取り入れたが、高杉は大村に指導を頼んだ。幕府の第二次長州征伐に際し、長州は大村の進言を取り入れてミニエー銃やゲーベル銃の大量導入を図った。また、大村は奇兵隊などの諸隊の指揮系統を整備し、隊長たちに戦術指導を行った。第二次長州征伐では、大村の目論見どおり、最新武器と用兵、戦術が功を奏し、長州軍は数に勝る幕府軍に対して、優勢に戦いを進めた。

戊辰《ぼしん》戦争では、勝海舟・西郷隆盛間で江戸無血開城がなされたが、旧幕勢力も依然として反撃を狙っていた。勝から江戸の治安維持の権限を譲られた大村は、上野戦争で彰義隊《しょうぎたい》を一日で壊滅させて、実戦での強さを知らしめ、江戸を制圧した。

維新の功で新政府の幹部となった大村は、徴兵制による藩にとらわれない近代軍の建設や兵学校の開校を進めようとしたが、改革を急ぐ大村に反発した8名の刺客の襲撃を受けて負傷し、それがもとで亡くなった。

2

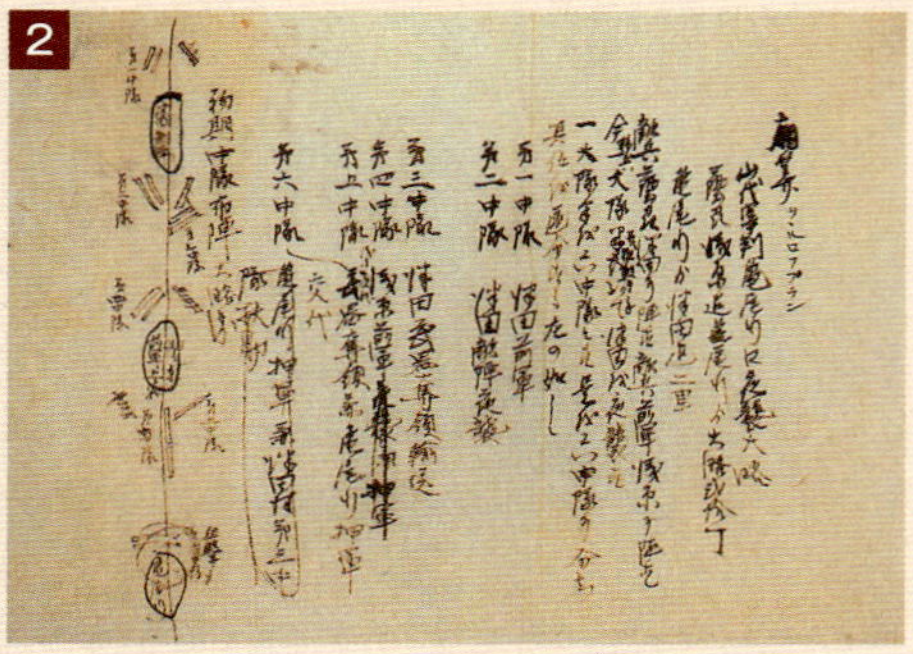

1

1 靖国神社に建立された大村益次郎像。大村は日本陸軍創設の父といわれる。2 山口県歴史民俗資料館所蔵『四境戦争戦略図』。大村は藩兵の指揮官の育成、指揮系統の整備、兵器などの軍備増強、巨視的な戦略立案も行い、数に勝る幕府軍との戦いで優勢を築いた。

第5位

合計 18.1

榎本武揚

幕府艦隊引渡しを拒否　五稜郭で最後まで抗戦

慶応4（1868）年11月15日夜半、暴風雪で座礁する開陽丸。座礁して10日後に沈没した。

榎本は昌平坂《しょうへいざか》学問所で学ぶが成績は悪かった。長崎海軍伝習所の試験に落ちるが、座り込みによって特例で入所して、勝海舟の指導を仰いだ。27歳のときオランダに留学し、幕府が発注していた開陽丸《かいようまる》建造に立ち会い、航海術や砲術、国際法なども修めた。

榎本は開陽丸に乗船して帰国した。勝と西郷の江戸無血開城で、旧幕府所有の軍艦引渡しも決められたが、海軍副総裁だった榎本は開陽丸以下の軍艦8隻を率いて江戸湾を脱走した。いったんは勝の説得で断念するが、再び脱走し、北上する途上で、奥羽越諸藩の兵や新撰組の土方歳三《ひじかたとしぞう》らを収容し、兵力は3000に及んだ。

鷲ノ木《わしのき》に到着した旧幕軍は北から二手に分かれて箱館へ向かい、数に勝る新政府軍を撃退し、五稜郭《ごりょうかく》を占領した。松前、江差を撃破して、蝦夷《えぞ》共和国（通称）樹立を宣言した。しかし、要の開陽丸が暴風雪で座礁し、新政府軍の甲鉄艦《こうてつかん》を奪取するという窮余《きゅうよ》の奇策も失敗に終わる。蝦夷《えぞ》共和国は約半年持ったが、兵力に勝る新政府軍の総攻撃を受け、土方が戦死し、ついに降伏したのだった。

函館市中央図書館所蔵

榎本艦隊の面々。前列向かって右が榎本。左は蝦夷共和国（通称）の海軍奉行荒井郁之助。後列左から江差奉行並小杉雅之進、会計奉行の榎本道章、のち外務大臣になった林董、蟠竜丸艦長松岡磐吉。

武力ランキング

1位	高杉晋作	18.7点
2位	西郷隆盛	18.6点
3位	松平容保	18.5点
4位	大村益次郎	18.3点
5位	榎本武揚	18.1点
6位	勝海舟	17.8点
7位	土方歳三	17.7点
8位	山県有朋	17.5点
9位	河井継之助	17.3点
10位	山岡鉄舟	17.2点

政治力ランキング

内乱や政変、暗殺——維新回天の時代には、移り変わる時流の潮目を読みながら、果敢な行動をとる能力が必要とされた。

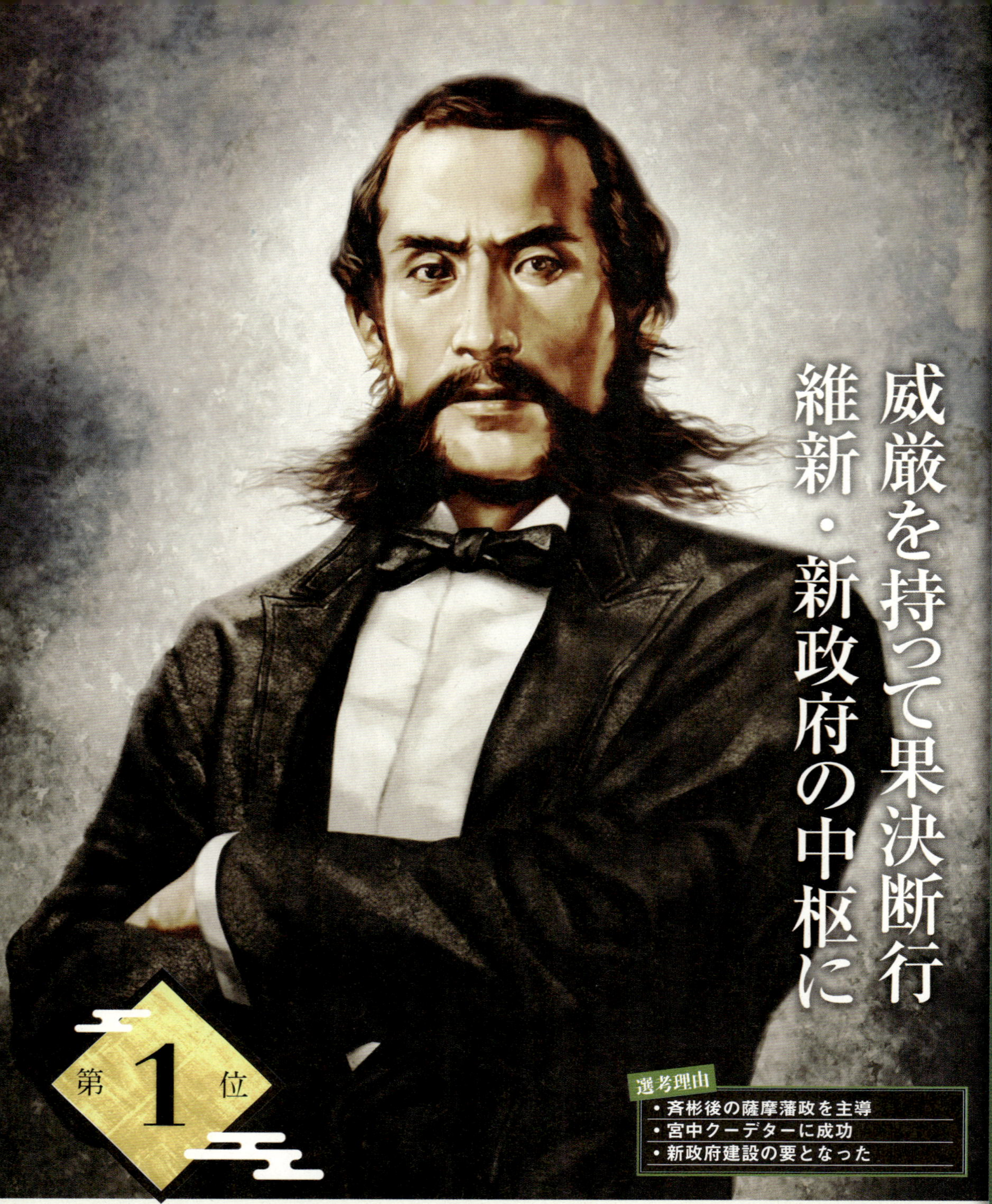

威厳を持って果決断行
維新・新政府の中枢に

第1位

選考理由
・斉彬後の薩摩藩政を主導
・宮中クーデターに成功
・新政府建設の要となった

大久保 利通
toshimichi OOKUBO

敵味方が混沌とするなか より高い政治力が求められる

仇敵《きゅうてき》の薩長《さっちょう》が手を組み、大政奉還《たいせいほうかん》後には宮廷クーデターで王政復古《おうせいふっこ》が決まった。軍艦奉行を罷免《ひめん》された勝海舟が旧幕府代表となり、流刑となっていた西郷隆盛が新政府代表となり、幕府消滅を決定した。先が読めない変革の時代、時代の雄たちの立場も日々激変していた。

合計	政策企画力	交渉力	出世力	外交力
19.1	4.9	4.9	4.8	4.5

矢部チェック
「岩倉使節団」でイギリスの工業力、ドイツの軍事力などに刺激された利通は、逆に日本の個性を伸ばす必要性に気づきます。国内政治を重視して征韓論に反対しましたが、良い意見には耳を傾けています。

国立国会図書館所蔵

明治６年の政変の対立構造

	征韓派（留守政府）朝鮮に開国を求める	非征韓派（使節団派）朝鮮よりも国内政治の優先を主張
太政大臣		公爵 岩倉具視
参議	薩摩 西郷隆盛 土佐 板垣退助 肥前 江藤新平 土佐 後藤象二郎 肥前 副島種臣	薩摩 大久保利通 肥前 大隈重信 肥前 大木喬任 長州 木戸孝允
閣員以外	薩摩・陸軍少将 篠原国幹 薩摩・陸軍 村田新八 薩摩・陸軍少将 桐野利秋	長州・工部大輔 伊藤博文 薩摩・開拓次官 黒田清隆 長州・前大蔵大輔 井上馨 薩摩・外務大輔 寺島宗則 紀州・租税頭 陸奥宗光 幕臣・前大蔵省三等出仕 渋沢栄一

1『征韓論之図』。画面左手椅子にふんぞり返って座る大久保に、右手の立ち上がった西郷隆盛がいきり立っている。大久保の右、烏帽子を被った岩倉具視が勺を差し出し、中央で三条実美が板ばさみになっている構図。2大久保利通暗殺の様子を描いた図。西郷の死の翌年、大久保は暗殺された。暗殺時に大久保は西郷からの手紙を懐にしのばせていたといわれている。3西南戦争から100年後、ようやく地元鹿児島で西郷の敵扱いを受け続けていた大久保像が建立された。

宮廷クーデターで王政復古を新政府では官僚支配の中心に

名君島津斉彬《なりあきら》の側近だった盟友の西郷隆盛が安政の大獄で流刑となると、大久保は、急死した斉彬に代わって藩の実権を持つ島津久光《ひさみつ》の側近となった。やがて復帰した西郷と二人三脚で倒幕に転じる藩を取り仕切った。薩長が手を結び倒幕に向かうのを察知した徳川慶喜《よしのぶ》が大政奉還を表明すると、岩倉具《とも》視《み》と宮廷クーデターを敢行して、明治天皇に王政復古を宣言させた。

新政府では、木戸孝允《たかよし》、後藤象二郎《しょうじろう》、副島種臣《そえじまたねおみ》らと版籍奉還《はんせきほうかん》を果たす。しかし、政敵の土佐派、肥前派を押さえ込むための明治6年の宮廷陰謀が、西郷をも失うという結果を招いた。政府の中枢にいて官僚独裁を牽引していくが、西南戦争の翌年に暗殺された。

政治力

矢部チェック

政治は武士から政治家へ

鎌倉以来の武家政権時代の「政治家」は武士であり、「政治力」は「軍事力」と不可分の関係にありました。しかし、明治新政府は、未発達ながらも法律と議会制度を整備していったため、必ずしも政策決定に際して武力的な背景を必要としなくなりました。政治家にコミュニケーション能力が求められるようになったのです。

第2位 合計18.7

御家人から幕府全権にべらんめえ口調の教養人

勝海舟

わずか40俵の御家人《ごけにん》だった勝は苦学して蘭学と兵学を修め、私塾を開いていた。勝が書いた「海軍に軍艦が必要で、その製造費は貿易で賄う」という意見書が海防掛《かいぼうがかり》の大久保一翁《いちおう》の目に留まって、出世の糸口をつかみ、次第に幕府海軍で頭角を現していった。

日米修好通商条約批准《ひじゅん》のため幕府の渡米使節が乗船した咸臨丸《かんりんまる》の艦長を務め、学問で培った見識をアメリカでさらに深めた。幕臣らしからぬ日本の将来を見すえた歯に衣《きぬ》を着せぬ発言によって、何度も役を罷免されるが、復帰の度に出世し、第二次長州征伐では、幕軍全権として和議交渉を行った。

坂本龍馬に貿易による富国強兵という考えを植え付け、西郷隆盛には「幕府はもうだめだ」と伝えて公武合体から討幕に転じるきっかけを与えるなど、志士たちにも大きな影響を与えた。

討幕のため東征軍を率いる西郷と会見し、独断で江戸無血開城をまとめた。激動の時代を柔軟な思考と視野の広さで渡り、時代を動かしたキーマンの一人となったのだ。

港区立みなと図書館所蔵

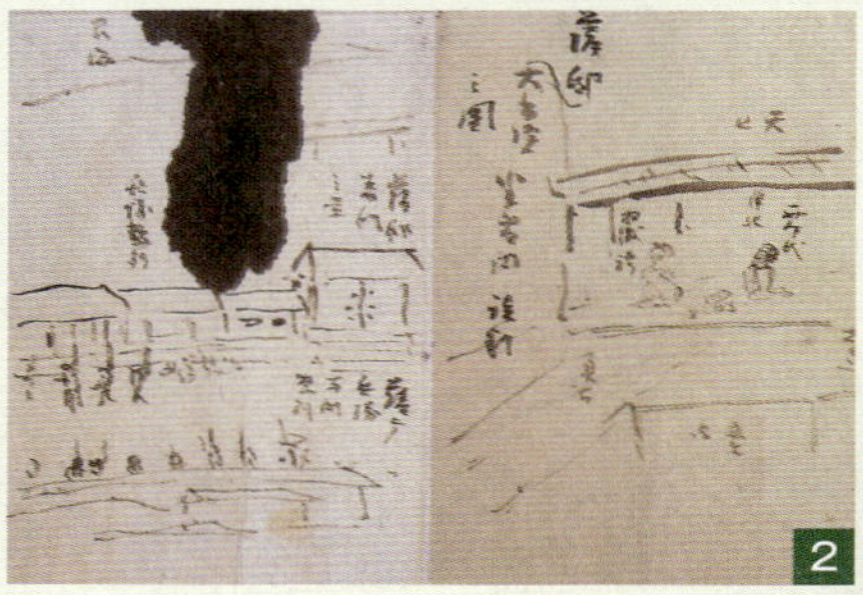

1 港区芝の田町駅のそばにある「江戸開城　西郷南洲・勝海舟　会見之地碑」。田町駅三田口には会見図の鮮やかなレリーフが壁面を飾っている。三田の薩摩藩邸の跡地には日本電気本社ビルが建っている。2「勝海舟墨片」より西郷との会談の様子を勝がスケッチしたもの。西郷と勝は旧知の間柄で、立場が違う相手を認め合っていた。

第3位 合計18.5

松陰、高杉の遺志を継ぎ近代国家を建設した

伊藤博文

貧農出身の伊藤は、松下村塾《しょうかそんじゅく》では講義を外で立ち聞きして学んだ。井上馨《かおる》らとイギリスへ密航留学し、帰国後は語学力を買われ、馬関戦争では欧米諸国との和平交渉に関わった。高杉の功《こう》山寺《ざんじ》挙兵では一番に馳《は》せ参じた。

維新後は明治天皇の信頼厚く、大日本国憲法制定や内閣制度創設の中心的役割を果たした。初代以降4度の首相経験を持つ、大政治家となったのだ。

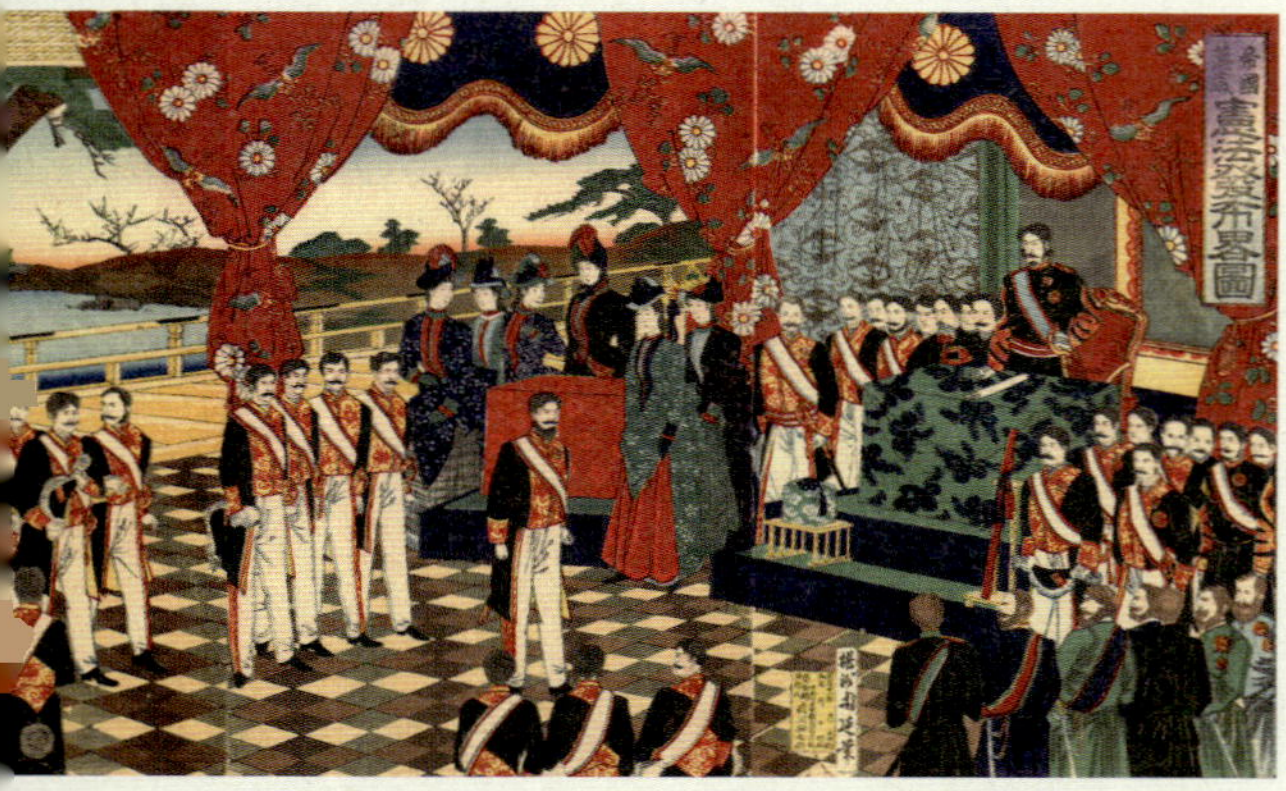

『帝国万歳 憲法発布略図』。右に明治天皇が描かれる。憲法調査で渡欧した伊藤は、のちに草案諮問機関の枢密院議長となった。

立命館大学ARC所蔵

第4位 合計18.4

宮中の活発な政治行動で維新政府の中心的存在に

岩倉具視

岩倉は下級公家ながら、日米修好通商条約勅許《ちょっきょ》に反対したり、和宮降嫁《かずのみやこうか》を斡旋するなど、朝廷権威を強化しようと活発な政治行動をとった。しかし、公武合体への活動が尊攘派に弾劾《だんがい》され、蟄居《ちっきょ》生活を余儀なくされた。

大久保利通との関係が深く、呼応して王政復古を画策した。維新政府樹立後は要職を歴任し、遣欧米使節団の特命全権大使となった。

「岩倉使節団写真」。写真中央は特命全権大使の岩倉。左から、副使の木戸孝允、山口尚芳、伊藤博文、大久保利通と写る。

第5位 合計18.2

大久保の対抗勢力となり初の政党内閣を発足

大隈重信

佐賀鍋島《なべしま》藩出身で、『葉隠《はがくれ》』主義に反発して藩校を退学となった。副島種臣、江藤新平《えとうしんぺい》らと尊皇運動に身を投じて、長州藩の外国船砲撃を援助し、幕府の長州征討の中止を図った。副島とともに徳川慶喜に大政奉還を進言して、捕縛され謹慎を命じられた。

政治活動の一方で、『新約聖書』やアメリカ独立宣言をテキストとした藩の英学校致遠館《ちえんかん》でフルベッキ校長のもと、教頭を務め、欧米の政治思想を学んだ。維新政府では外国官副知事、民部大輔、大蔵大輔などを歴任して、鉄道・電信建設や富岡製糸場設立にもあたった。西南戦争では軍事輸送を担った三菱汽船を助成し、以後も岩崎弥太郎《やたろう》と密接な関係が続いた。

大隈は、伊藤博文や井上馨など長州閥の若手官僚と親しく、薩摩閥の大久保利通の対抗勢力となっていた。だが、明治14（1881）年の政変では憲法制定をめぐって、自由民権運動に同調する大隈は、議院内閣制のイギリス型憲法を支持して、君主大権を認めるビスマルク憲法を支持する伊藤・井上と対立した結果、下野することとなった。しかし、伊藤は第一次内閣では政敵の大隈に外相を要請した。

明治31（1898）年に板垣退助と憲政党を結成し、初の政党内閣を結成。政界引退後、早稲田大学初代総長に就任した。

1 佐賀藩士時代の大隈。藩校弘道館を退学となったが、教授となって戻った。
2 初代総長となった早稲田大学の正門奥に建つ大隈重信像。

政治力ランキング

順位	名前	点数
1位	大久保利通	19.1点
2位	勝海舟	18.7点
3位	伊藤博文	18.5点
4位	岩倉具視	18.4点
5位	大隈重信	18.2点
6位	木戸孝允	17.9点
6位	井上馨	17.9点
8位	後藤象二郎	17.8点
9位	西郷隆盛	17.7点
10位	山県有朋	17.5点

経済力ランキング

激動の時代には、大きなビジネスチャンスがあった。時代の波に乗り、政治と関わり、世を動かした経済人がいた。

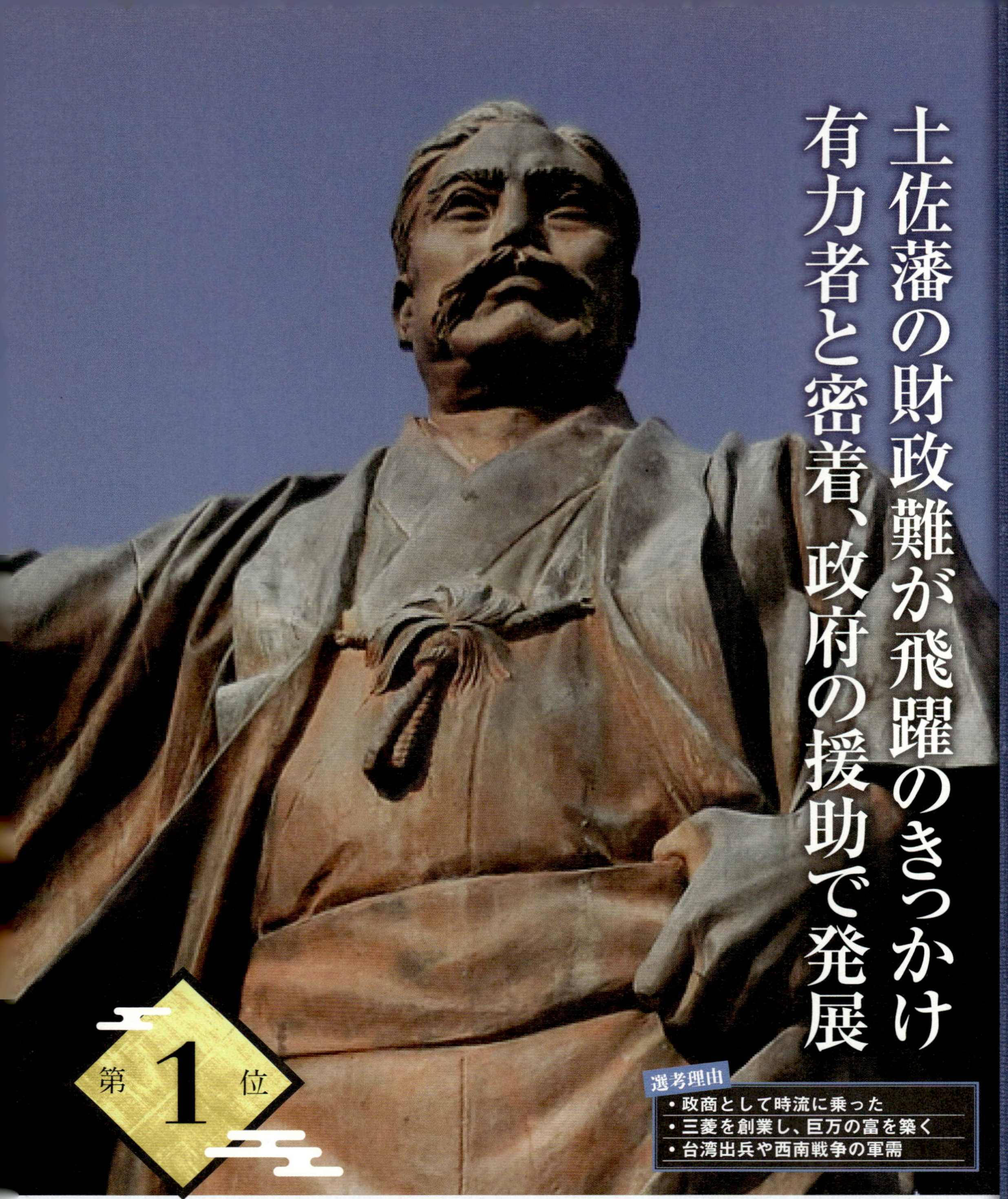

土佐藩の財政難が飛躍のきっかけ 有力者と密着、政府の援助で発展

第1位

選考理由
- 政商として時流に乗った
- 三菱を創業し、巨万の富を築く
- 台湾出兵や西南戦争の軍需

岩崎 弥太郎

yatarou IWASAKI

列強の来訪を千載一遇の商機として 動乱のなか、巨万の富を得る

欧米列強の訪日が相次ぎ、幕府をはじめ、西南雄藩や福井藩などで、貿易や富国強兵が意識された。そこには、兵器や艦船の輸入、軍需輸送など大きな商機があった。明治になり、政府有力者を通じ、好条件で官とからむ新事業に関わり、利益を手にする者も現れた。

矢部チェック

土佐藩出身の弥太郎は、後藤象二郎・坂本龍馬らのバックアップを得て「九十九商会」を作り、大会社三菱の礎を築きました。海に囲まれた日本において、海運業がいかに重要かを見抜いていたのでしょう。

長崎市グラバー園所蔵

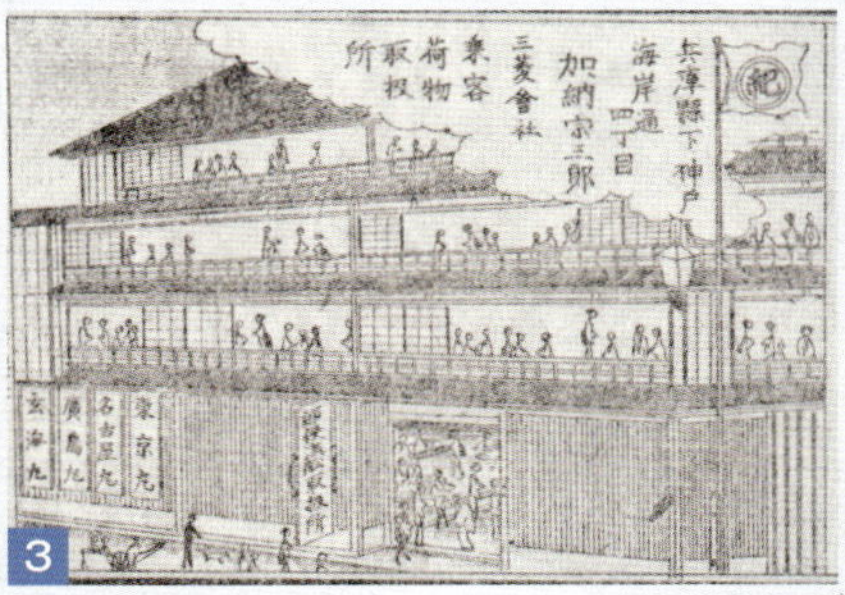

『豪商 神兵 湊の魁』より　彦根城博物館所蔵

1旧岩崎邸洋館。現在の上野不忍池南西の都立庭園は、岩崎家本邸の一部で、もとは広大な敷地だった。洋館は鹿鳴館の設計も行ったコンドルによるもの。2高知県安芸市にある岩崎の生家にある、日本列島をかたどった庭石。3「神戸三菱会社　乗客荷物取扱所」。4本馬込の六義園。柳沢家の大名庭園であったが、岩崎が買取り整備した。5グラバー肖像。グラバーは上海の商社に入社後、幕末の日本で武器商人として活躍。明治に三菱財閥の相談役も務めた。

人脈を巧みに利用しつつ時流に乗って事業を拡大

岩崎は吉田東洋《とうよう》の私塾で後藤象二郎《しょうじろう》や板垣退助らと学び、貿易による富国強兵という考えを学んだ。後藤に抜擢《ばってき》されて藩の海運を扱う土佐商会の実権を握り、そこで坂本龍馬の海援隊《かいえんたい》の経理業務も行った。土佐藩は後藤の戦艦や小銃の購入で、大きな負債を抱えていたが、岩崎は外国商人たちからの援助などで一部を埋めた。そして、藩が所有する船の払い下げを受けて、三菱商会の前身となる海運業を創業した。

岩崎は大久保利通や大隈重信ら新政府の有力者のコネを利用して、政府所有の船を格安で手に入れ、事業を拡大していった。また、政府の援助を受けながら台湾出兵や西南戦争の軍需輸送を行って、巨万の富を築いた。

経済力

矢部チェック　開国により経済活動が一変する

江戸時代以前の日本でも、貿易活動は幅広く行われていました。ただし、取引される品々は、工芸品や貨幣、鉱物資源、服飾の材料などが主でした。しかし、開国により海外の進んだ産業資源が導入されるようになり、日本の経済活動は様変わりします。とりわけ、ヨーロッパで進んだ産業革命の影響は大きかったのです。

貨幣博物館所蔵

みずほ銀行の前身で、渋沢栄一が頭取となった日本初の商業銀行・第一国立銀行。渋沢は第七十七国立銀行創立にも関わる。

第2位 合計19.4

公益を図った日本資本主義の父

渋沢栄一

渋沢は学問や剣術を学び、尊攘運動に共鳴《きょうめい》するが、一橋家家臣の紹介で慶喜に仕え、幕臣となり欧州を歴訪した。大隈重信の勧めで維新政府の大蔵省に入り、退官後、第一国立銀行（現みずほ銀行）頭取となる。「私利を追わず、公益を図る」と、東京瓦斯《ガス》、東京海上火災保険、理化学研究所や一橋大学などを創設。ノーベル平和賞候補にもなり、日本資本主義の父と呼ばれた。

第3位 合計18.8

留学の経験・人脈で関西財界発展の礎を築く

五代友厚

薩摩藩から幕府の長崎海軍伝習所へ派遣され、勝海舟らとともにオランダ人から航海術を学んだ。幕府の上海派遣使節に水夫として同行し、高杉と親しくなった。薩英戦争では捕虜となるが、小舟でイギリス艦から脱走した。慶応元（1865）年に武器商人グラバーの手引きでイギリスへ密航留学し、当時敵方だった長州藩の留学生だった伊藤博文や井上馨らと遭遇した。

帰国後、藩の財政や貿易業務に携わり、明治新政府では外国掛、大阪府判事などを兼任し、辞官後は現在の大阪証券取引所や大阪商工会議所、住友金属工業、大阪市立大学などの起源にあたる諸機関を創設。維新後すぐに同郷の大久保利通と大坂遷都を目論んで以来、低迷する大阪の復興に尽力した。

五代友厚《ごだいともあつ》は、大久保をはじめ薩長閥の政府要人との強力なコネを活かした政商であった。明治14（1881）年、薩摩出身の北海道開拓使長官の黒田清隆が、1400万円の公金を投じた船舶、農園、ビール・砂糖工場などを五代が経営する関西貿易商会に、わずか39万円で、しかも無利息の30年払いで払い下げることが問題となった。この事件は、自由民権派の政府批判運動を後押しし、薩長閥が批判勢力の大隈重信や慶応義塾門下生を追放するという政変を引き起こす一因ともなった。

1五代友厚肖像。2大阪証券取引所前の五代友厚像。江戸初期は、上方が文化・経済の中心だった。だが、明治の東京奠都（てんと）で瓦解寸前の大阪経済を五代は建て直そうとした。

第5位 合計18.2

薩長同盟の前に交易で薩長を結ぶ

坂本龍馬

龍馬は勝海舟と出合い、神戸海軍操《そう》練所《れんじょ》設立に尽力し、塾頭となったが、操練所が廃止となると、勝に紹介された西郷隆盛を頼った。薩摩藩から資金援助を受けて亀山社中《かめやましゃちゅう》を立ち上げて、薩摩名義で武器・艦船を買い付け、武器輸入が禁止されていた長州の軍備を充実させた。まず交易で、薩長を結んでいたのだ。新政府構想では、政府に入らず、「世界の海援隊《かいえんたい》」を希望した。

霊山歴史館所蔵「坂本龍馬と海援隊隊士像」。左から3人目の紋付羽織が龍馬だが、隊士の比定には諸説ある。亀山社中は土佐藩公認の海援隊へと発展改編した。

第4位
合計 18.4

松平慶永

人材を登用し藩財政を改革

松平慶永《よしなが》（春嶽《しゅんがく》）は御三卿の田安《たやす》徳川家に生まれるが、後嗣《こうし》がいない福井藩主が急死したために、わずか11歳で福井藩主となった。

藩主となっても江戸で暮らし、初めて領国の福井を訪れたのは16歳のときであった。当時福井藩には90万両という多額の借金があった。

慶永は、藩の守旧派家老を罷免し、次々と有用な人材を登用して、藩政改革を行った。中根雪江《なかねゆきえ》が、藩主自らが5年間出費を削減し、全藩士の俸禄《ほうろく》を3年間半減とする策で財政を立て直した。倹約一方だけではなく、横井小楠《しょうなん》や由利公正《ゆりきみまさ》が殖産興業を実行し、橋本左内《さない》が西欧の先進技術導入を提言した。

その結果、藩内では洋学所が開設され、洋式兵制を導入し兵備が充実し、藩校で教育が振興、種痘《しゅとう》も普及するなど大きな改革の実が得られた。

慶永が登用した豪華な人材に簡単に触れておこう。中根雪江は平田篤胤《あつたね》に国学を学んだ儒学者。由利公正は五カ条の誓文の起案をした人物で、民撰議員設立建白書でも知られる。横井小楠は藤田東湖《とうこ》、吉田松陰、勝海舟、坂本龍馬などに影響を与えた、公共と交易による新しい国家構想を持った人物。橋本左内は西郷隆盛が心酔した世界的視野を持った蘭学医。

こうした幕末の優秀な頭脳を結集して、慶永は藩政・幕政に関わったのだ。

1 松平慶永像。福井藩の財政再建は、開国と鎖国に揺れる当時の重要な政治問題と密接にリンクしていた。2 神戸の海軍操練所跡碑。外国船の訪日が相次ぎ、神戸は京都防衛のための重要拠点と考えた軍艦奉行の勝海舟は、開明派の慶永に資金援助を仰いだ。負債まみれの福井藩を建て直した慶永は、坂本龍馬の粘り強い交渉もあって、これに応じた。

「文久年間和蘭留学生一行の写真」。慶永は洋学発展のため、榎本武揚（後列中央）や西周（前列一番右）らをオランダへ留学生として派遣した。

国立国会図書館所蔵

経済力ランキング

1位	岩崎弥太郎	19.5点
2位	渋沢栄一	19.4点
3位	五代友厚	18.8点
4位	松平慶永	18.4点
5位	坂本龍馬	18.2点
6位	井上馨	18.1点
6位	前島密	18.1点
8位	島津斉彬	18.0点
9位	後藤象二郎	17.8点
10位	板垣退助	17.6点

計画力ランキング

尊攘運動の破壊的活動の先には、新政府建設の必要があった。手探りの国造りのなか、日本の将来を見通したのは誰か!?

幕末に新しい時代の国家構想を提案した

第1位

選考理由

- 自由な精神で大局を見た
- いち早く上下院構想を示す
- 新政府建設の指針を掲げた

坂本龍馬

ryouma SAKAMOTO

男たちの気宇壮大な計画が新たな国造りの源となった

公武合体《こうぶがったい》への動きから薩長同盟を経て、討幕への動きは一気に加速した。徳川政権をどのように倒すのか、新時代の政府はどのように運営していくのか。先行きが見えない時代に、将来像を提示して、権力闘争の荒波にもまれながら、国家建設へ邁進した人物たちがいた。

矢部チェック

「海援隊」「薩長同盟」「大政奉還」など、坂本龍馬の斬新な発想に基づく歴史的事項は数多いが、志半ばに倒れた龍馬の脳裏には、他にも数々のアイデアがあったのでしょう。そのすべてを見てみたかった。

国立国会図書館所蔵

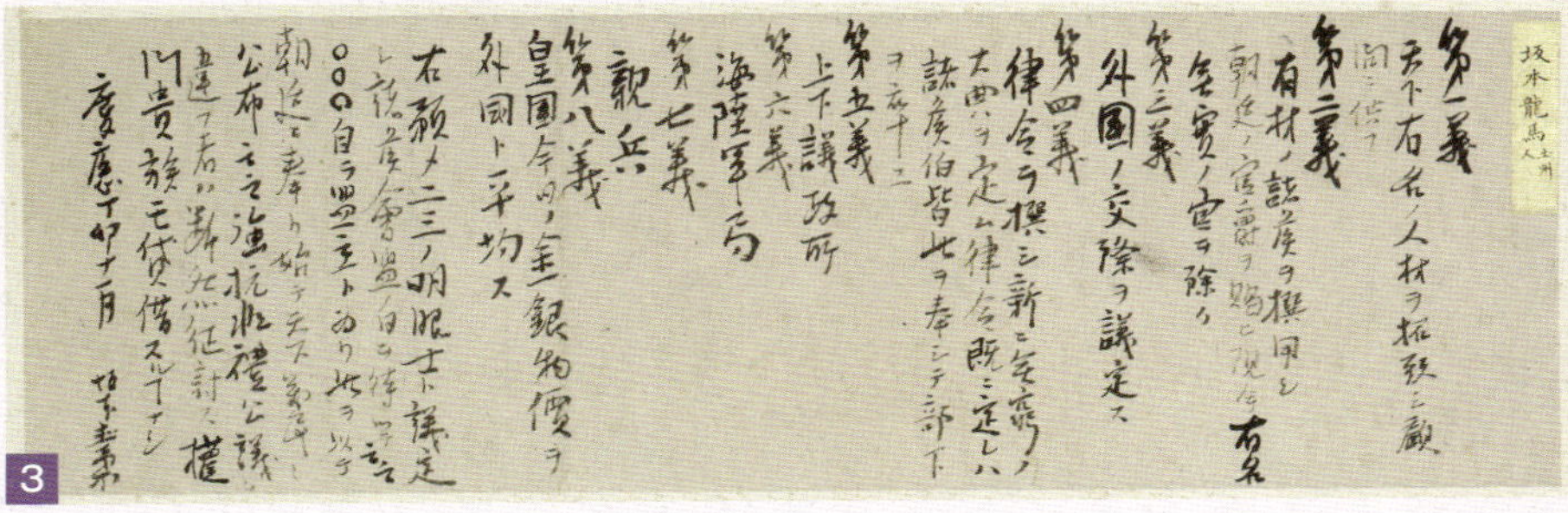

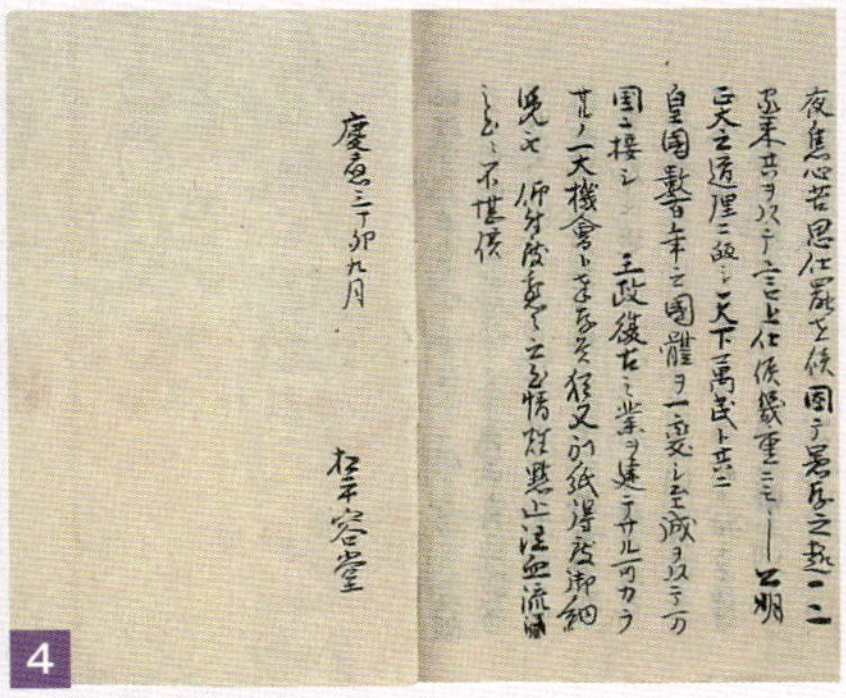

国立国会図書館所蔵

1 桂浜の坂本龍馬像。近くには坂本龍馬記念館もある。2 船中八策の碑。天龍寺塔頭松厳寺にある。3『新政府綱領八策』。大政奉還前の船中八策をもとに、大政奉還後に龍馬が自筆して土佐藩に示したもの。4『大政奉還建白書』。龍馬案を後藤象二郎が修正したもので、親幕の土佐藩主の山内容堂が建白した。5 近江屋跡地の「坂本龍馬・中岡慎太郎遭難之地碑」。「八策」起草から２週間後、剣の遣い手だった龍馬と中岡は、反撃することもできずに、斬られた。

龍馬の示した維新プランが後藤、西郷・大久保らの指針に

維新史に光る龍馬の「船中八策《せんちゅうはっさく》」には、大政奉還後に上下の議政局を設け、「万機宜シク公議ニ決スヘキ事」と画期的な内容が述べられていた。この「船中八策」は、龍馬から後藤象二郎《しょうじろう》に渡った。後藤らは薩土《さつど》盟約を結ぶが、土佐藩と薩摩藩との間で合意された王政復古による新国家構想は、「船中八策」に基づいていた。

もっとも「船中八策」の原本は現存しておらず、龍馬の案を海援隊《かいえんたい》の長岡謙吉《けんきち》が起草し、後藤象二郎が修正したという説もある。しかし、龍馬がイメージした新時代の日本の在り方を後藤に示し、それが西郷や大久保に伝わり、維新国家建設の指針を作ったことは、おそらく事実だろう。

計画力

矢部チェック

斬新な発想が求められた

江戸時代は比較的平和で安定した時代でしたが、社会構造は停滞していた側面もあったのでしょう。欧米列強の接近という未曾有の危機は、幕末維新期の特に若い世代に対して大きな刺激となります。固定化した社会を激しく揺り動かし、新たな社会を築いていくためには、斬新な発想による「計画力」が必要とされたのです。

第2位 合計18.5

大久保利通

幕府首脳人事を操り討幕を果たす

薩摩藩の下級藩士だった大久保は、幕府最高人事を見事に操った。文久2（1862）年に、藩主名代として島津久光を、藩兵1000を率いて上洛させた。寺田屋事件では尊攘派を武力鎮圧して朝廷に圧力をかけることで、自らの幕政改革案に勅命の後ろ盾を得た。勅書護送名目で、薩摩軍は江戸へ向かい、公武合体のため一橋慶喜を将軍後見職に就けたのだ。しかし、慶喜が主導権をとろうとすると、長州と秘密同盟を結び、征長軍に薩摩軍を出兵させないことで幕府を追い込み、武力討幕へと転じた。その後、窮地に追い込まれた慶喜が、大政奉還によって勢力を保持しようとする目論見を、王政復古と宮中クーデターでつぶした。

明治の新政府でも幕末に示した政治手腕を発揮した。岩倉遣欧米使節は、当初大隈重信らが派遣される予定だったが、岩倉具視、木戸孝允、大久保利通、伊藤博文、山口尚芳《ますか》らの政府首脳の大使節団へ変更した。外交を大隈らに仕切られることを良しとせず、留守政府を西郷に託して、薩摩閥《ばつ》の勢力保持を狙ったという見方ができる。

しかし、現実家の大久保は盟友のロマンチスト西郷の行動を読み違えた。中央集権国家建設という目的のため、西郷を反逆者として討伐するはめになったのだ。

大久保が勅命の後ろ盾を得るきっかけとなった寺田屋。

第3位 合計18.4

岩倉具視

勅命を利用し自らのプランを実行

戦争も含めた幕末の政局において勅命は最高の切り札として機能した。岩倉もその威光を存分に利用している。

慶応3（1867）年、10月14日に将軍徳川慶喜は、大政奉還を上奏したが、同日に岩倉の腹心だった玉松真弘《たままつまひろ》が起草した討幕の密勅《みっちょく》が薩摩藩と長州藩に下されていた。勅書には天皇自らが日付を入れる御画日《ごかくじつ》、内容を天皇が裁可することを証す「可」を記入する御画可《ごかくか》が必要であった。だが、討幕の密勅は御画日、御画可を欠いており、偽勅だった可能性が高い。

大政奉還後も、統治・外交権は徳川慶喜に委任されており、薩摩藩兵は上洛したものの、長州藩は入京を禁じられたままで、他藩も動かなかった。

この状況を打破するため、岩倉と大久保は、御所を薩摩藩兵などで固めたうえで、王政復古の大号令と小御所《こごしょ》会議での慶喜の辞官納地《じかんのうち》を決定し、徳川政権を瓦解へと追い込んだのだった。

明治6（1873）年、西郷の朝鮮使節派遣が閣議決定されたが、岩倉が自分の派遣延期案も上奏し、閣議を覆した。これにより、西郷、板垣、後藤らが政府を去った。富国強兵実行のため、またも勅命を利用したのだった。

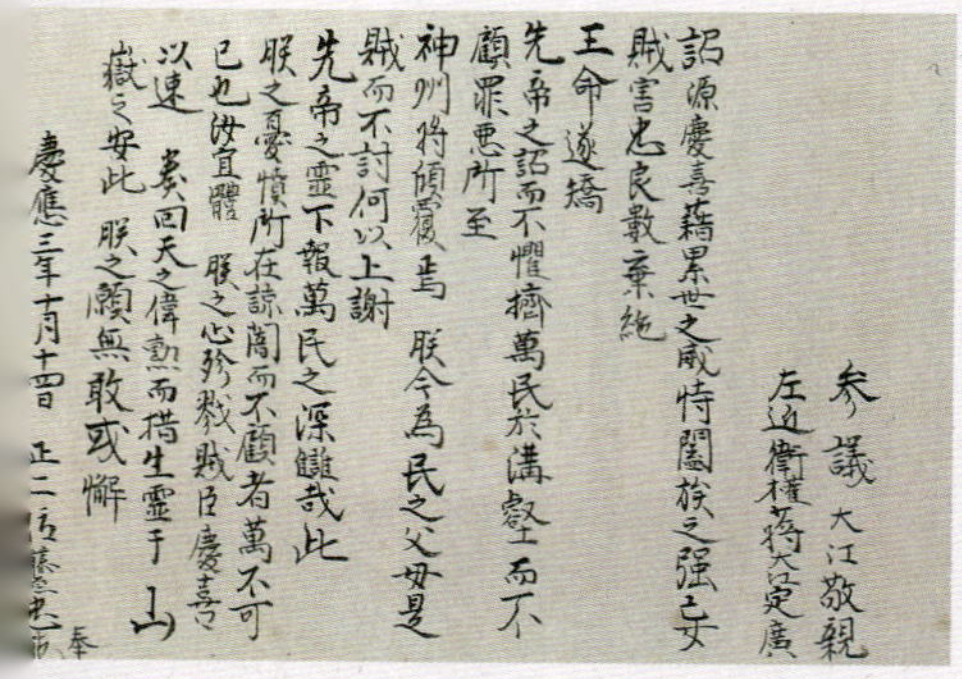
「幕府対追討密勅」。岩倉は宮廷工作に偽勅を使って、歴史を大きく動かしたと思われる。

毛利博物館所蔵

第5位 合計18.1

井上馨

伊藤博文と密航留学維新後に鹿鳴館外交

井上馨《かおる》は幕末に高杉晋作らの英国公使館焼き討ちに参加した。伊藤博文らとイギリスへ密航留学し、四国連合艦隊の下関攻撃計画を知って帰国した。高杉の挙兵に加わり、第二次長州征伐では、幕府全権の勝海舟との間の休戦協定交渉に加わった。

維新後は大蔵省で財政を担当、民間に下って三井の最高顧問となった。政界復帰後、鹿鳴館《ろくめいかん》外交を行い、欧化政策を推し進めた。

『貴顕舞踏の略図』。留学経験がある井上は、鹿鳴館を社交の場として外交交渉に利用しようとした。

博物館 明治村所蔵

第4位 合計 18.3

明治新政府でも見識の高さを発揮

木戸孝允

文久3（1863）年の八月十八日の政変、翌文久4年の禁門の変で朝敵となった長州藩だが、藩政の中心人物だった木戸孝允《たかよし》は、幕府や新撰組の最重要標的となりながら京都などに潜伏し続けた。

第一次長州征伐が終わり、高杉晋作の挙兵が成功したのち、高杉や大村らの要請によって、ようやく帰国がかない精力的に藩政を主導、薩長同盟を成立させて維新の中心的人物となった。

木戸の見識の高さは維新政府要人のなかでも秀逸であった。五カ条の誓文《せいもん》を構想し、新時代の基本方針の作成にあたった。封建制廃絶のため、版籍奉還《はんせきほうかん》後、旧藩主の世襲に反対し、廃藩置県《はいはんちけん》へと進めた。

憲法制定、三権分立、二院制などを提言、教育の充実や法治主義など近代国家建設を目指して活動した。

大村益次郎、伊藤博文、井上馨、大隈重信らを登用し、徴兵制を主張するが、薩長閥の士族中心の兵制を主張する保守的な大久保利通らと対立することとなる。

木戸は征韓論《せいかんろん》や台湾出兵には一貫して反対し、西南戦争のさなかに病死した。

計画力ランキング

順位	人物	点数
1位	坂本龍馬	18.6点
2位	大久保利通	18.5点
3位	岩倉具視	18.4点
4位	木戸孝允	18.3点
5位	井上馨	18.1点
6位	勝海舟	18.0点
6位	渋沢栄一	18.0点
8位	伊藤博文	17.8点
9位	岩崎弥太郎	17.7点
10位	前島密	17.5点

国立歴史民俗博物館所蔵

前列右から2人目が木戸、後列右端が伊藤博文。木戸亡きあとは、かつて木戸の従者を務めていた伊藤が明治政界の中心人物となっていった。

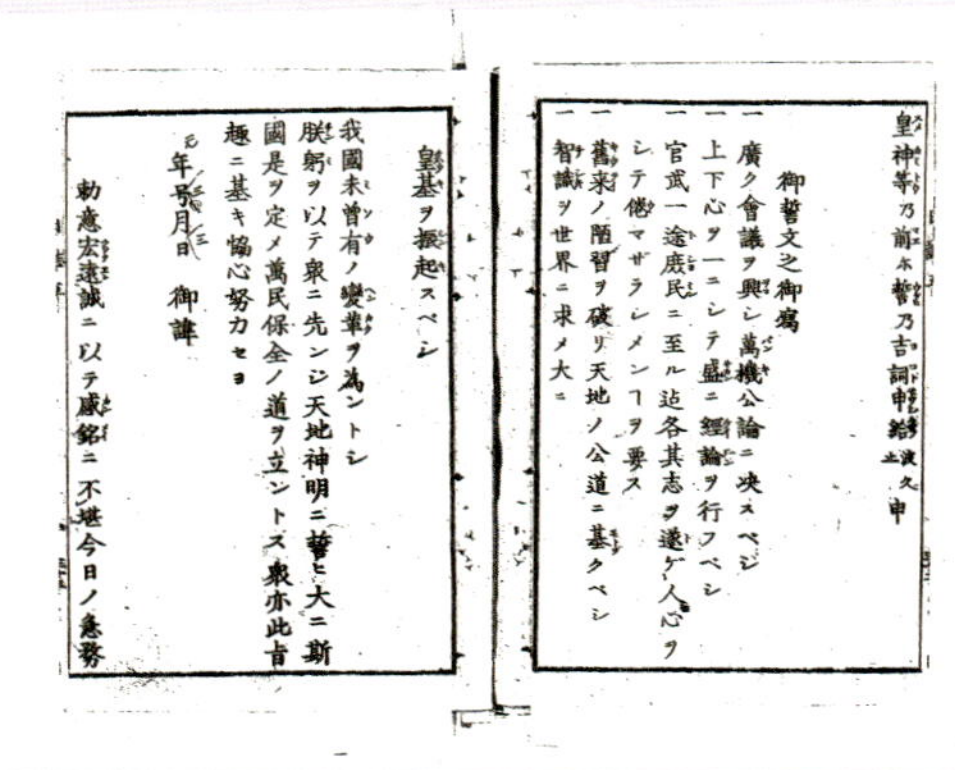

御誓文之御寫

一 廣ク會議ヲ興シ萬機公論ニ決スベシ

一 上下心ヲ一ニシテ盛ニ經綸ヲ行フベシ

一 官武一途庶民ニ至ル迄各其志ヲ遂ゲ人心ヲシテ倦マザラシメン事ヲ要ス

一 舊来ノ陋習ヲ破リ天地ノ公道ニ基クベシ

一 智識ヲ世界ニ求メ大ニ皇基ヲ振起スベシ

我國未曾有ノ變革ヲ為ントシ朕躬ヲ以テ衆ニ先ンジ天地神明ニ誓ヒ大ニ斯國是ヲ定メ萬民保全ノ道ヲ立ントス衆亦此旨趣ニ基キ協心努力セヨ

年 月 日 御諱

勅意宏遠誠ニ以テ感銘ニ不堪今日ノ急務

国立国会図書館所蔵

「五カ条の誓文」。木戸は国家の基本方針を天皇が公卿・諸侯の前で天津神・国津神の前で誓うという形で発することを発案し、君主制での近代国家建設を目指した。

カリスマ性ランキング

時代を大きく変えるには、人を集めて動かすことができる核が必要となる。維新回天の核となった人物たちを紹介しよう。

推されて政府軍の頂点に待望され続けたカリスマ

第1位

選考理由

- 何度も政局へ復帰を請われた
- 幕府軍、新政府軍、陸軍を指揮
- 下野に同調する者が続出

西郷 隆盛

takamori SAIGOU

弾圧に屈せず、むしろ抑圧を糧に時代を切り開く力を育んだ

安政の大獄で井伊から弾圧された勢力は、その後の討幕～明治政府で活躍した人材に大きな影響を及ぼした。弾圧を受け、政治運動はいったん停滞したかに見えたが、実は大きな力をため、その力がのちに一挙に放出された。時代の雄たちの熱源となった核を探る。

矢部チェック

彫刻も肖像画も、西郷隆盛の容貌を語るときには、つねに「確実ではない」という言葉がつきまとう。しかし、そのいずれも、おおらかな彼の人柄がにじみ出ています。西郷は実際にそういう人だったのでしょう。

南洲神社所蔵

霊山歴史館所蔵

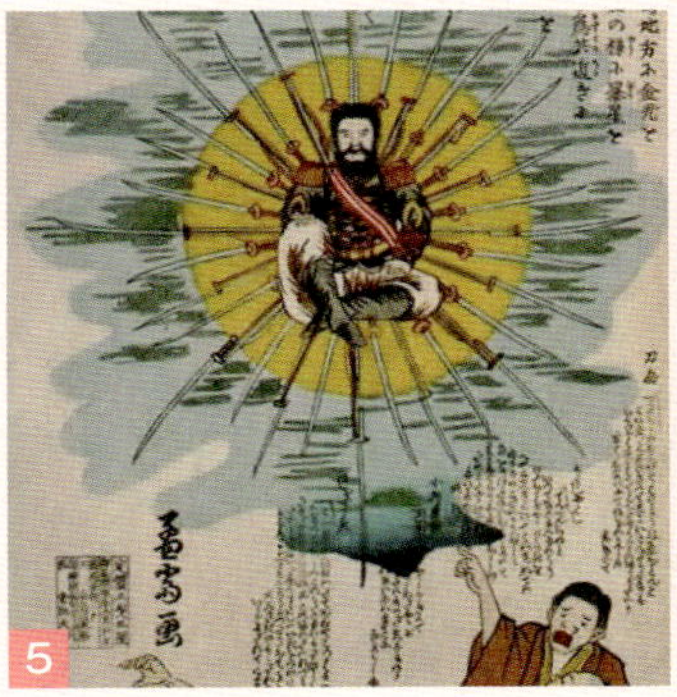

黎明館所蔵

1 上野の西郷隆盛像。政府から離れた西郷は帰郷し、犬を連れての兎狩りを好んだ。2 逃げる西郷と月照を描いた錦絵。月照は斉彬に殉死しようとした西郷を止めたが、安政の大獄の弾圧を受けて西郷と投身自殺を企て、亡くなった。3「敬天愛人」。天を敬い、天が万人を愛すように、他人を自分と同じように愛すという、西郷が好んだ言葉。月照を亡くし、生き残った西郷は天が自分を生かしたと考えた。4 戊辰戦争で出陣する西郷。5 西郷の死の前後に接近して異常に輝いた火星を、人々は西郷星と呼び、その遺徳を偲んだ。

安寧な隠遁生活を許されず将でいることを求められる

西郷は安政《あんせい》の大獄で弾圧を受け、投身自殺を企てた。一命をとりとめたが、奄美《あまみ》へ流刑となった。藩政復帰後も島津久光《ひさみつ》の不興をかって、徳之島《とくのしま》へ遠島となった。いずれも、盟友大久保利通《としみち》らの願いにより政界復帰した。

第一次長州征討では征長《せいちょう》軍参謀として幕府軍を、戊辰戦争では東征大総督府下参謀として新政府軍を指揮している。いずれも諸藩兵の連合軍だったが、西郷の統率力の高さを買われた。

維新後、政府の役職には就かず、帰国して日当山《ひなたやま》温泉で湯治《とうじ》していたが、またも請われて政界に復帰すると政府軍のトップに立った。遣韓使節派遣をめぐり下野すると、西郷の後を追って政治家、官僚、軍人の辞職が相次いだ。

カリスマ性

矢部チェック

カリスマの影響が必要だった

織田信長・豊臣秀吉・徳川家康の戦国「三英傑」には、確かな「カリスマ性」があったことでしょう。しかし、前二者の支配体制は、彼らの死後、程なく瓦解しています。その反省に立ち、江戸幕府は将軍の「カリスマ性」に頼らない官僚制度を築き上げました。幕末に求められたのは、魅力、影響力を持つ「カリスマ」だったのです。

第2位 合計18.3

明治天皇

近代国家建設の要として君臨

明治帝は慶応2（1867）年、孝明天皇崩御にともない、満14歳で即位した。

翌年に、王政復古の大号令を発して、約700年間続いた武家政権を終わらせた。戊辰戦争では新政府軍は錦旗を掲げて、旧幕府軍を朝敵と見なすことで戦いを有利に進めて勝利した。

岩倉具視《ともみ》、大久保利通らは、天皇権威を強調して、中央集権的な政局運営を行った。憲法制定や内閣制度が確立していない維新政府では、権力闘争を伴う政治紛争を天皇権威によって解決することが多かった。

明治4（1871）年の廃藩置県《はいはんちけん》によって、藩主が領国を支配する封建制が廃止され、中央集権化が進んだ。明治14（1881）年に国会開設の詔《みことのり》を発して、議会開設、欽定《きんてい》憲法制定を発表した。憲法制定では、早期の国会開設を求めて議院内閣制を求める大隈重信《しげのぶ》と、国会開設は時期尚早と君主大権を残すとした伊藤博文が対立した。結果、伊藤が大隈を追放し、以後政治的主導権を握った。

内閣制度発足、憲法制定後も、しばしば天皇が政治的紛争の調停を行った。

聖徳記念絵画館所蔵

1

明治神宮所蔵

2

1『帝国議会開院式臨御』。貴族院議長伊藤博文が勅語を賜る様子。2『明治天皇像』。洋画家高木背水が描いた肖像。御真影や肖像写真とはまた違う描かれ方。

第4位 合計18.0

島津斉彬

富国強兵を実行した薩摩藩主

嘉永4（1851）年、薩摩藩主となると、のちに明治国家のスローガンとなった富国強兵をいち早く藩内で実行した。溶鉱炉・反射炉、ガラス工場、蒸気機関研究所を建設し、蒸気船の造船も行った。欧米と対抗するためには、工業発展が重要だと認識していたのだ。

斉彬《なりあきら》は、欧米諸国が相次いで訪日する時代に、薩摩一国の発展だけではなく、将来の日本が発展しなくてはならないと考えていた。外様《とざま》大名ながら、幕政に深く関わり、老中阿部正弘《あべまさひろ》に信頼され、公武合体と武備開国による改革を訴えた。島津一門の篤姫《あつひめ》を養女として、公家に養子縁組した。篤姫を将軍徳川家定の御台所《みだいどころ》（正室）として幕政での発言権を強化するためであった。将軍継嗣《けいし》問題をめぐって井伊直弼と対立し、井伊の独断的な政局運営には、藩兵を率いての上洛を計画したが、発病して急死した。

のちに政事総裁となった越前藩主松平慶永《よしなが》は、維新の功績第一は斉彬だと述べている。また、勝海舟は幕末・明治に薩摩の西郷隆盛、大久保利通らが活躍したのは、島津斉彬の教育感化によるところが大きいと評価している。西郷隆盛は斉彬に見出されて側近となり、飛躍の足がかりをつかんだが、斉彬の急死後に殉死を考えたこともあったほど心酔していた。斉彬は藩士たちから慕われていた藩主だったのである。

第3位 合計18.2

吉田松陰

尊攘の志士、明治の元勲を輩出

松陰《しょういん》は松下村塾《しょうかそんじゅく》で指導を行い、そこから幕末に尊攘を掲げ討幕運動の指導者となった久坂玄瑞《くさかげんずい》、吉田稔麿《としまろ》や長州藩を討幕でまとめた高杉晋作、明治新政府で活躍した伊藤博文、山県有朋《ありとも》らの時代のキーパーソンたちを輩出した。

嘉永7（1854）年に小船を漕いでペリーの旗艦に乗船して、投獄された。安政の大獄で再び捕縛され、老中暗殺計画を自白して斬首された。

明治維新胎動の地碑。境内に松下村塾がある萩の松陰神社に建立された。

第5位 合計17.8

徳川斉昭

能力主義で部下を抜擢した

御三家の水戸藩主で徳川慶喜《よしのぶ》の実父。藩校弘道館《こうどうかん》を創設し、武道、学問、諸科学の教育・研究を奨励した。戸田忠太夫《ちゅうだゆう》、藤田東湖《とうこ》、武田耕雲斎《たけだこううんさい》、会沢正志斎《あいざわせいしさい》ら全国の志士に影響を与えた人材を登用し、藩政改革を行った。

ペリー来航に際し、老中阿部正弘の要請により、海防参与となり、江戸湾に大砲を備え、洋式軍艦を建造した。

阿部の死去後に開国を主張した井伊直弼《なおすけ》と攘夷論を唱える斉昭《なりあき》は対立した。将軍継嗣問題では、実子慶喜を推し、紀州藩の慶福（のち家茂）を推す井伊との対立は激化した。井伊が独断で日米修好通商条約に調印すると江戸城に無断登城して、越前藩主松平慶永らと井伊を詰問した。翌年に、西郷隆盛らの工作によって、水戸藩に密勅《みっちょく》が下された。内容は勅許を得ない条約調印への叱責と、攘夷断行を諸藩に通知せよというものであった。井伊はこれに反発して、安政の大獄を断行し、斉昭は永蟄居《えいちっきょ》を言い渡された。

その翌年、水戸藩の尊攘派が主導し、井伊襲撃と薩摩藩兵上洛の計画を立て、水戸浪士、薩摩浪士らは桜田門外で井伊暗殺を決行した。

同年、斉昭は水戸で処分を受けるなか急死した。幕政で激しく争った井伊と斉昭・斉彬は相次いで世を去ったのだった。

弘道館。斉昭が天保12（1841）年に創設した、武芸と諸学を学ぶための藩校。「尊攘」の大きな掛け軸は、迫力満点。

徳川斉昭公・慶喜公像。弘道館の玄関に飾られた像と同じモチーフで、5歳から弘道館で英才教育を受けた幼いころの慶喜と斉昭の父子像。徳川光圀像がある黄門像広場で見ることができる。

カリスマ性ランキング

順位	人物	点数
1位	西郷隆盛	18.4点
2位	明治天皇	18.3点
3位	吉田松陰	18.2点
4位	島津斉彬	18.0点
5位	徳川斉昭	17.8点
6位	孝明天皇	17.7点
7位	松平慶永	17.6点
8位	高杉晋作	17.5点
9位	岩倉具視	17.4点
9位	三条実美	17.4点

10分でわかる!

幕末・明治維新 激動の20年史

幕末から明治初期までの時代は、日本が激しく動いた稀有《けう》な時代であった。わずか20年ほどの間に何が起こったのか、簡単に解説しよう。

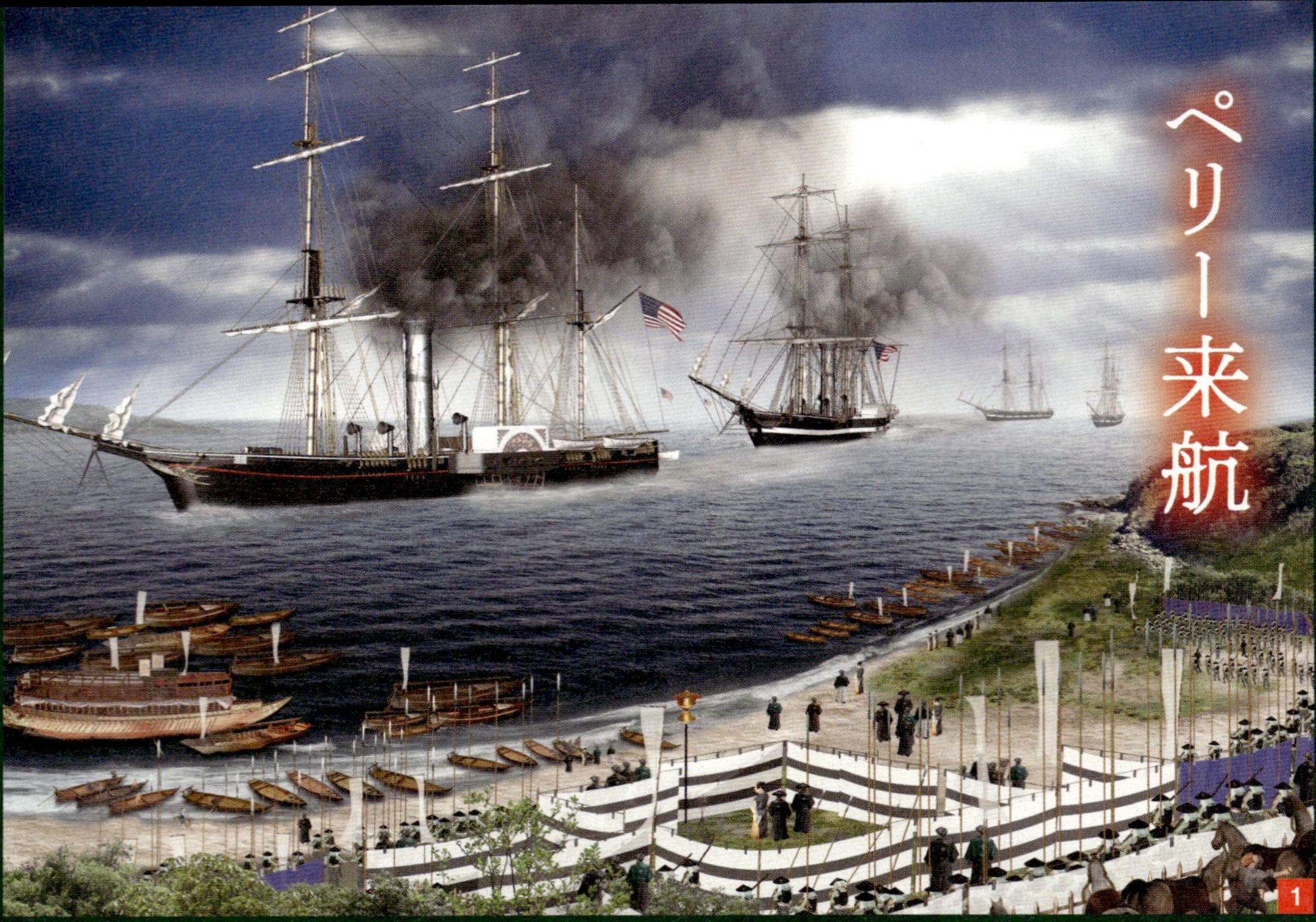

1

彦根城博物館所蔵 2

横浜開港資料館所蔵 3

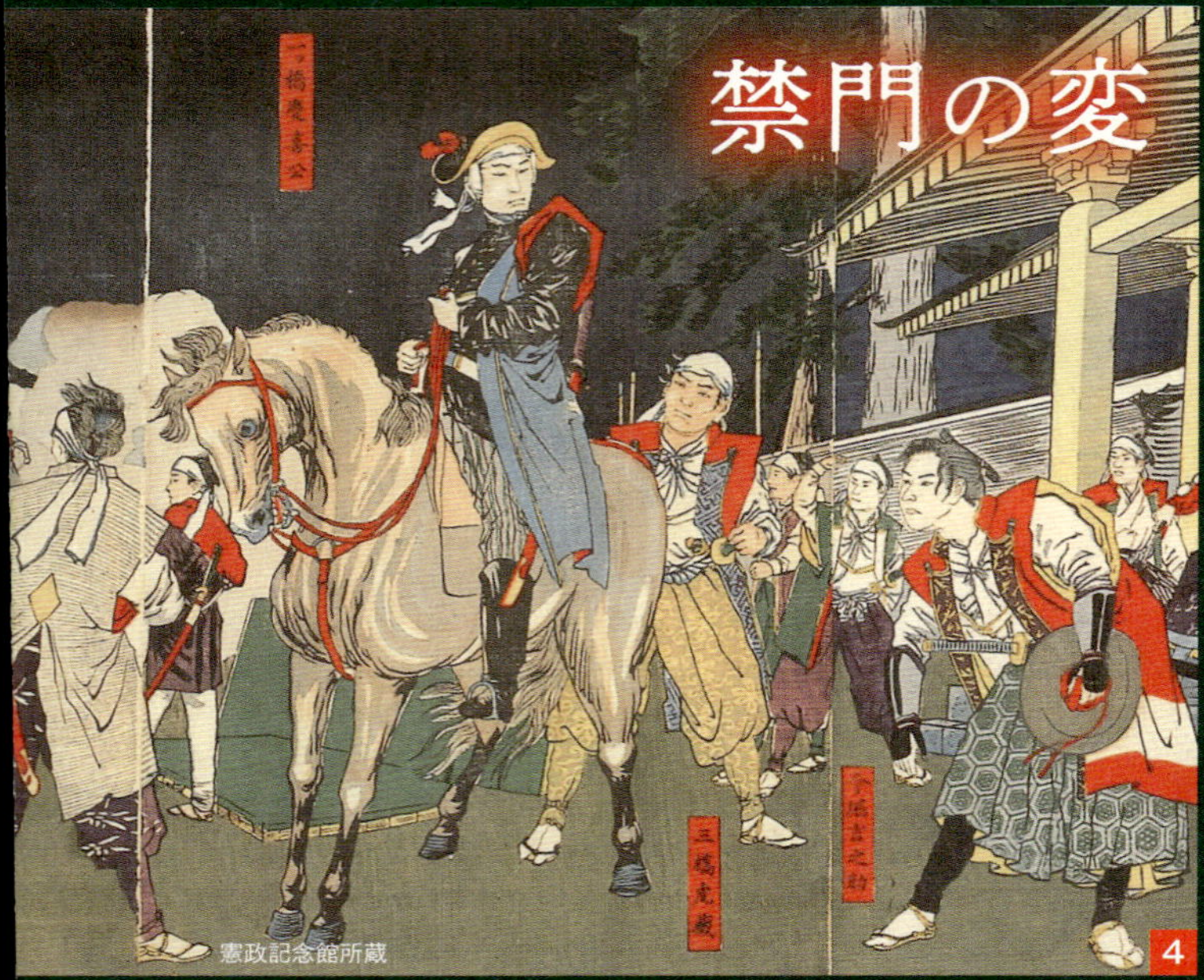

憲政記念館所蔵 4

1 嘉永6(1853)年6月3日、アメリカ提督のペリーが4隻の戦艦とともに来日した。開国を要求したペリーの来航は、その後の日本に大きな影響を与えることになる。2 幕府の最高権力者であった大老・井伊直弼が浪士に殺害された事件は、幕府のみならず世間に大きな衝撃を与えた。志士を含め庶民たちも幕府の権威の凋落を目の当たりにしたのである。3 薩摩藩の権力者・島津久光の一行の前を横切ったイギリス商人を薩摩藩士が殺傷した事件(生麦事件)は、のちの薩英戦争のきっかけとなり、薩摩藩とイギリスを結ぶ結果となった。4 禁門の変で幕府軍の総指揮官となったのは一橋慶喜だった。禁門の変による長州藩の凋落は、薩摩と長州を接近させ、それは薩長同盟という歴史的な同盟として結実する。

ペリーの来航で日本が二派に分裂

18世紀後半から幕藩体制のひずみがあちこちで顕在化するようになった。尊王論の萌芽《ほうが》、外国船の相次ぐ来航、一揆《いっき》の続発など、時代は変革へと動き始めていた。

そして嘉永6（1853）年、ペリーの来航によって「幕末」という時代が始まる。ペリー来航は日本の開国への第一歩となったが、それは江戸幕府崩壊への第一歩でもあった。

アメリカによる開国要求は、日本を開国派と攘夷派《じょうい》に二分した。さらに幕府が、強硬な攘夷派だった天皇の許しを得ずに通商条約を結んだことで攘夷派が反発し、尊王派《そんのう》と結びついて、過激な尊王攘夷派が生まれた。尊王攘夷派が、やがて倒幕《とうばく》をもくろむようになることからも、ペリーの来航が日本に与えた影響は重大なものがあったといえる。

開国問題とともに幕府を悩ませたのが将軍継嗣《けいし》問題だった。幕府の改革派が一橋慶喜《ひとつばしよしのぶ》を推し、保守派は徳川慶福《よしとみ》

下関市立長府博物館所蔵

1

第二次長州征伐

幕末政治思想チャート

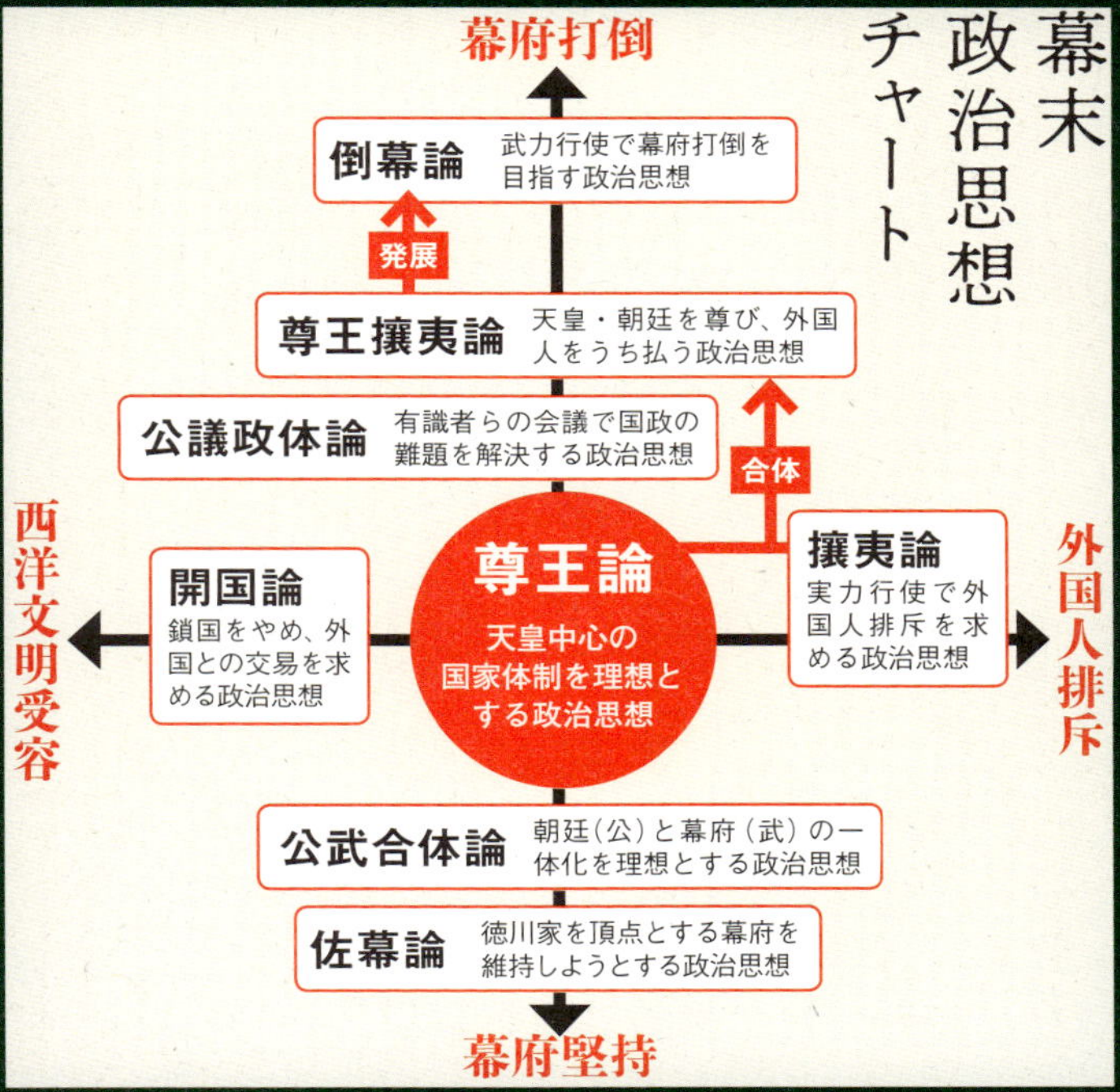

幕府打倒
倒幕論 武力行使で幕府打倒を目指す政治思想
発展
尊王攘夷論 天皇・朝廷を尊び、外国人をうち払う政治思想
合体
公議政体論 有識者らの会議で国政の難題を解決する政治思想
西洋文明受容
開国論 鎖国をやめ、外国との交易を求める政治思想
尊王論 天皇中心の国家体制を理想とする政治思想
攘夷論 実力行使で外国人排斥を求める政治思想
外国人排斥
公武合体論 朝廷（公）と幕府（武）の一体化を理想とする政治思想
佐幕論 徳川家を頂点とする幕府を維持しようとする政治思想
幕府堅持

大政奉還

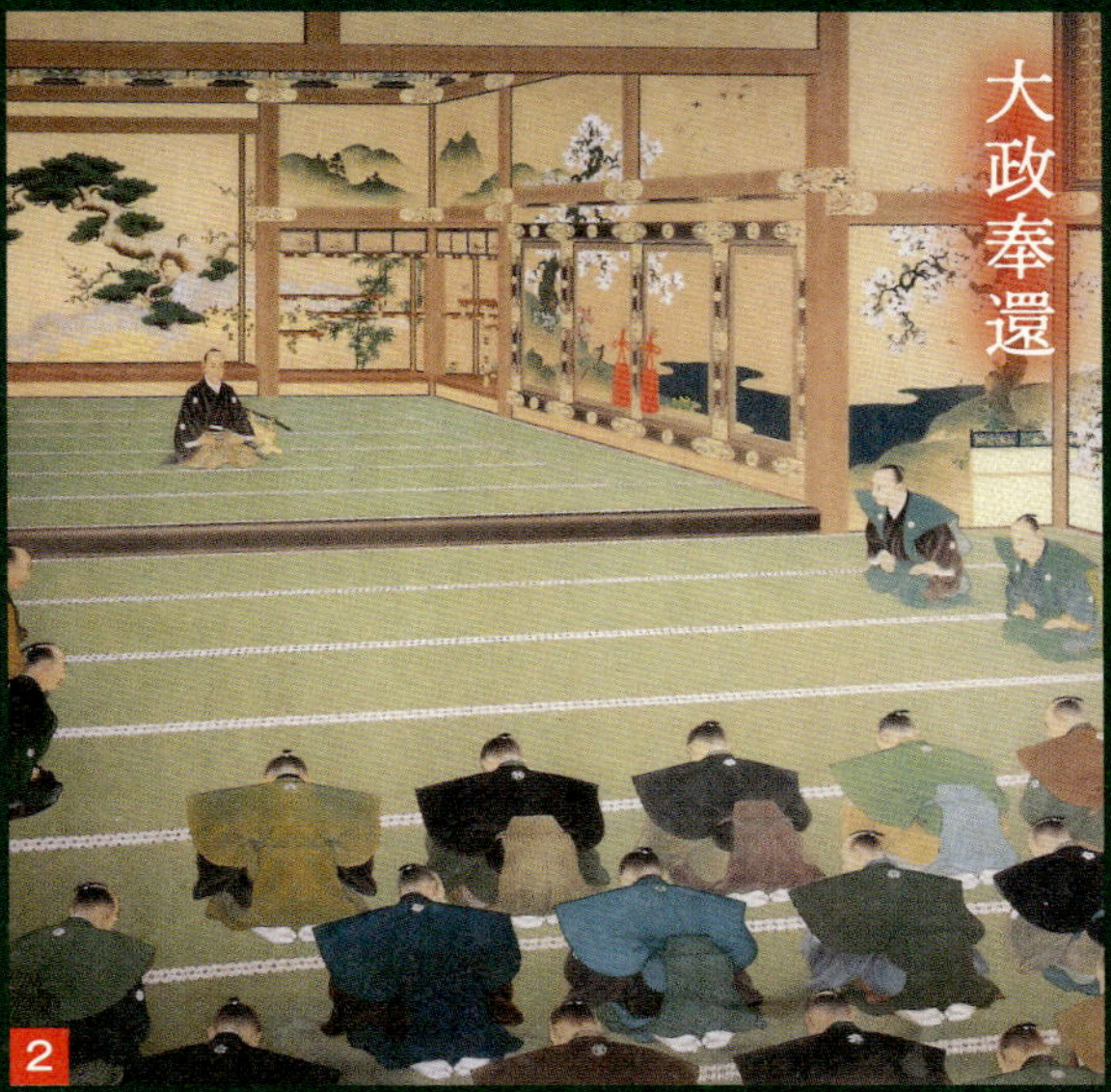

2

聖徳記念絵画館所蔵

1藩論を倒幕に転換させた長州藩に対し、幕府は征伐軍を派遣することを決めたが、幕府軍は敗北してしまう。薩長同盟が締結されるなど時代は確実に倒幕へと向かっていた。2 15代将軍・徳川慶喜は政権を朝廷に返上することを諸藩に告げた。目まぐるしく変転する政治情勢のなか、慶喜の決意に異を唱える藩は、もはやなかった。

を推すという政治抗争だったが、改革派は朝廷の権威を利用して自らの主張を実現させようとしたため、朝廷を巻き込む大騒動となった。

この問題に決着をつけたのが保守派の頭目・井伊直弼《なおすけ》だった。大老に就任した井伊は強権を発動して一橋派を処分し、幕政を公然と批判する尊王攘夷派を弾圧した。これにより幕府はいっそう孤立することになり、多くの禍根を残した。

井伊の死後、登場したのが公武合体《こうぶがったい》派である。これは幕府と朝廷が一体となって国政にあたるという考え方で、薩摩《さつま》・土佐《とさ》・越前《えちぜん》など改革派諸藩も同調し、朝廷も公武合体を推し進めた。この流れに逆らったのが長州藩であった。こうして幕末の政局は新たな局面を迎えた。そして、江戸を中心に動いていた政局は、しだいに京都に移ることになった。

公武合体派の登場と江戸幕府の終焉

公武合体を推進していた老中・安藤《あんどう》信正《のぶまさ》が浪士に襲撃され政界を去って以降、幕府の凋落《ちょうらく》はいよいよ決定的となった。それは、安藤以後の老中に見るべき事績を上げた人物がいないという歴史が物語っている。これを機に、幕政への雄藩《ゆうはん》の発言力が増し、まずは朝廷の権威を利用した薩摩が幕政改革の実行をつきつけ、松平慶永《よしなが》（越前）と一橋慶喜の幕閣入りを認めさせた。彼らの目的はあくまで公武合体であり、孝明《こうめい》天皇の妹・和宮《かずのみや》の降嫁も、将軍・家茂《いえもち》の上洛《じょうらく》決定も、公武合体路線の一環だった。

朝廷も公武合体の推進派だったが、京都では尊王攘夷派が暗躍し、志士たちの中には倒幕思想が芽生え始めていた。しかし、孝明天皇は尊攘激派の行動を喜ばず、中川宮《なかがわのみや》ら公武合体派公卿は、島津久光《ひさみつ》や松平容保《かたもり》らと図って、尊攘派公卿を朝廷より追放し、攘夷派の頭目だった長州藩を京都から追い出した。

こうして公武合体派が政局を握ったかに見えたが、一橋慶喜とその他の諸侯が対立して足並みがそろわず、ついに薩摩藩が幕府を見限り長州藩と手を結び倒幕に転向したことで政局は急展開した。また、第二次長州征伐の失敗も倒幕の機運を高めた。

これに対して土佐藩は、朝廷を中心とした雄藩連合政権を目指し、将軍・徳川慶喜に大政奉還《たいせいほうかん》を建白《けんぱく》した。土佐藩の構想では、徳川家も政権に含んでいた。慶喜は、薩長らの倒幕計画に先んじて慶応3（1867）年10月、政

1京都で徳川家の処分問題が紛糾する頃、旧幕府軍が江戸の薩摩藩邸を焼き討ちする事件が起こった。その結果、親徳川派の諸侯も徳川討伐を認めざるを得なくなった。2江戸における薩摩藩浪士の狼藉に怒った旧幕府陣営は、薩摩の罪状を訴えるべく大坂城から兵を率いて上京したが、途中の鳥羽・伏見地域で新政府軍と激突。戊辰戦争の始まりとなった。3徳川慶喜以下の旧幕府軍を朝敵と認定した新政府は、大軍を率いて江戸に侵攻した。しかし、西郷隆盛と勝海舟の決断により江戸城は無血開城され、江戸の町は戦火を免れた。4これまでの特権を次々と奪われた士族たちによる反乱が続発し、ついに西郷隆盛が反政府の兵を挙げた。西郷軍の敗北は武士の世界が完全に終わったことを世間に知らしめた。

権を朝廷に返上し、約260年の歴史を誇った江戸幕府はついに滅んだのである。

しかし、政局はこれで収まらなかった。あくまでも徳川家を排除したい薩摩と長州、および朝廷内の王政復古《おうせいふっこ》派は結託し、王政復古の大号令を発して慶喜から官位と土地を奪ってしまったのである。

王政復古派の強引なやり方に対し、大政奉還派の土佐・越前などが巻き返しを図り、慶喜の新政権入りが再び実現しそうになった。だが、時代はもう徳川家を必要とはしていなかった。京都の状勢をよく知らなかった江戸の幕臣が暴発し、薩摩藩邸を焼き討ちしてしまったのである。これは薩摩の西郷隆盛による挑発行為に幕府が乗っかってしまった結果であった。西郷ら倒幕派は、この暴発を利用して旧幕府の討伐を朝廷に認めさせることに成功した。

戊辰戦争・西南戦争などの内乱を経て新たな時代へ

大政奉還によって倒幕は封じられたかに見えたが、薩長両藩を中心とする武力倒幕派は朝廷内の岩倉具視らと結び、王政復古を断行して徳川慶喜を政権の座から追放した。こうして幕末の政局に終止符が打たれ、公武合体派の雄藩も薩長に同調し、天皇を中心とした新政府が成立した。

徳川慶喜以下の旧幕府陣営は武力倒幕派の強引な手法に怒り、ついに鳥羽・伏見の戦いで両者が一戦を交えることになった。新政府側にとって、旧幕府が京都で決起したことは渡りに船で、大義名分を得た新政府は、京都に迫ったという理由で慶喜を朝敵と見なし、これを追討する布告を出した。そして、この戦いを皮切りに、新政府と旧幕府による戦い「戊辰《ぼしん》戦争」が勃発した。当初は中立、もしくは日和見的な態度に終始していた西南諸藩は、鳥羽《とば》・伏《ふし》見《み》の戦いの結果を受けて相次いで新政府に降《くだ》った。

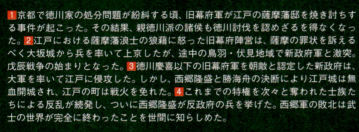

戊辰戦争と並行して、新政府は新体制づくりに着手した。江戸征伐の前には、各国公使に新政府の樹立を通告し、今後は将軍に代わって天皇が外交にあたることを宣言した。そして、江戸城が無血開城する前の慶応4（1868）年3月、五カ条の誓文《せいもん》を出し新政府の基本方針を示し、新たな時代の到来を国民に告げた。

一方、新政府は関東地方までを平定したが、東北諸藩は奥羽越列藩《おううえつれっぱん》同盟を結んで新政府に抵抗し、戊辰戦争は引き続き行われた。しかし、長岡藩の奮戦などもあったが、新政府が同盟内の

幕末・明治維新年表

年月	出来事	内容
1853年６月	ペリー来航	米海軍提督ペリーが来日し開国を要求する。
1856年７月	アメリカ総領事ハリス来日	日本との条約締結のためハリスが下田に来日。
1858年６月	日米修好通商条約調印	大老井伊直弼が無勅許のまま条約に調印。
1858年９月	安政の大獄始まる	井伊直弼が反幕府勢力の弾圧を始める。
1860年３月	桜田門外の変	水戸藩浪士らが井伊直弼を殺害する。
1862年２月	和宮降嫁	孝明天皇妹・和宮が将軍・徳川家茂と結婚。
1862年１月	坂下門外の変	老中・安藤信正が襲撃され、安藤は政界引退。
1862年８月	生麦事件	薩摩藩士が英商人を殺傷し国際問題となる。
1863年３月	将軍・徳川家茂上洛	３代将軍・家光以来の将軍の上洛が実現。
1863年５月	長州藩が攘夷を実行	長州藩が瀬戸内海を通行中の外国船を砲撃。
1863年７月	薩英戦争勃発	薩摩藩と英艦隊が鹿児島湾で交戦、薩摩敗北。
1863年８月	八月十八日の政変	尊攘急進派公卿が朝廷から追放される。
1864年３月	天狗党の乱勃発	水戸藩士・藤田小四郎が挙兵、12月に鎮圧。
1864年７月	禁門の変勃発	長州藩が京都市中を攻撃するが敗北。
1866年１月	薩長同盟成立	薩摩藩と長州藩が倒幕を目的に軍事同盟を締結。
1866年６月	第二次長州征伐始まる	幕府が長州藩を攻めるが撤退。幕府が敗北。
1867年10月	幕府が朝廷に大政奉還を奏上	将軍徳川慶喜が政権を朝廷に返上する。
1867年10月	倒幕の密勅	薩摩・長州両藩に倒幕の密勅が下る。
1867年12月	王政復古の大号令	倒幕派のクーデター。徳川家が排除される。
1868年１月	鳥羽・伏見の戦い勃発	旧幕府軍が敗北。戊辰戦争の始まり。
1868年３月	江戸無血開城	西郷隆盛と勝海舟の会談で江戸城が無血開城。
1868年５月	会津戦争勃発	新政府軍が会津に侵攻、９月に会津を制圧。
1869年1月	版籍奉還	薩長土肥４藩が奉還を出願、他藩主もならう。
1869年５月	五稜郭落城	旧幕府軍・榎本武揚が降伏し戊辰戦争が終結。
1871年７月	廃藩置県断行	江戸300藩を廃止し全国を政府の直轄地とする。
1871年11月	岩倉使節団が出発	条約改正を目的とした使節団が欧米に出発。
1873年10月	明治六年の政変	征韓論に敗れた西郷隆盛らが下野。
1874年２月	佐賀の乱勃発	元参議・江藤新平が反政府の反乱を起こす。
1876年10月	神風連の乱勃発	熊本の不平士族が決起、福岡・山口に波及。
1877年２月	西南戦争勃発	元参議の西郷隆盛が決起、同年７月に鎮圧。

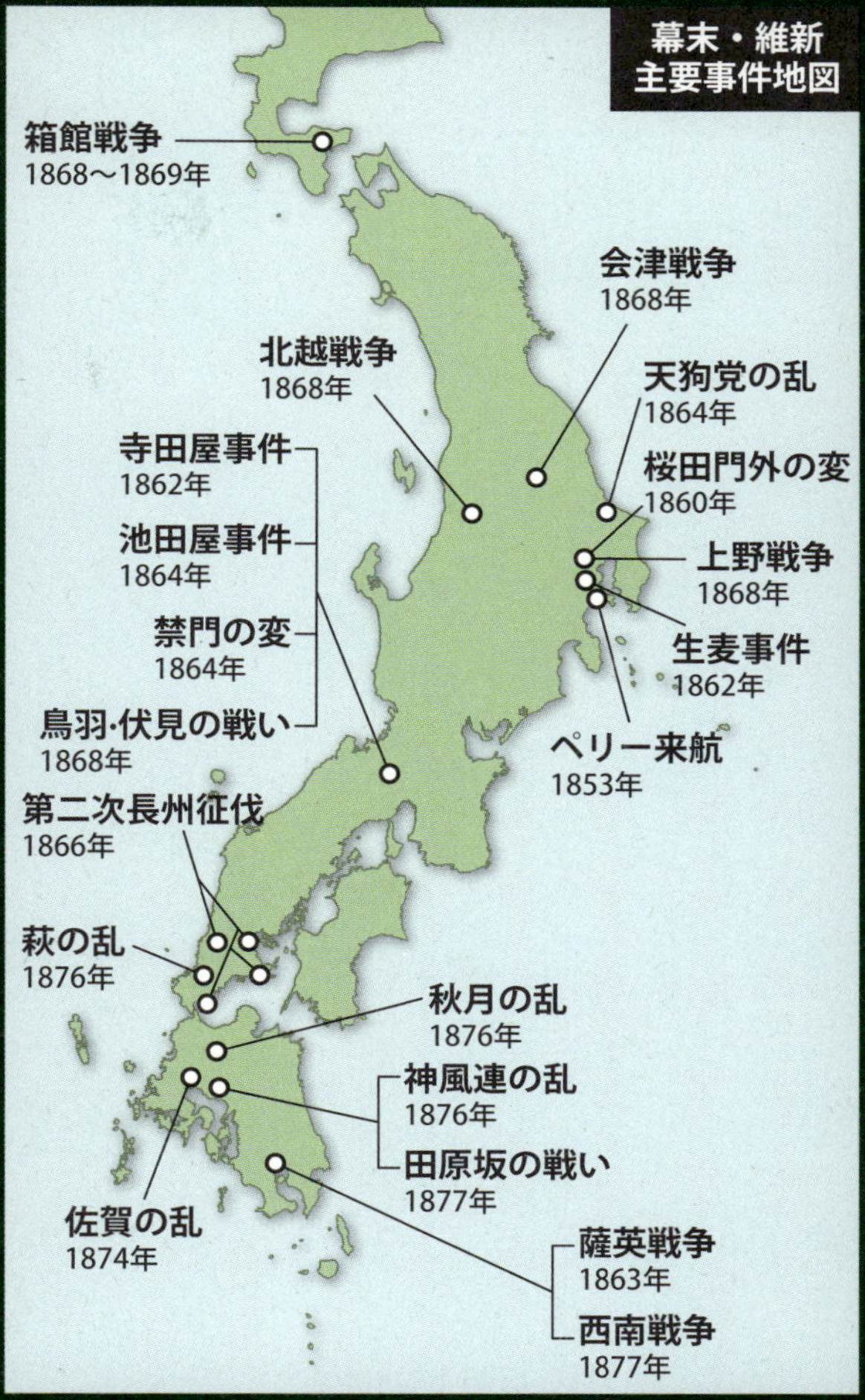

切り崩しに成功し、９月に会津藩が降伏し、同盟軍は解体した。

その頃、中央では東京遷都と版《はん》籍《せき》奉《ほう》還《かん》が計画され、着実に中央集権体制づくりがなされていった。旧幕府軍の生き残りは北海道に渡り、五稜郭を占拠するとともに松前《まつまえ》城を落城させた。そして、旧幕臣・榎本武揚《えのもとたけあき》を中心に、そこに蝦夷《えぞ》共和国（通称）という新政府とは別の政府を樹立しようとした。

新政府は、雪解けを待って明治２（１８６９）年３月、箱館に攻め寄せた。旧幕府軍は最後まで抵抗したが、数に勝る新政府軍が圧倒的優勢のまま戦局は進み、同年5月に五稜郭が落城。箱館政府の総裁・榎本武揚が無条件降伏を決めて投降し、１年半にわたった戊辰戦争は終結した。

幕末維新の生みの苦しみともいえる戊辰戦争がようやく終わり、政府はさらなる内政改革に動き出した。廃藩置県によって土地所有や徴税の権利などは中央政府の所管となり、旧藩主の権利はすべて剝奪された。そして、岩倉具視《ともみ》を全権とする使節団が欧米列強視察の途につき、内治優先の重要性に気づいた。しかし、留守政府を預かっていた西郷らは武力によって朝鮮と国交を開こうとする征韓論《せいかんろん》を唱え、大久保利通《としみち》や木戸孝允《たかよし》らと対立、征韓論派はついに下野《けや》した。

政府は明治９（１８７６）年に廃刀令を発布し士族の精神的支柱だった刀を奪い、さらに秩禄《ちつろく》処分で士族に保障されていた収入を断った。士族の不満は頂点に達し、同年10月、熊本・福岡・山口で次々に反乱が勃発。そして翌年2月、西郷隆盛が兵を挙げ西南戦争が勃発した。西郷の反乱は半年以上にわたったが、西郷の自決によって終結した。これ以後、反政府勢力の武力蜂起は途絶えた。西郷の死は名実ともに武士の時代の終焉《しゅうえん》を告げ、日本は新たな時代を迎えるのである。

幕末・維新なんでもランキング

新撰組、美女、異国人、最強兵器といった、歴史ファン同士で語り合ったら話が尽きない分野をランキングで見てみたら、通常のランキングでは名の出ないような隠れた逸材も登場した。

イラスト：諏訪原寛幸
CG制作：成瀬京司

❶新撰組最強ランキング ➡P34
第1位 沖田総司 第2位 近藤勇 第3位 土方歳三

❷数奇な運命の美女ランキング ➡P38
第1位 木戸松子 第2位 陸奥亮子 第3位 唐人お吉

❸最強軍団ランキング ➡P42
第1位 新撰組 第2位 奇兵隊 第3位 天狗党

❹最凶の人斬りランキング ➡P44
第1位 岡田以蔵 第2位 桐野利秋 第3位 田中新兵衛

❺投獄された傑物ランキング ➡P46
第1位 吉田松陰 第2位 橋本左内 第3位 西郷隆盛

❻凄腕剣士ランキング ➡P48
第1位 山岡鉄舟 第2位 桂小五郎 第3位 佐々木只三郎

❼美男子ランキング ➡P50
第1位 土方歳三 第2位 東郷平八郎 第3位 勝海舟

❽名藩主ランキング ➡P52
第1位 島津斉彬 第2位 松平慶永 第3位 伊達宗城

❾一度は行きたい ゆかりの地ランキング ➡P54
第1位 会津若松城 第2位 城山 第3位 上野周辺

❿日本に影響を与えた 異国人ランキング ➡P56
第1位 ペリー 第2位 レオン・ロッシュ 第3位 アーネスト・サトウ

⓫女の色香に惑わされた志士ランキング ➡P58
第1位 伊藤博文 第2位 徳川斉昭 第3位 高杉晋作

⓬夫を支えた糟糠の妻ランキング ➡P59
第1位 楢崎龍 第2位 西郷糸 第3位 伊藤梅子

⓭最強兵器ランキング【小銃編】 ➡P60
第1位 スペンサー銃 第2位 スナイドル銃 第3位 エンフィールド銃

⓮最強兵器ランキング【戦艦編】 ➡P61
第1位 開陽丸 第2位 春日丸 第3位 甲鉄艦

各テーマ別に選ばれた幕末・維新を彩った人々

このパートでは、幕末・維新にまつわる様々なテーマのランキングを紹介する。ランキングは、歴史ライターや歴史ファンたちのアンケート回答を集計し、それに基づいたものだ。

テーマは「新撰組最強」や「最凶の人斬り」といった幕末・維新らしいものから、「女の色香に惑わされた志士」や「美男子」など軟らかいものまで多岐に及んでいる。その結果、総合ランキングとは一味違う人物たちも多数登場することとなった。

歴史全体の流れのなかでは、それほど大きな役割を果たしていなくても、ひとつのテーマに絞って見てみれば燦《さん》然《ぜん》と輝く人物というものはいるものだ。例えば、「人斬り」として恐れられた岡田以蔵《いぞう》など、その典型と言えるだろう。このランキングを通して、歴史の

狭間《はざま》でキラリと輝いた人々の生きざまを知ってもらえれば幸いである。

さらに、ランキングでは激動の幕末・維新を駆け抜けた個々人に限らず、「組織」や「戦地」、「兵器」なども紹介している。これらも歴史を彩る重要な要素であることは間違いない。

もちろん、ランキングの結果に納得のいかない人もいるだろう。歴史に対する見方は百人百様で、このランキングも選者たちの主観による、ひとつの見解にすぎない。だからこそぜひ、「自分ならこの順位にする」といった楽しみ方をして欲しい。

また、「新撰組最強」の1位に選ばれた沖田総司《そうじ》と「凄腕剣士」の1位に選ばれた山岡鉄舟《てっしゅう》がもし刀を交えたら、どちらが強かったのか？　天狗党《てんぐとう》と奇《き》兵隊《へいたい》が戦ったら？　あるいは誰と結婚したい？　など自由に想像してみるのも楽しいだろう。

それにより幕末・維新という時代が、少しでも身近になれば幸いである。

幕末・維新
なんでも
ランキング
1

新撰組最強ランキング

幕末最強の「人斬り集団」とも称される新撰組。実戦的な強さを追い求めた時代のあだ花のなかで一番強かったのは誰だ。

新撰組最強
第1位

沖田総司

芹沢鴨を斬り伏せる

足音一つ鳴る間に三度の突きを繰り出す

新撰組最強ランキングの1位に選ばれたのは新撰組一番隊組長の沖田総司《おきたそうじ》だ。この結論に異議を挟む人は少ないだろう。

9歳で天然理心流《てんねんりしんりゅう》・試衛館《しえいかん》に入門した沖田は、若くして塾頭を務めたという。のちに新撰組を共に作る近藤勇《こんどういさみ》、土方歳三《ひじかたとしぞう》とは同門だが、試衛館の額には四代目を継ぐことが決まっていた近藤よりも前に沖田の名前があった。

さらに、試衛館の食客で新撰組にも加入する永倉新八《ながくらしんぱち》は後年、「土方歳三、井上源三郎《げんざぶろう》、藤堂平助《へいすけ》、山南《やまなみ》敬助などが竹刀《しない》を持っては子供扱いされた。恐らく本気で立ち合ったら師匠の近藤もやられるだろうと皆が言っていた」と語っている。これらのことを考え合わせると、新撰組のなかで沖田の腕が群を抜いていたというのは間違いない。

沖田の必殺剣として有名なのが、「三

段突き」だ。これは、踏み込みの足音が一つ鳴る間に三度の突きを繰り出すというものである。ただ、この剣技が実在したかどうかは不明。

　しかし、沖田が芹沢鴨《せりざわかも》や与力《よりき》・内山彦次郎《ひこじろう》の暗殺などを手掛けたのは史実とされている。また、池田屋事件でも真っ先に斬り込んでいる。まさに新撰組最強に相応《ふさわ》しい活躍といえよう。

新撰組最強

第2位

近藤勇

真剣を持てば敵なし

池田屋に4人で斬り込み ただひとり無傷に終わる

　ランキングの第2位に選ばれたのは、新撰組局長の近藤勇《こんどういさみ》だ。

　近藤の強さに関しては、名刀・虎徹《こてつ》を愛用し、「真剣を持たせると敵なし」と称されたという評がある一方、その実力を疑う声がないわけではない。

　だが、天然理心流・試衛館の三代目に、養子に望まれ、四代目を継いでいるのだから決して弱かったわけはないだろう。

　また、池田屋事件においては、二十数名の尊攘派が潜伏する旅館に、沖田総司、永倉新八、藤堂平助を引き連れ、わずか4名で最初に斬り込んでいる。しかも、戦闘の途中で沖田は吐血し、藤堂も斬られて離脱してしまう。一時的に永倉と2人だけという状況になり、さらにその永倉も負傷するなか、近藤だけは最後まで無傷だったとされている。

　このエピソードを見ても、やはり、実戦での近藤の強さは確かだったと言わざるを得ない。

　ところで、近藤と言えば豪放磊落《らいらく》なイメージがあるが、新撰組の前身である壬生《みぶ》浪士組の内紛で近藤が殿内義雄《とのうちよしお》を暗殺したさい、しこたま酒を飲ませてから闇討ちにしたという。

　また、15歳のときに家に強盗が入ったさい、血気に逸《はや》る兄をいさめ、冷静に追い払ったともいう。

　近藤はそういう意味では、どこまでも現実的に勝利を求める強さを持った人物だったのかもしれない。

新撰組最強

第3位

新選組を作った男

土方歳三

第3位は、新撰組副長の土方歳三《ひじかたとしぞう》だ。剣技の面で土方の強さの評価は難しい。試衛館の同門である沖田総司が免許皆伝をもらっているのに対し、土方は中極意目録までの記録しか残されていない。また、斬り殺した著名な相手も芹沢鴨ぐらいしかいない。

しかし、子供のころから暴れん坊として近隣中に知れわたっており、11歳で奉公に出たときもケンカが原因で、すぐに郷里に帰ってきている。

また斬り合いになると砂を相手にぶつけ、ひるんだ隙に斬りかかったり、首を絞めて絞殺するなどして、必ず勝ったという。

そういう意味では道場の剣法の腕はともかく、路上の実戦では強かったのだろう。土方が試衛館の免許皆伝がもらえなかった理由も、その剣技があまりにケンカ剣法すぎて邪道だったからとも言われている。

ただ、土方の「強さ」は、そういった剣の腕よりも、短期間で幕末最強の武装集団・新撰組を作り上げた組織構築力にあると言えるかもしれない。この面では文句なしに新撰組最強だ。

新撰組最強

第4位

大正時代まで生存

永倉新八

第4位は二番隊組長の永倉新八《ながくらしんぱち》である。永倉は神道無念流《しんとうむねんりゅう》の免許皆伝で、試衛館では食客扱いだった。つまり、それほど剣の腕が確かだったということだ。新撰組内の剣の腕の順位について、「一に永倉、二に沖田、三に斎藤」という隊士の証言も残されている。

永倉は、下段の構えから敵の剣を擦《こす》り上げ、下へ切り落とす「龍飛剣《りゅうひけん》」という技を得意としていたという。実戦での活躍も多く、池田屋事件では近藤らと共に突入し、左手親指に深い傷を負いながら刀が折れるまで戦い抜いている。新撰組の内部抗争とも言える油小路事件では、原田左之助《さのすけ》らと共に御陵衛士《ごりょうえじ》を暗殺。鳥羽・伏見の戦いでも決死隊を募り、刀一つで突撃している。よほど自分の腕に自信がなければできることではない。

数々の実戦を潜《くぐ》り抜けながら、大正時代まで生き延びた「強さ」も見事だ。晩年、映画館でヤクザに絡まれるも、鋭い眼光と一喝で退散させたという逸話も残されている。

新撰組最強
第5位
酒に溺れ酒に負ける
芹沢鴨

第5位は、新撰組の初代筆頭局長の芹沢《せりざわ》鴨《かも》だ。芹沢と言えば乱暴者の悪役のイメージが強いが、剣の腕は確かであった。永倉新八と同じく神道無念流の免許皆伝であり、腕に自信のある近藤勇や土方歳三をしても、なかなか抑えられなかったのだから、その強さは折り紙つきである。

力士と道を譲れ、譲らぬとケンカになり相手に暴行を加えていることからも、己の強さへの自信がうかがえる。会津藩士と揉《も》め、槍を構えて立ちふさがる相手に対して鉄扇《てっせん》で槍先を煽《あお》いで笑ったという豪胆な逸話も残されている。ちなみに、この鉄扇はつねに芹沢が手にしていたもので、「盡忠報國《じんちゅうほうこく》の士芹澤鴨」と刻まれていた。

そんな芹沢の一番の弱点は酒であった。かなりの酒豪で、いつも昼間から酔っていたという。土方らに暗殺されたときも、泥酔している寝込みを襲われて命を落としている。逆に言えば、そういう状態でなければ負けなかったかもしれない。

1京都市中京区壬生にある壬生寺に建つ芹沢鴨の墓。この寺は、隊士たちが境内で武芸の鍛錬をしたという新撰組ゆかりの地だ。2同じく壬生にある新撰組屯所跡・壬生郷士八木邸に建てられた記念の立札。建物には芹沢が暗殺された際についたとされる刀傷も残されている。

新撰組最強
第6位
謎めいた陰の隊士
斎藤一

第6位に選ばれた三番隊組長・斎藤《さいとう》一《はじめ》は謎の多い人物である。出自にも諸説あり、江戸で試衛館に出入りしていたとも言われているが、新撰組に加入した経緯もはっきりしていない。

そもそも、斎藤の剣術の流派についても諸説が存在している。一刀流《いっとうりゅう》とも無外流《むがいりゅう》とも山口流とも言われるが、どれも確たる証拠はない。ただ、剣の腕は卓越しており、沖田総司、永倉新八と並んで新撰組最強の剣士の一人であったことは間違いないようだ。

その腕を活かし、斎藤は新撰組内で粛清役を務めていた。また、新撰組が分裂してできた御陵衛士にスパイとして入隊していたこともある。このように新撰組における陰の仕事を担っていたことも、斎藤の素顔を謎めいたものにしているのだろう。

column
新撰組の虚と実

新撰組と言うと、尊王の志士をひたすら斬りまくった「人斬り集団」のイメージが強いかもしれないが、実際には、やむを得ない場合のみ斬り、原則としては捕縛を第一にしていた。池田屋事件でも斬り殺した人数よりも、捕縛した人数のほうが圧倒的に多い。

近代的な新政府軍に対して刀だけを武器に武士の魂で立ち向かったというイメージもあるが、じつは新撰組も幕府陸軍に倣ってフランス式軍事訓練を行っていた。大砲や小銃の訓練もしていたのだ。

最後に、「武士道に背いてはいけない」、「新撰組からの脱退は許されない」などの五箇条からなり、新撰組の鉄の規律として破れば死が待っていたとされる局中法度。じつは五箇条だったかどうかはわからず、少なくとも局中法度という名称は後世の創作だという。

幕末・維新
なんでも
ランキング
2

数奇な運命の美女ランキング

維新は政治だけではなく、人々の運命も変えた。激しく生きることを余儀なくされた美女たちの跡を追ってみる。

美女 第1位

桂潜伏を支えた名妓 木戸松子

旅館幾松所蔵

桂の潜伏を助け 暴行の幕吏に三味線で応戦

尊攘志士の巣窟と見られていた長州藩は、禁門の変で朝敵《ちょうてき》とされ、藩の指導者だった桂小五郎（木戸孝允）は、幕府——京都守護の会津藩兵、新撰組、見廻組らから命を狙われ続けながら、京都に潜伏して政情を探っていた。

しかも、河原町御池《かわらまちおいけ》にあった長州藩邸にほど近い危険極まりない場所で、物乞いに扮していたのだ。ここに潜んだのは、藩邸に近いというだけではなかった。馴染《なじ》みの芸妓幾松《いくまつ》(木戸松子)の家も近かったからだ。美しく利発で聞こえた幾松は、新撰組の近藤勇らに桂の行方を尋ねられても「知りまへんなあ」ととぼけながら、探索の隙をうかがって秘かに野宿する桂に飯を届けていた。

しかし、あまりの探索の厳しさに、桂は京都から脱走して、但馬《たじま》の出石《いずし》に隠れ住んだ。幾松のもとには何度も幕《ばく》吏《り》が偵察に訪れたが、あるとき血迷った幕吏が幾松を犯そうとした。幾松は三味線の柄を折って抵抗し、対馬《つしま》藩屋敷に逃げ込んだと伊藤博文はのちに語った。やがて幾松も尾行する官吏を振り切って、出石で桂に合流した。二人は別々に長州に入った。

維新後、元勲として政府の中枢に座った木戸は幾松を正式に妻に迎え、幾松は木戸の最期を看取ったのだった。

1 幾松の写真 2 長州藩士桂小五郎・幾松寓居跡。登録有形文化財に指定されており、現在は、京都・上木屋町「料亭幾松」となっている。幾松の間は、抜け穴、飛び穴、のぞき穴、つり天井など、当時に近い状態で保存されている（12月から4月まで、10名以上で観覧可能。要予約）。

美女 第2位

海外でも有名な鹿鳴館の華

陸奥亮子

亮子《りょうこ》は幕末に旗本の妾腹として誕生し、明治の初めに芸者となった。

新橋芸者では板垣退助の愛妻となった小清《こせい》と一、二を争う美貌を陸奥宗光《むつ》に見初《みそ》められ、明治5（1872）年、17歳で後妻となった。明治11年に陸奥は政府転覆の企ての咎《とが》で投獄されたが、亮子は育児をしながら、陸奥を励ました。

陸奥の復帰後は、政府が幕末の不平等条約改正を目的とし、諸国の外交官たちを接待するために設けた鹿鳴館《ろくめいかん》で、岩倉具視の三女戸田極子《きわこ》（伊藤博文とのスキャンダルでも有名）とともに、華と謳《うた》われた。亮子を見たイギリスの駐日公使アーネスト・サトウは「美人で涼しい目とすばらしい眉だった」と賛美している。その美しさは有名な横顔の写真からもうかがえる。

陸奥が駐米公使となると、ワシントンの社交界にデビューし、美貌だけでなく知性あふれる話術で海外にも名を響かせ、陸奥の外交官としての仕事を大いに助けた。

美女 第3位

幕末という時代に翻弄された女

唐人お吉

東インド艦隊司令長官のペリーが来航し、日米和親条約を締結すると、アメリカは外交官のハリスを派遣した。ハリスは下田に総領事館を置いて、幕府と日米修好通商条約の交渉を行っていた。

ハリスは生活習慣が違う異国暮らしで体調を崩し、通訳のヒュースケンは、看護婦を探した。看護婦として雇い入れたのは、下田芸者だった数え歳17の斎藤吉《きち》（唐人お吉）だった。

破格の高給で雇われたこともあって、周囲は吉がラシャメン（外国人の愛人となった女性への蔑称）として雇われたと噂《うわさ》した。吉が雇われていたのは、3夜とも、3カ月ともいわれる短期間だったが、大金を得たことへのやっかみもあって、騒がしい下田から逃れるように去った。

吉は横浜に移って幼馴染の船大工と暮らすようになったが、やがて下田に戻り、小料理屋を開いた。しかし、一向に消えない偏見から酒に溺《おぼ》れるようになり、幼馴染と別れた。小料理屋も廃業に追い込まれ、失意の末に自殺したのであった。

美女 第4位

和宮

将軍に嫁いだ孝明天皇の妹

薩長が討幕でまとまるまで、公武合《こうぶがっ》体《たい》によって、幕府は討幕運動を抑え、朝廷は権威向上を図る策が模索されていた。

孝明天皇の妹である和宮《かずのみや》を将軍徳川家茂《いえもち》の御台所《みだいどころ》に降嫁《こうか》させることは、公武合体の象徴となるはずだった。

和宮と有栖川宮熾仁《ありすがわのみやたるひと》親王との婚約が白紙に戻され、江戸へ降嫁することが幕府朝廷間で合意された。まだ十代の家茂と和宮は、仲睦まじかったが、慶応元（1865）年、家茂は第二次長州征伐のために上洛し、その翌年に大坂城で病没した。

勝海舟は家茂を武勇に優れ、英邁《えいまい》な君主となる可能性があったと見ており、その死に際して、「徳川家、今日滅ぶ」と記した。

戊辰戦争では、かつて和宮の婚約者だった有栖川宮熾仁親王が、東征大総督となって新政府軍を率いて、江戸へ進発した。

和宮は薩摩藩から将軍に嫁いでいた先代の御台所の天璋院《てんしょういん》と共に、武力侵攻を収めようと使者を立て、徳川家存続のために動いたのだった。

増上寺所蔵

美女 第5位

楠本高子

シーボルトの孫は三代の美女

高子《たかこ》の祖父シーボルトは長崎の出島で、オランダ商館の医員をしながら、私塾を開き、高野長英《ちょうえい》ら全国の俊英を教育したドイツ人であった。高子の母イネはシーボルトと丸山遊郭の遊女其扇の間に生まれ、産科医となった。イネは父シーボルトの弟子石井宗謙《そうけん》から医学を学んだが、石井はイネを乱暴して、高子が生まれた。

高子は自分の名前の由来を、もとはタダ子で「(母は）天がただで私を授けたものであろうとあきらめまして」と述懐している。

高子は祖母に育てられ、幼いころから親しんだ琴や三味線、舞などは玄人顔負けの腕前だった。医師と結婚するが、夫に先立たれ、母と同じ産科医になるために医学を学んだ。しかし、医師片桐重明との間に婚外子（乱暴の結果とも）を産んだ後、医師の山脇泰輔と再婚した。山脇にも先立たれた高子は、三人の子を抱え、祖母から習った琴の師匠となって生計を立てた。

祖母、母、高子と三代の女系は、美女ゆえに数奇な運命を余儀なくされた。

ちなみに松本零士の『銀河鉄道999』に出てくるメーテルは、高子をモデルにして描かれたという。

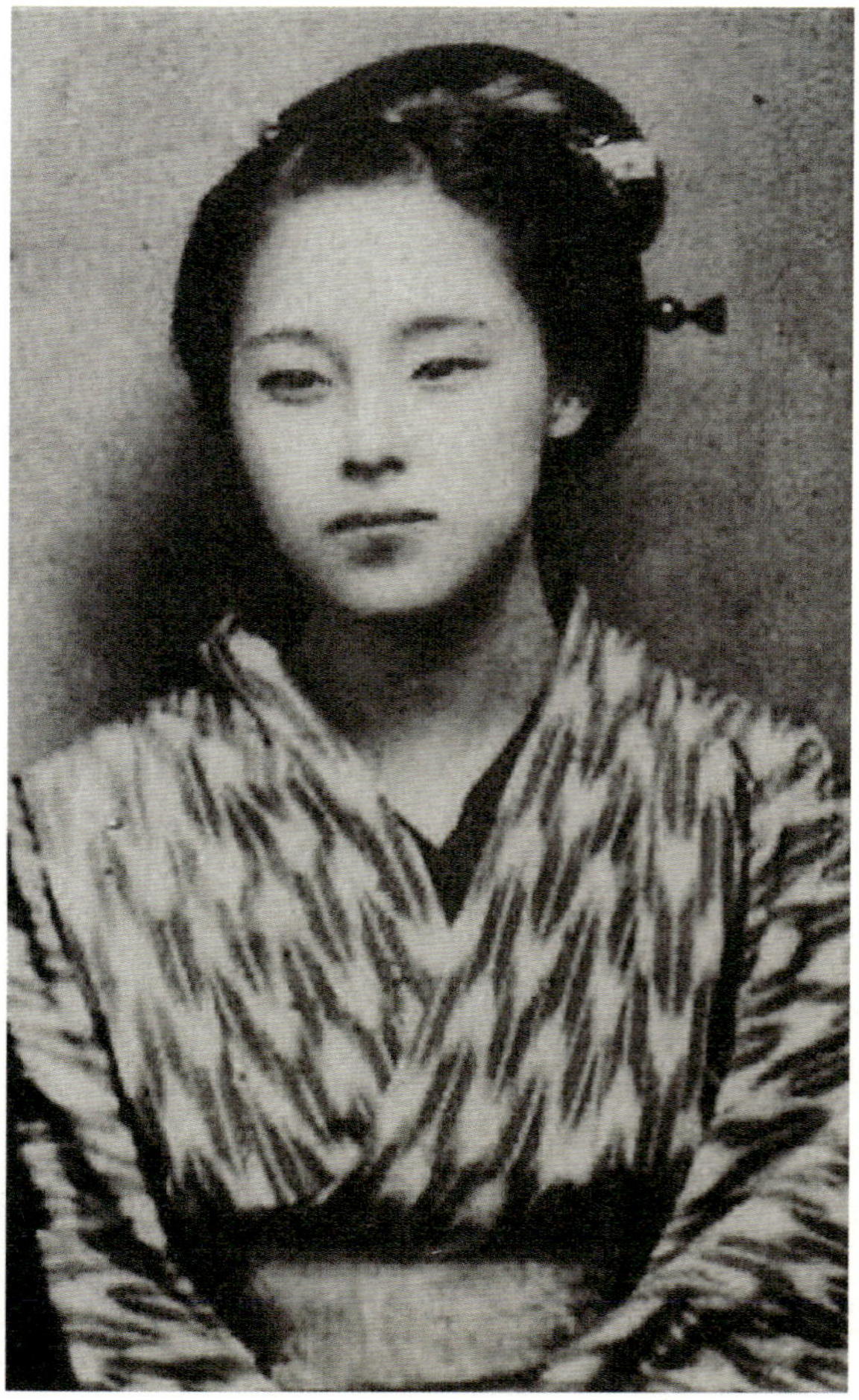

美女 第6位

政治家からも政商からも寵愛を

江良加代

加代《かよ》は祇園井筒屋の舞妓となると、のちに明治・大正・昭和と三代の天皇に元老として仕えた西園寺公望《さいおんじきんもち》に見初められ、妻にすると東京に連れて行かれた。しかし、清華家《せいがけ》という高い家格の公家だった西園寺一族は、舞妓を妻にすることに猛反対し、加代は手切れの品として高価な着物や調度を渡されて、再び祇園へ戻った。

やがて、木戸孝允と相思相愛となり、家が建つほどの高価な衣装などを贈られた。木戸が病没すると、西園寺を腹心としていた好色で有名な伊藤博文から熱心に口説かれた。

伊藤の盟友だった井上馨《かおる》もまた、加代の客となった。木戸、伊藤、井上と明治政界で幅を利かせた長州閥の面々は、そろいもそろって加代に貢いだのだった。

政治家以外にも、長州出身の政商で藤田財閥の創始者となる藤田伝三郎《でんざぶろう》なども虜《とりこ》にした加代は、三井物産や三井銀行の社長となった三井源右衛門《げんえもん》に落籍されて妾となった。

東西一の女形と呼ばれた五世中村歌右衛門《うたえもん》は、生涯見た女性のうちで加代が最も美人で、顔が光り輝いて見えたと語った。

女性 第7位

高杉の同志だった勤王歌人

野村望東尼

望東《もと》は福岡藩士に嫁いだが離縁し、再婚した夫が隠居すると、福岡の平尾山荘で生活を送った。54歳で夫に先立たれると尼僧となり、京都を訪れて尊攘志士たちの活動を見聞した。

平尾山荘に戻ると、西郷隆盛と入水《じゅすい》自殺をした月照《げっしょう》、天誅組挙兵に呼応して但馬《たじま》で挙兵した福岡の平野国臣《くにおみ》ら尊攘過激派を匿《かくま》った。慶応元（1865）年、福岡藩の尊攘派弾圧によって、望東は姫島《ひめしま》へ流刑となった。高杉晋作は福岡の志士らを指揮して、望東を脱出させ、奇兵隊や坂本龍馬の支援者だった下関の豪商・白石正一郎《しょういちろう》のもとで匿った。望東は肺結核で倒れた高杉の最期を家族とともに看取り、高杉の「おもしろきこともなき世におもしろく」に「すみなすものは心なりけり」と下の句を付けたと伝わる。

column

志士たちと美女たちの劇的な生涯

衣通姫《そとおりひめ》や小野小町、お市《いち》の方など、史上で美女として挙げられる人物は多いが、実像は不明だ。しかし、幕末維新期になると、肖像写真が登場し、現代でも、美しさを眺めることができる。

本書で挙げた美女たちは、皇女から将軍御台所となった和宮と歌人・尼僧であった野村望東尼以外は、いずれも花街《かがい》と関わりが深かった。これは偶然ではなくて、故郷を離れて京都や江戸（東京）で活動していた志士たちは、頻繁に花街を訪れ、彼女たちと交流の機会が多かったからだ。

彼女たちは美しいだけでなく、新撰組とも尊攘派の志士たちとも、商人たちとも接していたので世情に明るく、話術も巧みだった。命がけで維新を起こした志士たちに負けず劣らず彼女たちの人生も劇的なものが多く、非常に魅力的である。

幕末・維新
なんでも
ランキング
3

最強軍団ランキング

幕末は、下級武士や農民、町人などによる実力集団が次々と生まれた時代である。そのなかで最強はいったいどの軍団だろう。

最強軍団

第1位

泣く子も黙る

新撰組

つねに多人数で囲み必勝を期した実力組織

最強軍団ランキングで第1位に選ばれたのは、実力主義で「泣く子も黙る」と恐れられた新撰組だ。

近藤勇《いさみ》、土方歳三《ひじかたとしぞう》、芹沢鴨《せりざわかも》らが中心となって文久2（1862）年に結成された壬生《みぶ》浪士組（新撰組の前身）は、八月十八日の政変で御所の警備を務め、名を上げた。その後、新撰組と名を変え、池田屋事件で尊王の志士を斬殺、禁門の変の鎮圧に参加、土佐勤王党の残党による大坂城乗っ取り計画を阻止と、京、大坂で倒幕派と戦い続けた。

その戦いぶりは、つねに敵より多い人数で臨み、集団で取り囲むというものであった。例を挙げれば、三条制札《さんじょうせいさつ》事件では8人の敵に対し、油小路《あぶらのこうじ》事件では7人の敵に対して、30人以上の隊士で襲撃している。これを卑怯《ひきょう》と見ることもできるが、徹底したリアリズムと見ることもできる。

新撰組隊士は最盛時には200名を超えたが、鳥羽・伏見の戦いで官軍に敗れるまで、倒幕志士との戦闘での死者数は6名にすぎない。ただ、内部粛清絡みで40名近くが亡くなっている。そういう意味では、「最強」であると同時に「最凶」だったとも言える。

1 奇兵隊隊士の集合写真。当時の洋式軍装で揃え、ミニエー銃と小太刀を装備している。
2 奇兵隊初代総督の赤根武人の肖像画（後世作）。赤禰は高杉晋作らと奇兵隊創設にかかわったが、蛤御門の変の後、脱退。一時、新撰組に身を寄せるも、そこも脱退し、長州藩に捕らえられ、幕府への内応容疑で処刑された。

最強軍団 第2位

近代軍隊の先駆け

奇兵隊

最強軍団の第2位は長州藩の奇兵隊《きへいたい》である。「奇兵」とは正規軍ではないという意味だ。その名の通り、高杉晋作、赤根武人《あかねたけと》らの発案によって組織された奇兵隊は身分制度にとらわれない、武士と農民、町人による混成部隊であった。

これには高杉の、「堕落した武士より、志のある庶民のほうが戦力になる」という思想が反映しているという。平民によって軍隊を組織するというのは、いわば国民皆兵の近代的軍隊の形を先取りしたものとも言えるだろう。

高杉の期待に応え、隊士らは兵学者・大村益次郎《ますじろう》の下で訓練に励み、西洋式の兵法をよく吸収した。その結果、ミニエー銃やスナイドル銃の扱いに習熟した当時最新鋭の軍事組織ができあったのである。

奇兵隊は第一次、第二次長州征伐で戦い、多大な戦果を上げた。また、高杉が藩の主導権を握るさいも大きな役割を果たしている。

そして、王政復古《おうせいふっこ》後は新政府軍の一部となり、戊辰戦争にも参加し、日本陸軍の礎となっていった。

最強軍団 第3位

関東を地獄にする

天狗党

第3位は水戸藩の過激尊攘派集団・天《てん》狗党《ぐとう》だ。彼らは藤田東湖《とうこ》の子である小四《こし》郎《ろう》らを中心に筑波山で挙兵。目的は幕府に攘夷を迫るというもので、それに共感した他藩の武士や農民が加わり、一時期は、かなりの勢力となった。

しかし、天狗党の一部が暴走。近隣で略奪、暴行、放火などを繰り広げたせいで関東各地は地獄絵図となった。これに対し、幕府は追討軍を送り、次第に党は劣勢となっていく。

そこで起死回生のため、朝廷に直接正当性を認めてもらおうと天狗党は京へと向かった。だが、追討軍に追い詰められ、越前で降伏。捕らえられた党員828名のうち352名が処刑されるという大量虐殺により、この血なまぐさい一件は終結した。

天狗党の乱が起きたことで全国の尊攘派の意気が上がり、蛤御門の変（上図）へつながっていった。

最強軍団 第4位

薩摩の政治を動かす

精忠組

第4位は、薩摩藩の下級武士であった西郷隆盛、大久保利通らを中心に結成された精忠組《せいちゅうぐみ》だ。元々は井伊直弼《なおすけ》の暗殺や京都への出兵を計画するような過激な尊攘集団だったが、藩主の父である島津久光《ひさみつ》に抑えられ、代わりに藩政に深く関わるようになっていった。

その結果、外様《とざま》である薩摩が朝廷と直接交渉し、幕政改革を進めるという前代未聞の文久の改革が実現する。だが直後、久光が組織内の過激派分子の粛清を精忠組に命じたことで、同士討ちとなる寺田屋騒動が勃発。組織は事実上崩壊してしまった。

ある意味、上層部に利用されただけとも言えるだろう。しかし、武力だけではなく、政治を動かす力を持っていたのが、この軍団の特徴だ。

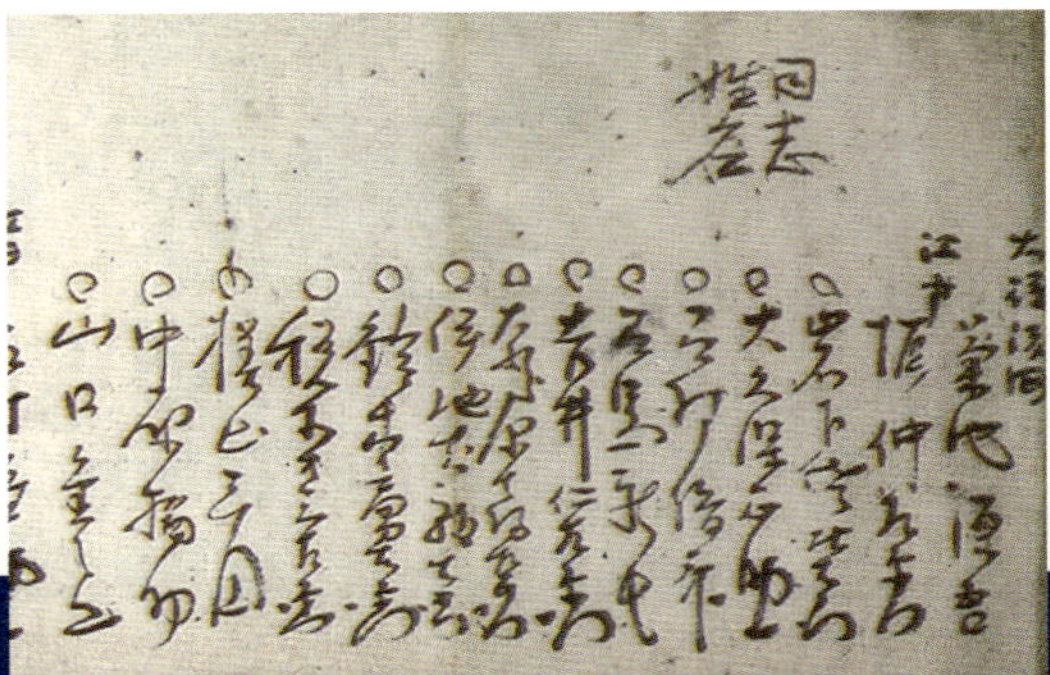

精忠組の同志姓名録。右端の菊池源吾（西郷隆盛）を筆頭に49名の同志の名が記されている。個人所蔵。

最凶の人斬りランキング

天誅に名を借りた暗殺、テロが日常茶飯事だった幕末。血なまぐさい人斬りたちのなかでも、もっとも恐れられたのは誰だ。

人斬り
第1位

岡田以蔵

天誅の名人

武市瑞山の下で暗殺を繰り返す

最凶の人斬りランキングの第1位は、土佐藩郷士の岡田以蔵《いぞう》だ。小野派一刀《おのはいっとう》流《りゅう》、鏡心明智流《きょうしんめいちりゅう》、直指流《じきしりゅう》を学んだ岡田の凶刃の下に倒れた人物は枚挙にいとまがない。そこから、当時「天誅《てんちゅう》の名人」と称され、後世「人斬り以蔵」の呼び名が定着した。

岡田が次々と暗殺を繰り返すようになったのは、師事していた武市瑞山《たけちずいさん》が結成した土佐勤王党に参加してからのことである。安政の大獄で多くの志士が死に追いやられたことへの報復として、多田帯刀《たたたてわき》や京都町奉行所与力などを惨殺。また、儒学者で当人も大獄で捕らえられたものの軽い罪で済んだ池《いけ》内大学《うちだいがく》を、幕府に寝返ったとして斬り殺している。その他、公家に仕える官吏や土佐藩の下横目《したよこめ》(岡っ引き)なども多数殺害した。

ただこの間、人を殺していただけではない。坂本龍馬の紹介で勝海舟の護衛を務め、暗殺者の手から勝を守るという手柄も立てている。

だが、岡田は次第に酒色に溺れ、身を持ち崩していった。同志たちと疎遠になり、やがては龍馬にも見放されてしまう。そして、ついに無宿人にまで落ちぶれ、強盗に入り捕縛。その罪で、打ち首、獄門となった。享年28。

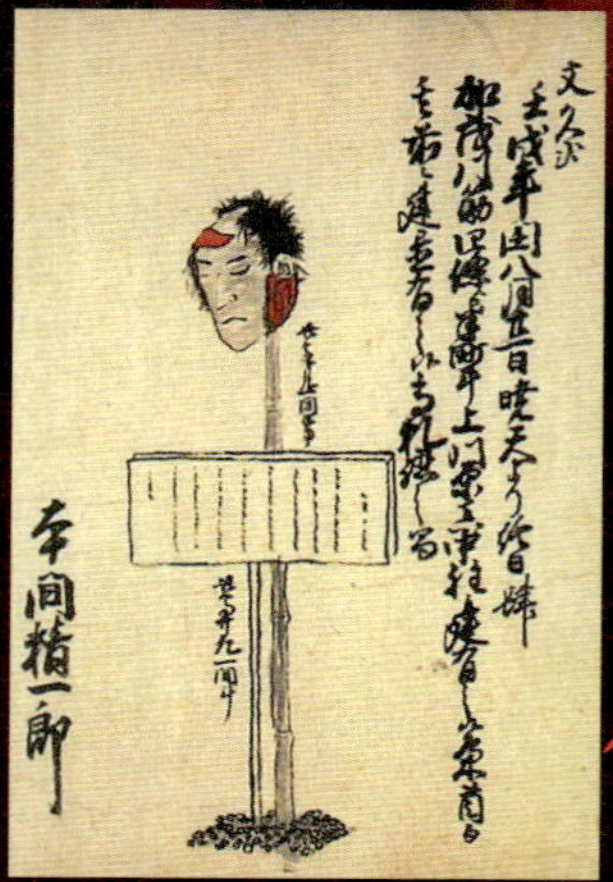

本間精一郎の梟首の図。本間は尊王攘夷の志士だったが同志に疎まれ、岡田以蔵に惨殺された。

岡田以蔵が暗殺した人物

- **井上佐一郎**《いのうえさいちろう》(土佐藩下目付)
- **本間精一郎**《ほんませいいちろう》(尊攘論者)
- **猿の文吉**《ましらのぶんきち》(幕吏のスパイ)
- **宇郷重国**《うごうしげくに》(九条関白尚忠の謀臣)
- **池内大学**《いけうちだいがく》(尊攘派の重鎮)
- **森孫六**《もりまごろく》**、渡辺金三郎**《わたなべきんざぶろう》**、上田助之丞**《うえだすけのじょう》
(京都東町奉行所与力、京都西町奉行所与力)
- **多田帯刀**《ただたてわき》(村山加寿江の息子)

人斬り

第2位

桐野利秋

西郷隆盛の懐刀

第2位に選ばれたのは、中村半次郎《はんじろう》の名でも知られている桐野利秋《きりのとしあき》だ。桐野は、岡田以蔵、田中新兵衛《しんべえ》、河上彦斎《かわかみげんさい》と並んで「幕末の四大人斬り」の一人に数えられているが、記録に残っている暗殺は軍学者・赤松小三郎《あかまつこさぶろう》を白昼惨殺した一件だけである。ただ、生涯を剣の道にささげた人物であったことは確かだ。

西郷隆盛の懐刀であった桐野は、藩命を受けて長州藩に潜入しようとしたり、天狗党の乱の偵察に赴いたりするなか、坂本龍馬や木戸孝允《たかよし》、中岡慎太郎ら幕末の志士たちとの交流を深めていった。戊辰戦争や上野戦争にも西郷の下で参加。その功により、明治新政府で陸軍少将となっている。

だが、明治六年の政変で西郷が下野すると、自らも辞表を提出して帰郷。そして、西南戦争が起きると薩軍の中心となって西郷とともに政府軍と激しく戦った。最期は、西郷の自決を見届けたあと、政府軍と交戦中に額を撃ち抜かれて戦死。享年40であった。

人斬り

第3位

田中新兵衛

島田左近を執念で暗殺

第3位の田中新兵衛《たなかしんべえ》は、もともと武士ではなく船頭だったと言われているが、のちに士分身分となった薩摩藩士だ。武士となってからは尊王攘夷運動に邁進し、安政の大獄で多くの志士を死に追いやった島田左近を京の都で1カ月間執拗に追い回した挙句、暗殺に成功している。

その後、田中は土佐勤王党の武市瑞山の知遇を得ると、武市配下の岡田以蔵と組んで次々と暗殺を実行したという。岡田と田中というのは考えるだけで恐ろしいコンビだ。

公家の姉小路公知《あねがこうじきんとも》が暗殺された朔平《さくへい》門外の変が起きると、田中は容疑者として捕縛された。だが、一言も喋らず自害してしまう。そのため、この事件の真相はいまだ不明のままだ。

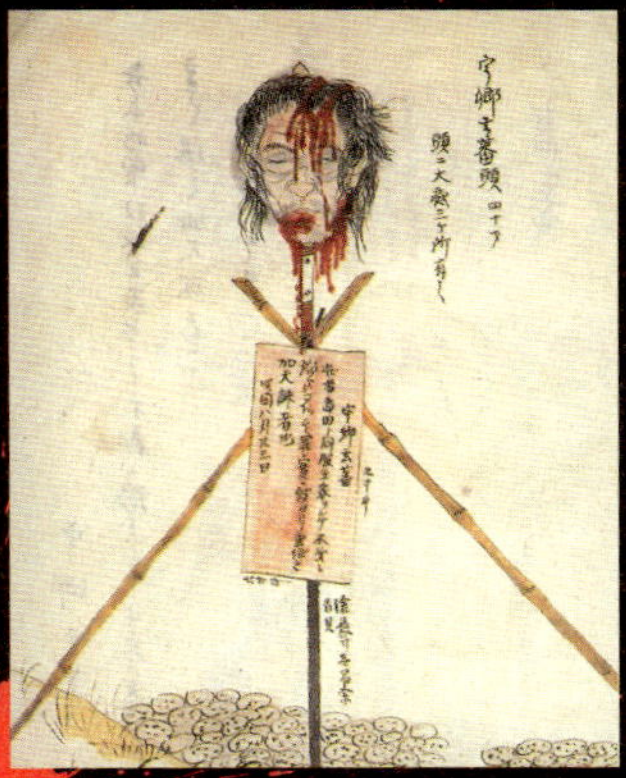

宇郷玄蕃の梟首の図。九条家の下屋敷で田中新兵衛に惨殺された。

人斬り

第4位

河上彦斎

思い立ったらすぐ人斬り

熊本藩士である河上彦斎《かわかみげんさい》は、小柄で色白で女性のような容姿をしていたが、我流の片手抜刀の達人であったという。徹底した攘夷論者であり、開国論者の重鎮であった佐久間象山を京で暗殺したことで名が知れ渡った。

河上は思い立ったら、なんのためらいもなくすぐに人を殺せる人物であった。酒席で横暴な幕吏の名前が出たとき、ふいに立ち上がって姿を消すと、しばらくして、その幕吏の首を持ち帰ってきたという逸話も残されている。

勝海舟はそんな河上の残酷さを酷く嫌っていたが、その勝に対して河上は「(自分が殺した相手は)畑のナスやキュウリのようなものだから、すぐに千切ってしまうのがいい」と答えたという。なんとも恐ろしい言葉である。

河上彦斎が佐久間象山を暗殺する情景を描いた錦絵。

幕末・維新
なんでも
ランキング
5

投獄された傑物ランキング

改革や変革を目指す志士たちは既存権力の側にとって、都合が悪い危険人物だった。なかには、投獄や死罪となった者もいた。

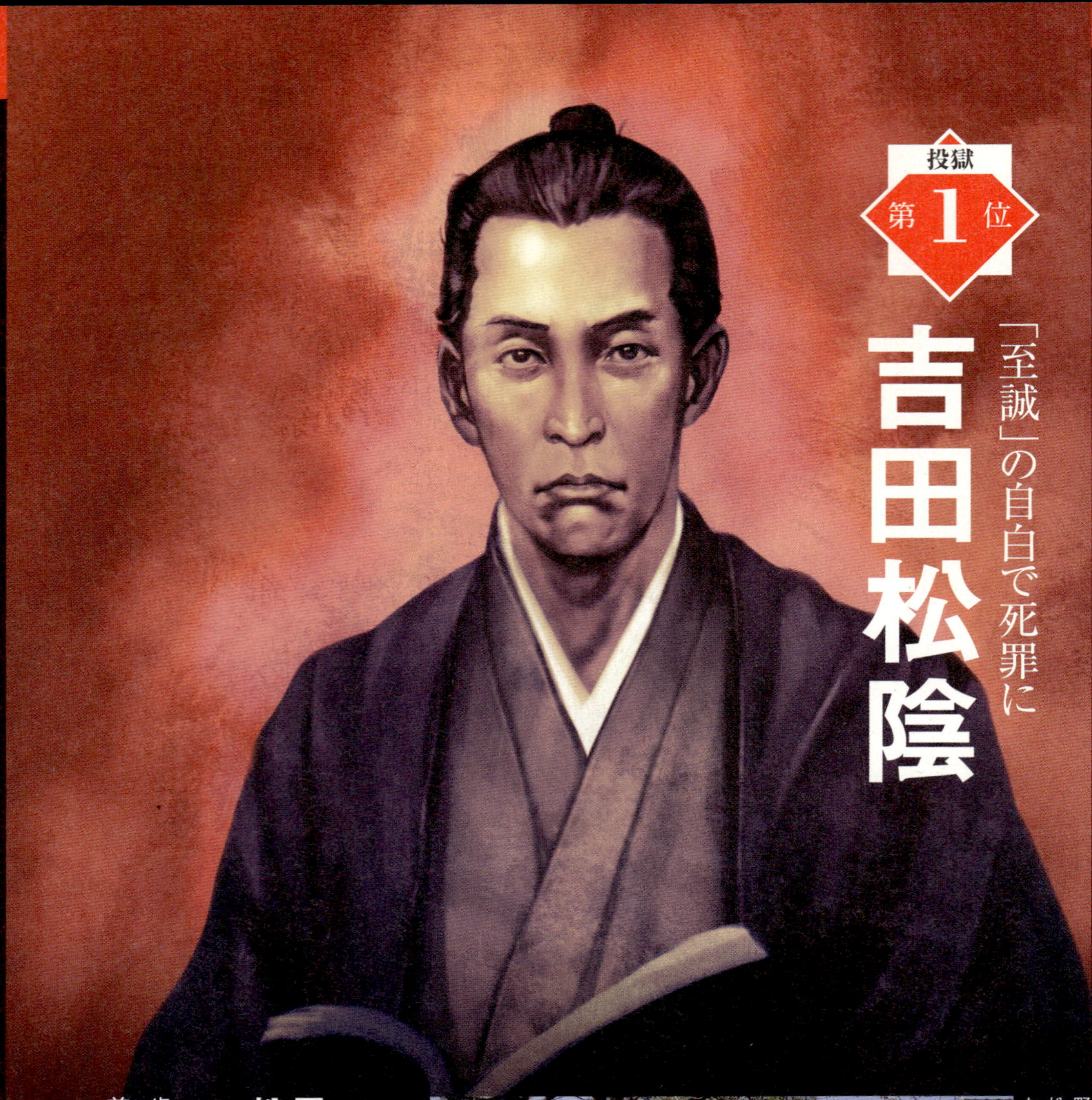

投獄 第1位

「至誠」の自白で死罪に 吉田松陰

野山獄址。獄中で松陰は読書・思索の日々を送った。松陰が唱えた草莽崛起の精神は獄中でも衰えることはなかった。

罪人生活が生んだ松下村塾での人材育成

山鹿流《やまがりゅう》兵学を修めた松陰《しょういん》はわずか11歳のときに、藩主に『武教全書』を講義するほど早熟だった。だが、江戸で洋式兵学を教える佐久間象山《しょうざん》に学んで、さらに見識を深める必要を感じ、東北から九州までを旅し、各地の思想家や兵学者と交流を持った。その行動は日本に留まらず、アメリカ艦船に乗り込んで密航しようとして罪人となった。日本中を歩き回って、次は世界を回りたいと考えていたのだ。

密航企図の罪で萩に送られて、野山《のやま》獄《ごく》で1年過ごし、釈放されて幽閉《ゆうへい》生活を送った。幽閉生活中に松下村塾《しょうかそんじゅく》で、のちの幕末・明治を主導する久坂玄瑞《くさかげんずい》、高杉晋作、伊藤博文らを育てた。伊藤はのちに井上馨《かおる》らとともに、師が果たせなかった密航留学を行った。松陰は罪人にならなければ、萩で塾生たちと過ごすこともなかったかもしれず、日本史は大きく変わったことだろう。

安政5（1858）年、幕府が勅許《ちょっきょ》を得ずに日米修好通商条約に調印したことに激怒し、老中の間部詮勝《まなべあきかつ》に条約破棄を迫り、拒んだら討ち取る計画を立てた。藩に襲撃計画のために武器弾薬の借用を申し入れ、当然のごとく拒否された。次に幕府を説得しようとして、計画を自白し、死罪となったのだ。

投獄 第2位

春嶽、西郷に買われた俊英

橋本左内

福井藩の藩医の長男として生まれ、大坂で緒方洪庵《おがたこうあん》に学んだのちに江戸へ留学した。小浜藩の梅田雲浜《うめだうんぴん》、熊本藩の横井小楠《しょうなん》、水戸藩の藤田東湖《とうこ》、薩摩藩の西郷隆盛らと交流し、若き俊英として全国に知られた。西郷は年少の左内を「兄として仕える」と敬愛した。

帰郷して、松平慶永《よしなが》の懐刀《ふところがたな》として活躍し、藩医のかたわら藩校で教育にあたった。西欧の先進技術導入の必要をいち早く唱え、慶永の藩政改革に影響を与えた。

将軍継嗣問題で対立した井伊直弼《なおすけ》は、安政の大獄で慶永を謹慎処分にし、全国の志士たちに強い影響力があった、まだ26歳の左内を斬首刑にした。南千住の回向院《えこういん》には、吉田松陰の墓のすぐそばに左内の墓がある。

橋本左内墓。南千住回向院は、隣にあった小塚原刑場で処刑され、うち捨てられた罪人の死骸を供養していた。

投獄 第3位

起伏の波が激しい英雄

西郷隆盛

西郷は三度死のうとした。一度目は、下級藩士の自分を側近に取り立ててくれた君主島津斉彬《なりあきら》の急死の際に、殉死《じゅんし》を考えた。二度目は西郷の殉死を止めた尊攘派の僧・月照《げっしょう》が、安政の大獄で追われ、西郷とともに京都から薩摩へ逃げ落ちたときだ。弾圧が波及することを恐れた藩に絶望し、西郷は月照と鹿児島湾に身を投げた。月照は水死したが、西郷は蘇生した。藩は西郷を死んだことにして、奄美大島に送った。

西郷はやがて大島という変名で復帰するが、そりが合わない久光に徳之島・沖永良部島で牢に入れられた。

戊辰戦争で官軍を指揮して帰郷し、新政府のトップについたが、大久保・岩倉と対立しまた帰郷した。そして、西南戦争に担がれて、腹を切った。

西郷南洲謫居跡。奄美に遠島となった西郷が暮らした。島の娘との間に2人の子をもうけた。

投獄 第4位

土佐勤王党盟主で天誅指揮

武市瑞山

武市は土佐で剣術道場を開き、門下には中岡慎太郎《しんたろう》や岡田以蔵《いぞう》らがいた。剣術修業で江戸三大道場の桃井春蔵《もものいしゅんぞう》の士学館《しがくかん》に入門、塾頭となった。江戸で長州の久坂玄瑞を知り、吉田松陰の「草莽崛起《そうもうくっき》」の教えに強い影響を受け、土佐勤王党を結成した。坂本龍馬、中岡慎太郎、吉村虎太郎《とらたろう》、以蔵ら身分が低い者が加わり、武市と龍馬は久坂らと薩長土《さっちょうど》盟約を目指し動いた。

龍馬や吉村は脱藩したが、武市は土佐藩を尊王攘夷に転じる目標を掲げ、公武合体論の吉田東洋暗殺を指揮した。また、京都で以蔵らとともに、尊攘派の敵と見なした人物の暗殺に加わった。

藩は勤王党幹部を逮捕し拷問を行った。以蔵らが自白するなか、武市は拷問に耐え続け、腹を切って死んだ。

京都大学附属図書館所蔵

幕末・維新
なんでも
ランキング
6

凄腕剣士ランキング

剣術ブームが起こった幕末では、幕臣も志士たちもこぞって剣術修業をした。彼らのなかでも、凄腕と恐れられた剣士を紹介しよう。

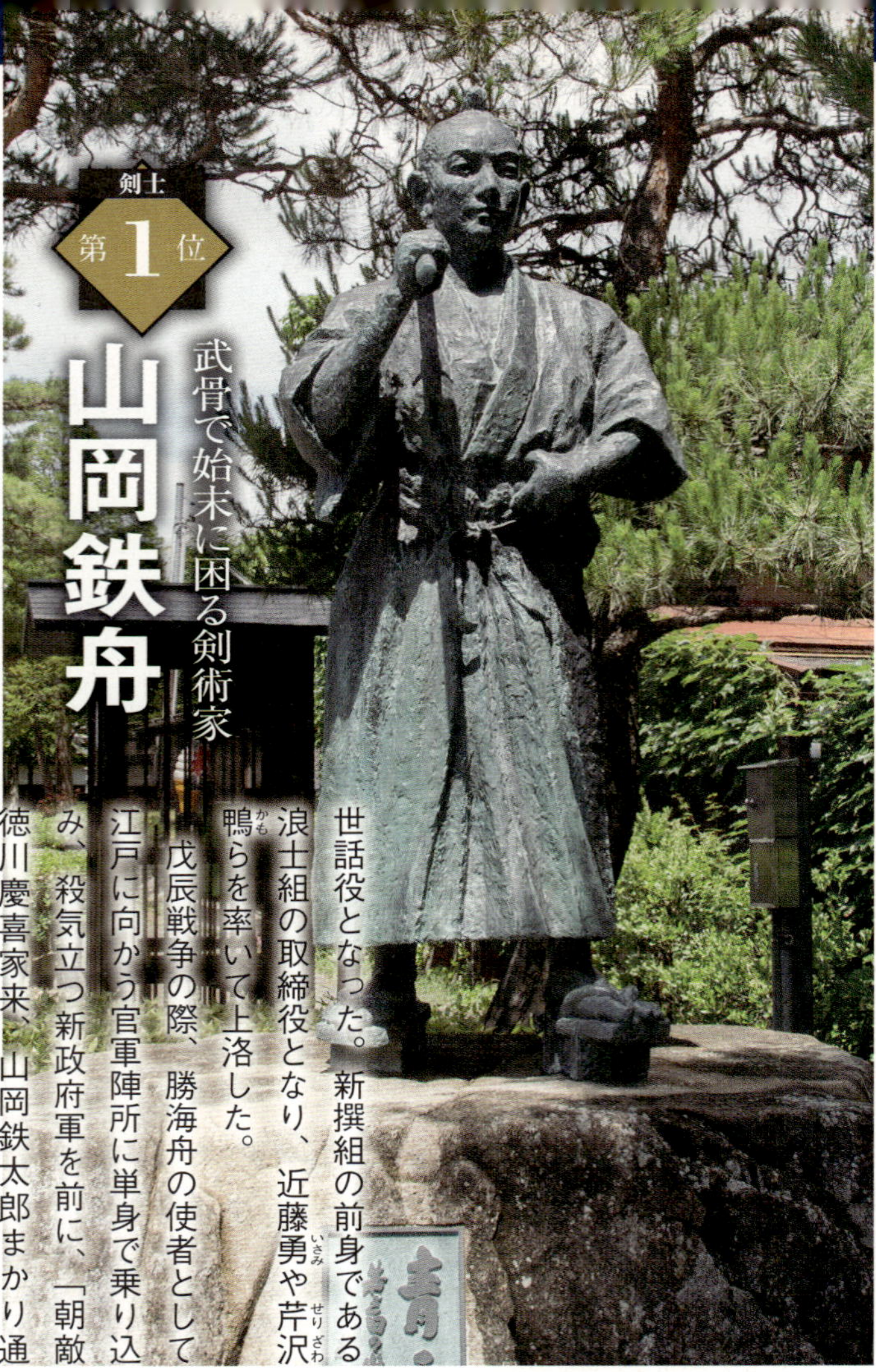

剣士 第1位

武骨で始末に困る剣術家

山岡鉄舟

官軍陣所に乗り込み江戸無血開城に貢献

幼少から、直心影流《じきしんかげりゅう》、北辰一刀流《ほくしんいっとうりゅう》を学ぶ。母は塚原卜伝《ぼくでん》に連なる鹿島神宮神職の娘。千葉周作《しゅうさく》から剣術、山岡静《せい》山《ざん》から槍術教授を受け、剣聖・男谷信《おたにのぶ》友《とも》の提言で開設された幕府武芸訓練所の講武所では、剣の腕前を見込まれて、世話役となった。新撰組の前身である浪士組の取締役となり、近藤勇《いさみ》や芹沢《せりざわ》鴨《かも》らを率いて上洛した。

戊辰戦争の際、勝海舟の使者として江戸に向かう官軍陣所に単身で乗り込み、殺気立つ新政府軍を前に、「朝敵徳川慶喜家来、山岡鉄太郎まかり通る」と堂々と西郷隆盛に面会を要求した。桐野利秋《きりのとしあき》らは手も出せなかった。西郷は「金もいらぬ、名誉もいらぬ、命もいらぬ人は始末に困る」と山岡を認め、無血開城の事前交渉が行われた。

維新後は明治天皇の侍従となり、宮内省道場や自分の道場で剣術を教え、一門から高名剣士を多数輩出し、剣士たちの尊敬を集めた。

剣士 第2位

凄腕だった逃げの小五郎

桂小五郎

新撰組や幕吏からつけ狙われるなか生き延び、〝逃げの小五郎《こごろう》〟といわれたが、桂（木戸孝允《たかよし》）は実は、江戸三大道場の一つ斎藤弥九郎《やくろう》の練兵館《れんぺいかん》で塾頭・師範代を務めた凄腕だった。

錬兵館は「力の斎藤」と呼ばれたように、渾身の一撃のみを一本とする、いわば必殺剣が特徴で、稽古では他流よりも頑丈な防具をつけていた。そのため、他流試合ではしばしば相手に重傷を負わすことがあった。大柄の桂が上段に構えると、強い剣士ほどその静《せい》謐《ひつ》な気迫に圧《お》され、手を出せなかったという。新撰組の近藤勇は池田屋事件で志士30人以上がいたなかへ斬り込むなど数々の修羅場をくぐり抜け、その名を馳せたが、練兵館の塾頭を務めた桂は、その近藤をもはるかにしのぐ「剣名」を轟かせていたのである。

錬兵館は、道場訓で「兵は凶器」なので止《や》むを得ないとき以外はその剣技を使うことを禁じており、桂も追っ手を斬り捨てることができる腕を持ちながら、逃げることを選んだのである。

近江屋での襲撃の様子。龍馬は部屋に入った刺客に額を斬られ、倒れたところを後頭部に一撃をくらって即死した。中岡は脇差の鞘で防戦したが、何度も斬られ襲撃2日後に亡くなった。襲撃犯は現在、見廻組説が最有力だが、これまで、新撰組説、紀州藩士説なども唱えられてきた。

剣士 第3位

龍馬と清河を斬った男

佐々木只三郎

会津藩士の三男に生まれ、新撰組の斎藤一《はじめ》や白虎隊士なども学んだ神道精《しんとうせい》武流《ぶりゅう》を修めた。江戸へ出て、将軍家茂《いえもち》上洛の警護のために結成された浪士組の取締役となる。佐々木は清河八郎《きよかわはちろう》、山岡鉄舟《てっしゅう》らの尊攘派とともに、取締役として、芹沢鴨、近藤勇、土方歳三《としぞう》らを率いて上洛した。しかし、清河は幕府を出し抜いて、浪士組を急進的尊攘組織にしようと朝廷へ建白書《けんぱくしょ》を提出した。これに反発した芹沢、近藤らは京都守護職松平容保《かたもり》預かりとなり、新撰組へと形を変えていった。

佐々木は江戸へ帰った清河を幕臣らと斬殺した。清河も千葉周作の玄武館《げんぶかん》に通い、短期間で目録を取った剣技の持ち主であった。

佐々木は再び上洛し、新撰組とともに市中警固《けいご》を行った見廻組《みまわりぐみ》を率いた。大物斬りは、これだけなく、大政奉還から1カ月後、新政府綱領などをまとめた坂本龍馬は、盟友の中岡慎太郎と三条河原町の近江屋で会っていた。佐々木たち見廻組はそこを急襲し、龍馬、中岡を斬殺した。その後、鳥羽・伏見の戦いで銃弾を受けて死去した。

佐々木只三郎の墓。佐々木は近江屋事件の後、鳥羽・伏見の戦いに参戦した。佐々木は腰に被弾して和歌山まで落ちるが、力尽きて戦死した。墓は故郷の会津に移され、会津武家屋敷内にある。

剣士 第4位

天折《ようせつ》した玄武館の小天狗

千葉栄次郎

剣術ブームが起こった幕末に三千人の門弟を集めたといわれた、北辰一刀流の開祖となった千葉周作の二男。天才的な華麗な剣技は父を超えるともいわれ、「千葉の小天狗」と呼ばれた。

父・周作の玄武館、周作の弟の桶町《おけまち》千葉道場には、全国から有志が弟子入りし、幕臣の山岡鉄舟、井上八郎、新撰組の山南敬助《やまなみけいすけ》、伊東甲子太郎《いとうかしたろう》、志士では清河八郎や坂本龍馬などが修業した。「鬼鉄」と恐れられていた山岡も栄次郎だけには勝てなかった。

他流試合では、直心影流の島田虎《とら》之《の》助《すけ》、神道無念流《しんとうむねんりゅう》の斎藤歓之助《かんのすけ》、鏡新明《きょうしんめい》智流《ちりゅう》の桃井春蔵ら幕末を代表する剣士たちに勝っている。男谷信友の弟子の柿本清吉《かきもとせいきち》に負かされたが、再戦では柿本が使った技で勝った。

史上最も興隆した剣術道場・玄武館跡(神田東松下町)。栄次郎は陽気でよく冗談をいった。父周作の大稽古をつけに水戸弘道館で藩士たちを相手にしたときは、竹刀を股に通したり、頭上に放りながら藩士たちを打ち、小天狗といわれた。

幕末・維新
なんでも
ランキング
7

美男子ランキング

幕末の志士たちを好む女性歴史ファンも少なくないが、もし「顔」だけでランキングをつけたら……。

美男子 第1位

土方歳三

甘いマスクの鬼の副長

国立国会図書館所蔵

幕府崩壊後も徹底抗戦 蝦夷で散った士魂

日野の豪農に生まれた10人兄弟の末っ子は、近藤勇《いさみ》の右腕として、壬生《みぶ》浪士組を京都の治安維持組織、新撰組に生まれ変わらせた。武士よりも武士らしく、士道に背く者には切腹を申し渡した冷徹な土方《ひじかた》は鬼の副長と敵からも隊士からも恐れられたが、芸者や舞妓からは多くの恋文が届くほどもてた。

慶応3（1867）年、3月にようやく幕臣に取り立てられたが、12月の王政復古《おうせいふっこ》の大号令によって幕府は倒れた。翌年正月、鳥羽・伏見の戦いが勃発し、負傷していた近藤に代わり土方は新撰組を率いて参戦するも、敗れた。新撰組は榎本武揚《えのもとたけあき》率いる旧幕府艦隊で江戸へ向かった。戦況不利のなか、新政府軍東征を阻止するため、甲州勝沼で戦った。土方は勝海舟に投降した近藤の助命をかけあうも、近藤は斬首となった。

その後も、死地を求めるように、宇都宮、会津、仙台と転戦し、奥羽列藩《おううれっぱん》同盟の戦いに加わった。榎本艦隊とともに、蝦夷《えぞ》へ向かい、五稜郭《ごりょうかく》を占領。土方は松前《まつまえ》、江差《えさし》を攻略した。

明治2（1869）年5月、新政府軍の箱館総攻撃に突撃し、銃弾を腹に浴びて戦死した。洋装の写真は、最期まで戦い抜いた蝦夷で撮影された。

美男子 第2位

東郷平八郎

海軍の神様の若かりし肖像

東郷は日露戦争で連合艦隊司令長官としてロシアのバルチック艦隊に完勝し、世界的に有名となった。欧米列強の一角に勝利した帝国海軍の英雄として神格化され、本人は反対していたが、死後東郷神社が建立された。

薩摩藩士だった東郷の緒戦は、幕末の薩英戦争だった。また、戊辰戦争では阿波沖海戦で、春日丸の三等砲術士官として、旧幕府軍の開陽丸と戦った。元帥の戦歴は2連敗スタートだった。

明治4（1871）年から7年間、イギリス留学をした。同郷の大久保利《とし》通《みち》に留学を頼み込んだが断られ、西郷隆盛に頼み込んでかなった官費留学だった。写真は留学中の若き日の東郷。留学中の西南戦争では、もし日本にいたら、西郷軍に参戦したと述べている。

国立国会図書館所蔵

美男子 第3位

文武秀逸の小柄で多弁な優男

勝海舟

勝海舟は毀誉褒貶《きよほうへん》が激しい人物だった。坂本龍馬は「日ノ本第一の人物」、西郷隆盛は「実に驚き入り候人物にて、どれだけ知略これあるやら知れぬ」と評した一方で、福澤諭吉からは執拗《しつよう》に攻撃された。しかし、勝は「自分の価値は自分で決めることさ」と他人からの評価を気にせず、「敵は多ければ多いほど面白い」とうそぶいた。

将軍から尊攘の志士まで幅広く交遊した。面倒見がよく、維新後は旧幕臣のために世話を焼いた。女とも幅広く交遊し、面倒見が良かった。剣の達人らしく、初対面の相手には機先を制する鋭い言葉を発し、べらんめえ口調の多弁で相手を引き込んだ。多数の妾たちを口説き落とし、妾たちとその子らも正妻と同居した。

美男子 第4位

松陰門下の麒麟児

久坂玄瑞

久坂は、松下村塾《しょうかそんじゅく》で高杉晋作とともに双璧《そうへき》といわれ、長州の尊攘激派の中心人物だった。松陰から、「志はさかんで気魄も鋭い。しかも、その志気を才で運用する人物」と評された。

村塾のなかでも飛び抜けた秀才だった久坂は、長身で恰幅《かっぷく》が良かった。美声でよく即興の詩歌を吟じ、「今夜も今も知れぬ身ぞ」と生き急いだ久坂は女たちからもてた。

松陰の妹・文《ふみ》を妻としたが、京都で芸妓に子を産ませた。

水戸、薩摩、土佐、福岡、久留米などの尊攘志士たちとの草莽崛起を目指し、西郷隆盛や坂本龍馬に影響を与えた。禁門の変の軍事暴発を止めようとしたが、開戦後には参戦して鷹司輔煕《たかつかさすけひろ》邸内で同志と刺し違えて自害した。

美男子 第5位

重職を担うエリート

池田長発

スフィンクスの前に侍たちが並ぶ幕末の有名な写真は、幕末の遣欧使節団がインド洋からスエズ運河を通り、エジプトに立ち寄ったときに撮影された。使節は朝廷や尊攘勢力の圧力を緩和するために、外国に開港された横浜を再び閉ざすための交渉団であった。

この使節の正使が池田長発《ながおき》で、高杉晋作など諸国の俊英も学んだ昌平坂学問所で抜群の成績だった幕臣だった。26歳で外国奉行となるまでに、火付盗賊改、京都町奉行という重職を歴任してきたエリートの美男であった。

パリで交渉を行うなかで、池田は開国して西欧文明から学ぶべきだと考えるようになり、鎖港という策が愚かだと悟った。帰国後に池田は開国の必要性を述べ、蟄居となった。

池田長発とフランスで使用した名刺。名刺には池田筑後守と、漢字とアルファベットで記されている。

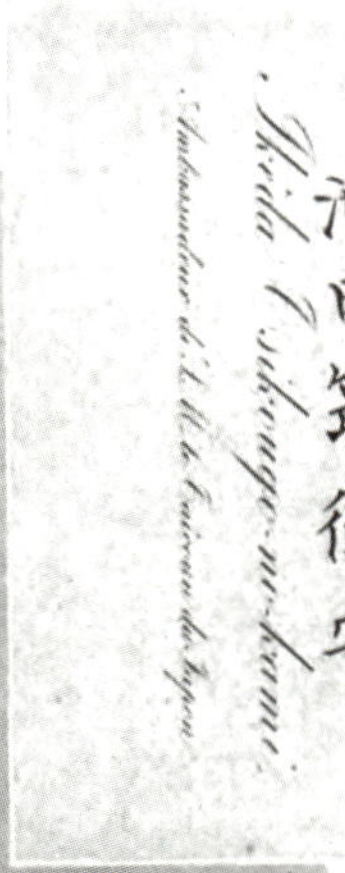

国立国会図書館所蔵

国立国会図書館所蔵

スフィンクス前で集合写真を撮る池田使節団。

幕末・維新
なんでも
ランキング
8

名藩主ランキング

幕末の人物には、下級藩士出身者が多く見られるが、彼らの支えとなった各藩にいた名藩主たちの存在抜きでは歴史は語れない。

尚古集成館所蔵

名藩主 第1位

英明近世の第一人者

島津斉彬

大軍で迫る官軍に籠城戦で立ち向かう

薩摩藩が幕末の幕府政治、明治初期の維新政府で主導権を握ったのは、島津斉彬《なりあきら》の功績によるところが大きい。その功績は3つに分けることができる。

第一に、西洋に学んで、富国強兵を実現したこと。そして次は、人材登用に優れ巧みに人心を掌握して活躍させたこと。最後に、勇断な計画を実行する能力があったこと。

自身でアルファベットを学んだほど洋学への関心が高く、蘭癖《らんぺき》と一部から非難を浴びたほどだった。黒船来航以前に蒸気機関の研究・開発を進め、国内初の蒸気船造りを行った。明治時代に「薩の海軍」といわれ西郷従道《つぐみち》、山本権兵衛《ごんべえ》、東郷平八郎《へいはちろう》らを輩出したが、その源流は斉彬の先見性にあった。

人材登用では、愛憎の感情や身分・立場によらない冷静な判断が、幕政、藩政での活躍を果たす鍵となった。西郷の能力を評価していたが、独立の気風を見抜き、使いこなせるのは自分だけだという予言をしていた。

「勇断なき人は事を為すこと能わず」は『斉彬公言行録』からである。斉彬死後の久光時代に行った薩摩藩兵の上洛や江戸入りは、斉彬が急死前に立てた、藩兵5000を率いての上洛計画を踏襲したものだった。

尚古集成館所蔵

尚古集成館所蔵

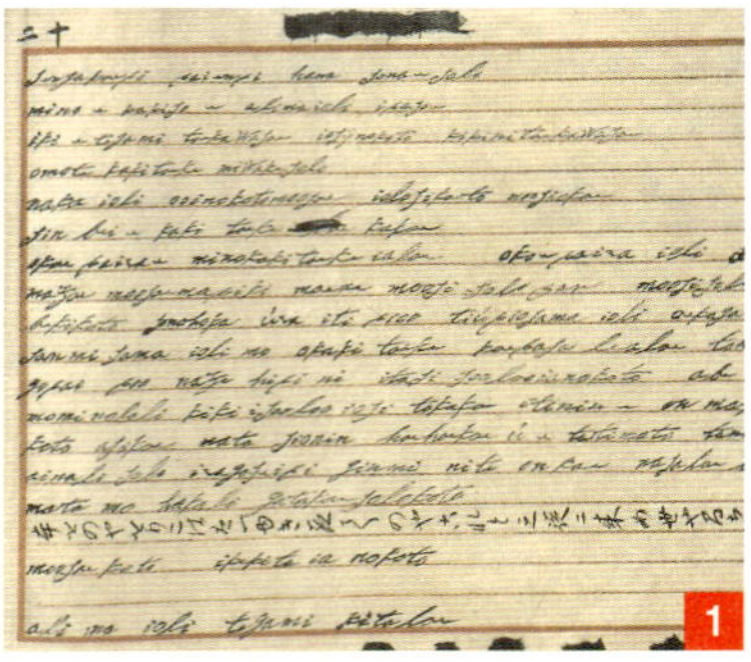

1 島津斉彬のローマ字日記。洋学への関心が高かった斉彬は、ローマ字で記した日記を残している。2 島津斉彬が使用した世界地図。

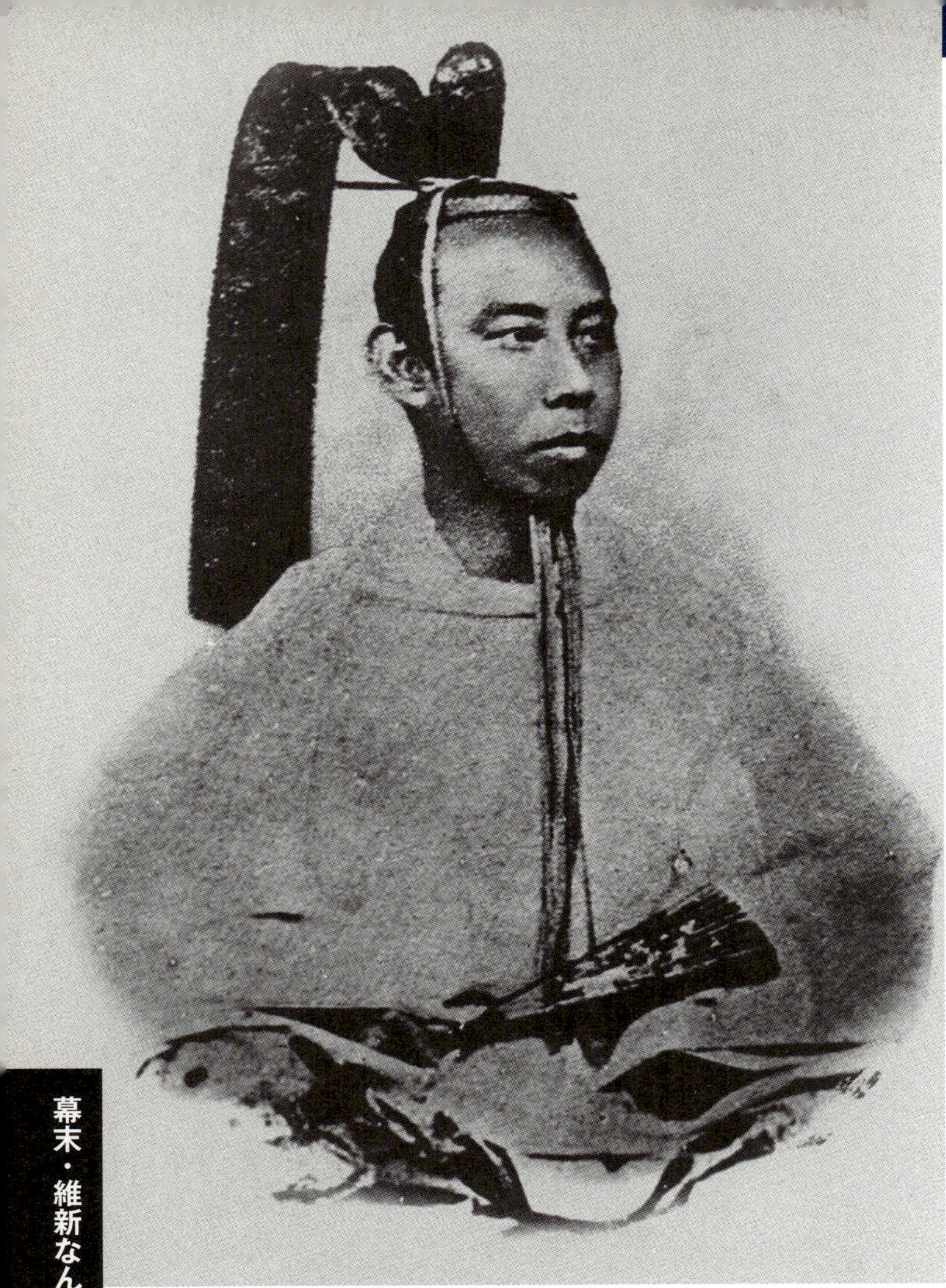

国立国会図書館所蔵

名藩主 第2位

人を育てた幕府開明派の雄

松平慶永

国は閉ざすものではなく開くものだ。人は切るものではなく育てるものだ。

幕府開明派として、勝海舟や坂本龍馬を支援し、大きな影響を与えた慶永《よしなが》（春嶽《しゅんがく》）の基本的な考え方だ。

春嶽自身は、自分には特別な才能も能力もないと自覚しており、常に周囲の意見に耳を傾けて、そのなかで良いと思う意見に従うというスタンスをとっていた。しかし、その周囲に、由利公正《きみまさ》や橋本左内《さない》、横井小楠《しょうなん》、あるいは勝海舟や徳川斉昭《なりあき》、島津斉彬という当時の選りすぐりの人物を選んでいた。

徳川一門ながら、新政府に加わったが、徳川慶喜への厳しい処分に反発し、明治３（１８７０）年、公職を退いた。幕末、維新期を振り返る著述があるが、『逸事史補《いつじしほ》』では、徳川慶喜、徳川斉昭、島津斉彬や西郷隆盛、大久保利通、岩倉具視ら時代を動かした人物を評している。その評は、人物の良いところを積極的に評価しようとする姿勢で貫かれている。この姿勢が、春嶽の人を活かす才能の鍵だったのだ。

名藩主 第3位

小藩で富国強兵を実現

伊達宗城

福井市立郷土歴史博物館所蔵

宇和島10万石の藩主で、イギリス外交官のアーネスト・サトウが「四国の小領主にはもったいないほど有能」と賞した伊達宗城《むねなり》。イギリス公使パークスとも親交し、国際派の一面を持つ。

こうした開明的な態度は、人材登用においても発揮された。幕府の異国打払いを批判して囚われ、脱獄逃走中だった高野長英《ちょうえい》を匿《かくま》って蘭書の翻訳や砲台設計をさせ、また、大村益次郎を召抱えて洋式軍艦を設計させた。

交易の振興などによる富国強兵を実現させ、幕政や新政府でも発言権を持つようになった。

維新政府に入るが、戊辰戦争で抗戦する旧幕軍にも同情的だった。のち全権大臣として日清修好条規に調印。岩崎弥太郎《やたろう》と東京海上保険設立に関わった。

名藩主 第4位

酔えば勤王、覚めれば佐幕

山内容堂

容堂《ようどう》はもともと佐幕派《さばく》だった。先々代、先代藩主が相次いで急死し、改易《かいえき》となってもおかしくない状況で、島津斉彬らが老中阿部正弘《まさひろ》に働きかけて、どうにか藩主となったいきさつから、幕府に恩義を感じていたからだ。

土佐勤王党の武市瑞山《たけちずいざん》を死罪にし、藩内の勤王派を弾圧する一方で、朝廷には勤王の態度を示し、西郷隆盛からは「単純な佐幕派のほうがはるかに始末がいい」と評された。自ら「鯨海酔侯《げいかいすいこう》」と豪胆さをアピールしたが、志士たちは「酔えば勤王、覚めれば佐幕」と容堂のふらつきを見抜いていた。

坂本龍馬と後藤象二郎《しょうじろう》が練った大政《たいせい》奉還《ほうかん》案の建白で、武力討幕を阻止し、王政復古を画策したが、宮中会議で岩倉具視《ともみ》に主導権を奪われて失敗した。

一度は行きたいゆかりの地ランキング

幕末から明治維新初期は、日本で最後に内戦が行われた時代だった。各地に残された、戦いの痕跡を一度は見ておきたい。

戦地 第1位

会津若松城

徳川に殉じた会津藩

住所：福島県会津若松市追手町1－1

1 JR会津若松駅前に設置された白虎隊士の像。歴史の悲劇を今に伝えている。2 飯盛山の中腹に立つ、白虎隊士の像。眺めているほうに若松城があるので、城跡を見つける目印にもなっている。3 飯盛山で燃える若松城を見て、落城と勘違いした白虎隊士が自決するさまを描く。

大軍で迫る官軍に籠城戦で立ち向かう

行きたい戦地の第1位に選ばれたのは福島県にある会津若松城《あいづわかまつじょう》だ。鶴ケ城《つるがじょう》とも呼ばれていたこの城は、戊辰戦争における悲劇の地として名高い。

若松城は南北朝時代に蘆名《あしな》氏の城として建てられ、江戸時代には徳川家光の血縁にあたる会津松平家の居城となった。徳川家と歴史的に深いつながりがあったため、会津藩は明治維新においても最後まで佐幕の立場を守ることとなる。そして戊辰戦争が始まり、新政府軍に降伏か抗戦かの決断を迫られたときも抗戦を選んでしまう。

若松城下に侵攻してきた新政府軍約7万5000に対し、会津藩の戦力は1万にも満たなかった。しかも、そのうち正規兵は半分もいなかった。

それでも、会津勢は城に立て籠もり、多数の死傷者を出しながらも1カ月間懸命に戦いを続けた。この間に、かの有名な白虎隊《びゃっこたい》の悲劇なども起きている。だが、衆寡敵《しゅうかてき》せず、頼みにしていた同盟諸藩が次々と敗れたことで、ついには降伏を余儀なくされた。

激しい戦闘による城の損壊は大きく、その後、若松城は廃棄。現在、城跡は鶴ヶ城公園となっている。

戦地 第2位

西郷隆盛終焉の地

城山

行きたい戦地の第2位は城山《しろやま》である。これは鹿児島市中央部にある標高約108メートルの山で、西南戦争最後の激戦地として知られている。

西南戦争勃発後、薩軍は九州各地で政府軍と戦いを繰り広げたが、敗戦が続き、ついには鹿児島まで撤退を余儀なくされてしまう。薩軍は城山に籠もり、政府軍を迎え撃つことを決意。西郷隆盛が鹿児島に帰還すると、民衆は喜んで迎え、自主的に政府軍の武器弾薬を奪って薩軍に提供したという。

だが、城山に陣取った薩軍約370人に対し、包囲した政府軍は約5万人の大軍であった。政府軍の総攻撃が始まると薩軍は各個撃破され、わずか2時間後には壊滅状態に陥ってしまう。

最後の決戦に西郷は果敢に打って出たが、腹部と股間に銃弾を受けて動けなくなったことで観念して自刃。生き残っていた同志たちも次々と敵弾に倒れていった。城山町にはいまも薩軍の本陣が置かれた西郷洞窟が残っており、城山も国の史跡に指定されている。

住所：鹿児島県鹿児島市城山町

戦地 第3位

下町に残る銃弾の跡

上野周辺

第3位は上野戦争の舞台となった上野一帯だ。江戸城の無血開城後も徹底抗戦を叫ぶ幕臣の一部が彰義隊を結成。そこに、旧新撰組の残党なども加わり、上野の寛永寺に集結した。

これに対し、大村益次郎の指揮する新政府軍は、各所に兵を配備して上野を封鎖。さらに、彰義隊の退路も予測し、神田川や隅田川、中山道や日光街道などの交通を分断した。

午前7時に新政府軍側が宣戦布告を行い、開戦。広小路周辺や団子坂、谷中などで両軍は激戦を繰り広げたが、夕方には彰義隊は、ほぼ全滅し、わずか半日ほどで戦争は終結した。

現在の上野界隈は繁華街として賑わっているが、古い寺院などには、この戦争時の弾痕などが残されている。

住所：東京都台東区

戦地 第4位

京の都を戦火に包む

蛤御門

京都御所を守る蛤御門《はまぐりごもん》は、長州勢と会津、薩摩を主力とする幕府軍が武力衝突を繰り広げた蛤御門の変（禁門の変）で戦場となった場所である。

八月十八日の政変によって京都を追放された長州藩勢力は、会津藩主・松平容保《かたもり》を排除するため挙兵。長州藩の来島又兵衛《きじままたべえ》率いる遊撃隊が主力の到着を待たずに突発的に蛤御門に突撃したことで激戦の火ぶたは切られた。

同所を守っていた会津藩との戦いで、長州勢は一時有利に戦況を進めた。

だが、公卿門を守っていた桑名藩が会津藩の救援に到来する。さらに、乾《いぬい》門を守っていた薩摩藩兵が西郷隆盛の命令で会津藩のもとへ駆けつけたことで、長州勢は敗走することとなった。

この敗戦により、長州は一時的に「朝敵《ちょうてき》」の烙印《らくいん》を押されることとなる。

住所：京都府京都市上京区京都御苑内3

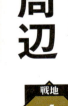

幕末・維新
なんでも
ランキング
10

日本に影響を与えた異国人ランキング

様々な思惑を抱えながら、幕末の日本を訪れた異国人たち。彼らの動向が時代を大きく動かす原動力となったのは間違いない。

異国人 第1位

泰平の眠りを覚ます ペリー

日本に影響を与えた異国人の第1位に選ばれたのは、アメリカ艦隊司令長官マシュー・ペリーだ。なにしろ、江戸幕府開闢《かいびゃく》以来守られてきた、いわゆる鎖国体制を崩壊させた張本人なのだから、この順位には納得だろう。

ペリー以前から、日本に開国を求める国は多かった。だが、ペリーが違ったのは、開国を拒否した場合、武力行使も辞さないという強硬な態度で迫ってきたことである。ただ、じつはペリーはアメリカ大統領から武力行使を固く禁じられていた。万一、強く出すぎて反発を受け、戦争になるのはペリーとしては絶対に避けたかったのだ。

そんな裏事情を知らない幕府はペリーの強硬姿勢に慌て、1年の猶予期間をもらったものの、結局は開国の要求を受け入れてしまう。もし、幕府があくまで強硬に突っぱねていたら、ペリーのほうが困っていたかもしれない。

ともあれ、こうして日米和親条約が結ばれ、鎖国体制は終わり、日本は動乱の時代を迎えることとなった。

『ペルリ提督神奈川上陸図』。整然と並ぶ米兵たちを、日本の庶民が好奇心丸出しで見物している対比が面白い。

異国人 第2位

落日の幕府を支える レオン・ロッシュ

第2位は、落日の江戸幕府を懸命に支えようとしたフランスの外交官レオン・ロッシュだ。ロッシュは着任するやいなや、横浜仏語伝習所の設立や、パリ万国博覧会への参加推薦、本国から軍事顧問団の招聘、幕政改革構想の提言など、積極的に幕府を支援した。

しかし、次第に幕府崩壊は時間の問題となり、フランス本国も幕府を見限るようになった。それでもロッシュは本国の意向を無視し、「個人外交」に近い形で幕府に肩入れを続けた。

鳥羽・伏見の戦いで幕府軍が敗走したあとも、ロッシュは江戸城で徳川慶《よし》喜《のぶ》と会見を行って再起を促している。だが、慶喜は拒絶。これによりロッシュの打つ手は尽き、時代が明治に変わる直前に失意のまま帰国した。

異国人 第3位

薩長と強く結びつく アーネスト・サトウ

第3位のアーネスト・サトウは、イギリスの外交官でイギリス公使館の通訳を務めた人物だ。サトウ姓だが日系人ではなく、これはスラブ系の姓。だが、後年「薩道愛之助」や「薩道懇之助」という日本名を使ったほど、日本に愛着と関心を持っていた。

薩英戦争後の交渉で通訳を務めた縁から、西郷隆盛や大久保利通といった薩摩藩士たちと交流。また、下関戦争の講和交渉では長州藩の高杉晋作を相手に通訳を務め、以前から面識のあった伊藤博文、井上馨《かおる》との関係も深めた。

そんな個人的な人間関係もあって、サトウは一貫して薩長に好意的な立場を取り続けた。英字新聞に匿名で、「将軍家は日本の主権者ではない」という論文まで発表し、これは西郷にも影響を与えたという。

明治になっても、西南戦争勃発直後の西郷と面会。さらに、駐日公使として日清戦争を見届け、治外法権の撤廃にも立ち会うなど、サトウと日本の関係は最後まで切れることはなかった。

アーネスト・サトウが明治2（1869）年に一時帰国する姿を描いた当時の風刺画。

異国人 第4位

日本への恫喝と好意 タウンゼント・ハリス

第4位は、初代駐日アメリカ公使のタウンゼント・ハリスである。ペリーによって日本は開国を果たしたが、アメリカの最終目的は通商条約の締結であった。そのために送られてきたのがハリスだ。

ハリスは、通商を拒否すれば戦争になると恫喝《どうかつ》。これを受け、大老・井伊直弼《なおすけ》は朝廷の勅許を得ないまま日米修好通商条約を強引に締結してしまった。

井伊の独断は国内に強い反発を生み、以後、国内情勢は混沌の一途をたどっていった。また、日米修好通商条約は不平等条約であり、明治政府にとって幕府が残した重い負の遺産となった。そういう意味で、ハリスが日本に与えた影響は大きい。ただ、彼個人は、かなり日本、および日本人に好意を抱いていたというのが面白いところである。

column

幕府のお雇い外国人

お雇い外国人というと、近代化を進めるために明治新政府が雇った外国人たちが有名だ。しかし、幕末に江戸幕府が雇用した外国人たちも大勢いる。

例えば、ドイツの医師フランツ・フォン・シーボルトは一時期、幕府顧問を務めていた。また、フランスから招かれた技師のレオンス・ヴェルニーは横須賀造兵廠《ぞうへいしょう》を建設している。

その他にも、幕府の長崎海軍伝習所では、オランダの海軍軍人ヘルハルト・ライケンが航海術を教え、軍医のヨハネス・ポンペが医学を教えた。

さらに、フランス皇帝ナポレオン3世の承認を受けたフランス軍事顧問団も招聘され、その一部は幕府崩壊後も、戊辰戦争で旧幕府軍と共に官軍と戦っている。そんな幕府側のお雇い外国人たちが日本の近代化に果たした役割も小さくはない。

幕末・維新
なんでも
ランキング
11

女の色香に惑わされた志士ランキング

動乱の世なればこそ、女性たちとの色恋に耽《ふけ》り、ストレスを解消する必要があったのか。女の色香に誘われ惑わされた男たちを発表しよう。

女好き
第1位

伊藤博文

明治天皇が諫めるほどの女癖

初代内閣総理大臣のあだ名は「ホウキ」

伊藤博文《いとうひろぶみ》と言えば初代内閣総理大臣としてその名を知られるが、幕末においては、維新志士随一の女好きとも言われるほど、女性関係のエピソードにことかかない。掃いて捨てるほど女がいることから、「ホウキ」と呼ばれた伊藤の遊び方は豪放でまたからりとしたものであった。

攘夷派に狙われた際、伊藤を匿《かくま》った下関の芸者お梅《うめ》に惚れ、友人の妹でもある最初の妻を離縁して再婚。再婚後も次々と芸者と関係を持っては自宅に連れ込んでいたという。また、芸者を連れ込んだり、身請《みう》けしたはいいが、そのことをすっかり忘れ、お梅が芸者の面倒をみることもあった。こうした伊藤の好色さが招いたのが、岩倉具視《ともみ》の三女とのスキャンダル。仮面舞踏会で戸田氏共《とだうじたか》伯爵夫人の極子《きわこ》に関係を迫ったことがマスコミに大きく報じられた。伊藤の浮名は明治天皇の耳にも入り、とうとう「少しは慎め」と天皇から直接釘を刺されることに。しかし伊藤は意に介さず、日清戦争中の大本営滞在中に芸者を揚げたり、名古屋の芸者桃吉に入れあげるなど、その遍歴はますます豊かになっていった。

女好き
第2位

徳川斉昭

もうけた子供は37人

攘夷派の巨頭として名を馳せた烈公・徳川斉昭《なりあき》だが、性欲もまた苛烈だった。正室以外にも数多くの側室を抱え、生涯にもうけた子供はなんと22男15女。果ては自らの娘付きの大奥女中、唐橋《からはし》に食指を伸ばして肘鉄砲を食らい、大奥から総スカンを食った。

女好き
第3位

高杉晋作

洒脱さ故に苦悩した

「三千世界の鴉《からす》を殺し主と朝寝がしてみたい」と歌い、多くの芸者の馴染みとなった高杉晋作だが、正妻の雅《まさ》と下関芸者のおうのには確かな愛情を注いだ。この二人は下関で鉢合わせしており、板挟みとなった高杉はその窮地を手紙で木戸孝允に伝えている。

幕末・維新
なんでも
ランキング
12

夫を支えた糟糠の妻ランキング

幕末維新の傑物たちは、妻の支えがあったからこそ、己の信念を貫き通せたのかもしれない。時代を支えた糟糠《そうこう》の妻をランキング。

糟糠の妻 第1位

楢崎龍

深い愛情で龍馬を救った妻

龍馬を狙う賊に気付き 裸同然の姿で救出へ

坂本龍馬の妻であり、日本で最初の新婚旅行に出かけたことでも有名な楢《なら》崎龍《さきりょう》。医師の娘として生まれ裕福な幼少時代を送ったものの、父楢崎将作《しょうさく》が安政の大獄後に病死すると家計は困窮を極める。龍馬と出会った頃には、食うや食わずの暮らしであったという。

結婚後、龍馬はお龍を伏見寺田屋のお登勢《とせ》に預けるが、これが後に龍馬の命を救うこととなる。

慶応2（1866）年1月23日、龍馬が寺田屋に投宿していた際、入浴中のお龍は屋外に多数の捕吏《ほり》がいることに気付いた。とっさに裸に袷《あわせ》一枚で風呂を飛び出して階段を駆け上がり、龍馬に危機を知らせた。さらにお龍は龍馬を逃がすため、裏木戸に置いてあった女の力では到底ビクともしない漬物桶と漬物石を動かして、逃げ道を作っている。

龍馬の死後、お龍は龍馬と街を歩いている際に新撰組と鉢合わせした話などを回想している。寺田屋事件以外にも、攘夷派に付け狙われる龍馬の立場を知り、それでも共に生き、自らの危険を顧みずに龍馬の命を救おうと気を張り詰めていたのがわかる。

糟糠の妻 第2位

西郷糸

赤貧の西郷を支えた賢妻

西郷隆盛の3人目の妻で、隆盛が遠島生活から戻った後に結婚。隆盛の生家は借金のためすでになく、新婚生活は鹿児島上之園《うえのその》の4間の借家で始まる。糸《いと》は西郷の赤貧時代を支え3人の子をもうけ、島妻《あんご》愛加那《あいがな》の子で後に京都市長となる菊次郎《きくじろう》をも育て上げた。

糟糠の妻 第3位

伊藤梅子

夫を立て続けた婦徳の鑑

向学心が強く教養があり、婦徳《ふとく》の鑑《かがみ》と称された伊藤博文の妻。長州の攘夷派に狙われていた伊藤を匿ったことが縁で結婚。好色で鳴らす伊藤を陰ながら支え、常に「女にだらしないが、ほかの政治家のように金に汚くはない」と夫を立て続けた。

幕末・維新
なんでも
ランキング
13

最強兵器ランキング【小銃編】

天文12（1543）年頃の種子島の鉄砲伝来から300年、その能力を磨き続けた小銃の進化により、否応なく戦闘の形も変わっていった。

小銃 第1位

スペンサー銃

山本八重も手にした名銃

国立歴史博物館所蔵

1

武雄市所蔵

2

小城市立歴史資料館所蔵

3

1レバーアクション式で7連発が可能なスペンサー銃。一発ずつ弾を込めていた従来の銃と比べ、速射性が格段に優れている。2後装式のスナイドル銃は、弾丸・火薬・雷管が薬莢に収まっているため装填速度が速く、荒天時も使用できた。3長い有効射程で、それまでの歩兵運用を大きく変えたエンフィールド銃。日本だけでなく世界中の戦場で高い評価を得た。

大村も認めた7連発可能な最新鋭小銃

安政6（1859）年、米国人クリストファー・スペンサーが開発したレバーアクション型の後装式連発銃。最大の特徴はそれまで先込めであった銃弾を元込めとしたこと、さらに銃床内に管状弾倉を内蔵し、7連発を可能としたことにある。

日本においては慶応4（1868）年に、大村益次郎《ますじろう》が購入した記録が残っており、その際の価格は一挺に37ドル80セント。当時主力だったスナイドル銃の価格9ドル30セントと比べて非常に高価だった。戊辰戦争においては、少数ではあるが最新鋭の武器を揃えた佐賀藩を始め、幕府歩兵、薩摩藩など両陣営で採用されている。このように速射連発可能な高性能の銃ではあるが、欠点も存在した。

スペンサー銃は、薬莢《やっきょう》を必要とするリムファイアカートリッジを使用しており、この特殊な弾丸は国内での製造が容易でなく、このため、戦場の主流とはならなかったのだ。

小銃 第2位

スナイドル銃

戦況一変の後装式ライフル

会津戦争戸ノ口の戦で数に勝る白虎隊を、スナイドル銃の政府軍が破ったことで有名。イギリスで生まれた後装式単発銃で、前装式の銃と比べ速射性が格段に秀でている。各藩に先んじて薩摩藩が取り入れ鹿児島属廠《しょう》において銃弾の国産化に成功した。

小銃 第3位

エンフィールド銃

歩兵戦術を塗り替えた

射程が長く、銃身内のライフリングと椎《しい》の実型の弾丸により命中精度・殺傷力も高い傑作銃。南北戦争の主力銃で、戦争終結後大量に日本に持ち込まれ、戊辰戦争まで幕府側・倒幕側双方の主力火器となった。なおスナイドル銃はこの銃を改良したものである。

最強兵器ランキング【戦艦編】

幕末、決戦の地は陸から海へとその場を移す。フランス、イギリスなどの異国から輸入した戦艦は、戦地に新たな局面をもたらした。

戦艦 第1位

開陽丸

悲運の江戸幕府最強軍艦

1 全長72.8m、排水量2,590トン。高くそびえる３本のマストが美しいシップ型戦艦の開陽丸。江差沖で沈没していなければ、歴史を大きく変えていたかもしれない。2 全長74m、排水量1,015トン、快速が売りの春日丸。若き日の東郷平八郎が砲術士官として乗船していたことでも有名。

陸戦で連戦連敗だった幕府を海の覇者に

江戸幕府がオランダに発注した軍艦・開陽丸《かいようまる》は、最新鋭の鋼鉄・クルップを備え、最強の名にふさわしい性能を持つ。慶応４（１８６８）年1月2日に薩摩藩の平運丸《へいうんまる》を砲撃し、鳥羽・伏見の戦いの引き金となる。戊辰戦争の阿波沖海戦では同じく薩摩藩の翔凰《しょうおう》丸《まる》を砲撃し座礁《ざしょう》させた。陸戦では負け続けた幕府軍が海上では無類の強さを誇ったのは、ひとえに開陽丸があったからこそと言える。しかし、その活躍も長くは続かなかった。

開陽丸が日本に到着してわずか1年後に江戸城無血開城が起こり、同艦は新政府側に引き渡されることとなる。しかし、これを不服とした榎本武揚《えのもとたけあき》は開陽丸を奪取し、蝦夷《えぞ》地へ新政府を作るべく出航、途中の仙台で大鳥圭介《おおとりけいすけ》や土方歳三らを収容し蝦夷地へたどり着く。その後、蝦夷地で起こった箱館戦争で、江差《えさし》の松前兵を砲撃し無血占領した翌日の明治元（１８６８）年11月15日、開陽丸は暴風に遭い座礁した。

戦艦 第2位

春日丸

スピードで開陽丸を凌駕

薩摩藩の赤塚源六《あかつかげんろく》がイギリスから購入した軍艦。火力こそ開陽丸に劣るものの、速力は開陽丸12ノットに対し、16ノットと春日丸《かすがまる》が上。日本初の蒸気船による海戦である阿波沖海戦を戦い抜き、宮古湾では甲鉄艦《こうてつかん》を強襲した旧幕府軍の回天《かいてん》を砲撃し、撃退している。

戦艦 第3位

甲鉄艦

明治政府の切り札

明治政府がフランスから買い取った装甲艦。３００ポンドアームストロング砲と堅牢《けんろう》な装甲を持つ海上要塞だ。宮古湾海戦では旧幕府の軍艦を撃退し、開陽丸を失っていた旧幕府軍の敗北を決定付けた。その後、西南戦争にも就役し、明治21（１８８８）年まで活躍。

Interview

幕末から平成へ――

連綿と続くものの正体

國學院大學 文学部史学科教授
矢部健太郎

関ヶ原の戦いで負けた大名が幕末期の雄藩になった

――嘉永6（1853）年のペリー来航後、さまざまな事件が雪崩のように幕府に襲い掛かり、疲弊していた幕府の力を奪い、他方で力をつけていく藩もありました。このような情勢の変化は、中世の戦国時代にも見られますが、戦国時代と幕末に共通点はあるのでしょうか。

幕末期に力をつけた雄藩というのは、長州は毛利、薩摩は島津など、関ヶ原の戦いで負けた藩がほとんどです。それらの藩は都から離れた位置にあるので、自分たちの藩の富国強兵を独自に行う必要がありました。その点は、江戸幕府の直轄エリアとは、かなり意識が違ったと思います。一方で、長州はよくイギリスともめましたが、そういうところで、海外の戦力を体感できる機会があったため、それを吸収するようにかじを切ったのだと思います。毛利は、関ヶ原の戦いで負けた後、毎年お正月に家臣が殿様のところに来て「出陣の準備ができました」と言うと、殿様が「まだ早い」という儀式を行っていたという逸話があるくらいで、いずれは徳川を倒すという想いは強かったのかもしれないですね。

また、明治維新に参画した人は、下級武士が多いのですが、そういう人たちが自由に動けるということは、藩主が身分にかかわらず能力を認めるという考えを持っていたのだと思います。これは織田信長が戦国時代に力をつけていった流れに近いと感じています。

――その薩摩と長州が中心となって幕府を倒し、明治政府を作っていきます。その間に、官軍（新政府側）と旧幕府側で戦乱が起きますね。

江戸時代に「合戦」というものが一度途絶えて、武士たちはアイデンティティとして剣術に磨きをかけていきました。それが幕末期に、特に京都で暗殺などの小競り合いが起き始めたことで状況に変化が生まれます。そして、戊辰戦争に向かっていく中で、イデオロギーの戦いというか、どちらについていくのかを選択する戦いになり、どんどん大規模になっていきました。これは関ヶ原の戦いの構造に似ていて、新体制が旧体制を飲み込んでいくかたちです。当然、勝った方についていれ

Interview photo / Yuhei Taichi

幕末期は戦国時代に通じるところがあります

Profile

矢部健太郎（やべ・けんたろう）

1972年生まれ。國學院大學文学部史学科教授。歴史学博士。2004年に國學院大學大学院文学研究科日本史学専攻博士課程後期修了後、防衛大学校人文社会科学群人間文化学科専任講師などを経て、現職。著書に『関白秀次の切腹』（KADOKAWA）など。監修に『日本の武士100人の履歴書』（宝島社）、「超ビジュアル！歴史人物伝」シリーズ（西東社）などがある。

ば主流に、負けた方についていれば反主流になるので、その選択はシビアな問題だったと思います。

西郷は意思を曲げなかったが 大久保は柔軟に対応した

――幕末の人物でいうと、西郷隆盛は征韓論争で下野し、西南戦争では官軍と戦い、敗れ、命を落としたにもかかわらず、地元の鹿児島では今でも「西郷先生」と呼ばれて尊敬を集めていますが、理由はどこにあるのでしょうか。

非常に単純化してお話しするなら、「意思を曲げなかった」からでしょうね。自分の意見が通らず、相手の意見が主流になった時は、大きく二つの身の振り方があります。一つは、負けを認めて主流派になびく。もう一つは、負けを認めずに去る。西郷は、後者で最後まで意思を貫いて負けを認めず、さらに地元に戻ったというところがいいですよね（笑）。

――同じ薩摩出身の大久保利通は、明治政府の中心人物の一人として、大きな功績を残しています。

西郷と比較すると、大久保利通の方が適応力や調整力が高かったのだと思います。将軍制という独裁政治から、政府制という集団政治に移行していく時に、言葉も巧みでなくてはならないし、薩摩の利益を守り、拡大する交渉能力も必要で、そういった能力が突出していたのだと思います。

日本史学は若い学問 今後も再検証が進んでいく

――近年、幕末期の歴史を再検証した書籍が多数出版されていますが、そのような傾向については、どのように感じていますか。

歴史の評価は、いつでも変わりうるもので、明治維新から現在までで も薩長史観、皇国史観、マルクス主義など、さまざまな歴史の見方が出てきています。近代的な歴史学は明治以降に出てきたもので、まだまだ学問として若いですし、薩長のバイアスを取り除いて事実を確定していくという段階に進んだと思えばいいのではないでしょうか。また、複数の視点から議論されることで、より考証が深まっていきますよね。そして、今後は西郷や大久保など幕府を倒した側だけでなく、倒された幕府側についても再検証されていくと思います。

――明治維新によって、江戸時代からの流れに終止符が打たれ、新たな時代に入りました。明治維新は現在の平成日本にどのような影響を与えているとお考えですか。

議会政治の誕生、教育制度などさまざまな改革が行われ、西欧文化も取り入れ、生活はがらりと変わりました。その中でも特に重要なものは、法律の整備だと思います。明治以前は、全国民を対象とした法律はあまりなかった。それが、明治時代に大日本帝国憲法、民法、刑法などができて、人が人を治める時代から、法律で人を治める時代に変わりました。そして、海外の政治や法律、文化などの情報がどんどん入ってきて、その中で、どれが日本に合っているかを考えて、取り入れていく。法治主義こそが明治維新の賜物であり、150年を経た今も連綿と続くもの、そして後世へ伝えられるものではないでしょうか。

国立公文書館所蔵

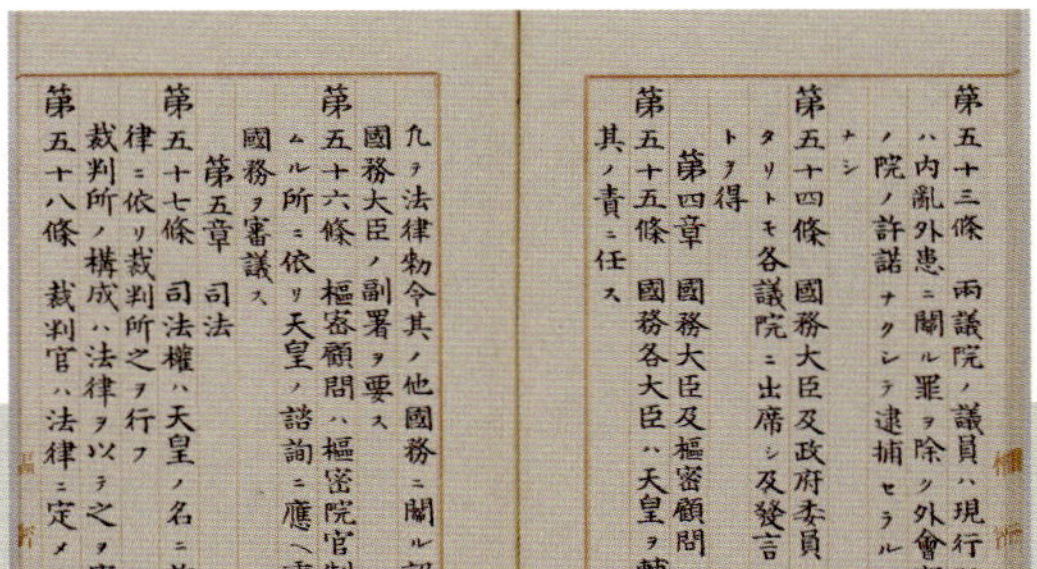

第五十三條　兩議院ノ議員ハ現行犯罪又ハ内亂外患ニ關ル罪ヲ除ク外會期中其ノ院ノ許諾ナクシテ逮捕セラルヽコトナシ
第五十四條　國務大臣及政府委員ハ何時タリトモ各議院ニ出席シ及發言スルコトヲ得
第四章　國務大臣及樞密顧問
第五十五條　國務各大臣ハ天皇ヲ輔弼シ其ノ責ニ任ス
凡テ法律勅令其ノ他國務ニ關ル詔勅ハ國務大臣ノ副署ヲ要ス
第五十六條　樞密顧問ハ樞密院官制ノ定ムル所ニ依リ天皇ノ諮詢ニ應ヘ重要ノ國務ヲ審議ス
第五章　司法
第五十七條　司法權ハ天皇ノ名ニ於テ法律ニ依リ裁判所之ヲ行フ
裁判所ノ構成ハ法律ヲ以テ之ヲ定ム
第五十八條　裁判官ハ法律ニ定メタル資

『大日本帝国憲法』では、第五章「司法」で、「司法権ハ天皇ノ名ニ於テ法律ニ依リ裁判所之ヲ行フ」と記されている。

十五大事件簿

幕末・維新事件 TOP15

1位	ペリー浦賀来航
2位	西南戦争
3位	桜田門外の変
4位	禁門の変
5位	王政復古の大号令
6位	安政の大獄
7位	鳥羽・伏見の戦い
8位	和宮降嫁
9位	下関戦争
10位	薩英戦争
11位	第二次長州征伐
12位	八月十八日の政変
13位	箱館戦争
14位	北越戦争
15位	薩長同盟

幕末維新に起こった数々の事件をランク付け！

嘉永6（1853）年6月3日は、日本にとっては歴史を変えた一日となった。アメリカのペリー艦隊が来航したのである。この日を境に幕府も、朝廷も、武士も、貴族も、庶民も、それぞれがそれぞれの立場で混乱した。そして、この日以降、日本は「幕末」という時代に突入した。

大政奉還《たいせいほうかん》によって江戸幕府が滅亡し、幕末という時代は終わった。次にやってきたのは、日本が近代化へと向かう「維新」という時代だった。しかし、近代化へ進む過程でさまざまな矛盾が表出し、ともに明治維新を達成した志士同士が対立するようになった。そして西南戦争の勃発により、その矛盾は最高潮に達した。西南戦争は日本最後の内戦となり、それは武士の時代の終焉を告げた。

ペリー来航から西南戦争終結までの幕末維新の時代は、わずか24年ほどに過ぎない。しかし、それは凝縮された24年であった。「開国」「攘夷」「勤王」「佐幕」といった思想が交錯し、政局は毎年のように変遷した。

だからこそ、24年の間には多くの大事件が起こった。年表に載るような事

PART Ⅱ

幕末・維新

件だけでも、ゆうに100を超える。そこで、歴史ライターやファンにアンケートを取り、幕末維新の時代で歴史的に重大な影響を与えたと考えられる事件を各人15個ずつ選んでもらい、それをランキングにした。時代の範囲はペリー来航から西南戦争終結までとした。禁門《きんもん》の変や大政奉還といった、選ばれて当然と思える事件から、八月十八日の政変や和宮《かずのみや》降嫁《こうか》など些末《さまつ》と思えるような事件までランクインし、バラエティに富んだランキングとなった。

幕末好きの読者の中には「なぜ、あの事件が入らないのか」と納得がいかない向きもあるかもしれないが、そうしたことを踏まえながら読んでいただきたい。

矢部チェック

武器や軍隊の近代化で戦いの規模が拡大

大坂の陣で豊臣家が滅んだ後、江戸時代の大規模な戦闘といえば島原の乱や大塩平八郎の乱など、数えるほどです。しかも、それらは幕府から見れば「反乱」にすぎず、政権転覆の脅威ではありませんでした。しかし、幕末維新期には「戦争」と名の付く出来事が頻発します。そこからは、どちらか一方の圧倒的な優位性は読み取れません。武器や軍隊の近代化で、戦いの規模は、それまでとは比較にならないものとなりました。

No.1

幕末動乱の幕開け　黒船がやってきた！

ペリー浦賀来航

ペリー率いる艦隊 vs 江戸幕府
事件の起きた日：嘉永6（1853）年6月3日
場所：相模国浦賀（神奈川県横須賀市）　**勝敗**：特になし

日本の歴史を変えた史上初の日米会談

嘉永6（1853）年6月3日夕方、全長約78メートルという巨大な戦艦をはじめとした4隻の船が浦賀《うらが》沖に現れた。日本に開国を求めるためのアメリカからの使者たちであった。艦隊の責任者は司令官のマシュー・ペリーである。

浦賀奉行はアメリカ艦隊来航を幕府に知らせるとともに、与力《よりき》の中島三郎《さぶろう》助《すけ》が通訳を連れて旗艦サスケハナ号に赴いた。しかし、ペリーは中島の身分が低いことから会見を拒否。中島が長崎への回航を要求したが、これも拒否した。

翌日、与力の香山栄左衛門《かやまえいざえもん》が再び長崎回航を求めたが、アメリカ側は江戸への攻撃をちらつかせて恫喝《どうかつ》し、再び要求を拒否した。

その頃、江戸の幕府では、アメリカ艦隊との交渉をどうするかの閣議が開かれていた。当時の将軍は12代・徳川家慶《いえよし》、老中筆頭は阿部正弘《まさひろ》だったが、家慶はその頃病床に臥《ふ》せっており、決定権は阿部にあった。

阿部はアメリカ側が要求している国書の受け取りを拒否することは不可能だと考えており、ひとまず国書を受領して退去してもらうことにした。

こうして6月9日、史上初の日米会談が久里浜応接所で行われたが、それは実にあっけないものだった。大統領の国書とペリーの信任状、ペリー個人の将軍宛の書簡が沈黙のなか日本側に渡され、日本側から受領書がペリーに手渡された。一杯のお茶も出ないまま会見は終わり、交わされた言葉といえば、ペリーが翌年の再来日を告げた程度だったという。

その後、ペリーは江戸湾の測量を行い、3日後に退去した。

開国を迫るアメリカの国書を受け取った幕府は、今後の対応を各藩に諮問した。

このとき54藩が幕府に意見書を提出したが、開国拒絶が過半数を超え、積極的に開国すべしとしたのは、彦根藩と福岡藩のわずか2藩にとどまった。

このとき阿部は、本来なら幕政に関われない外様《とざま》大名にも意見を求めたため、その後、雄藩《ゆうはん》が幕政に介入する前例を作ってしまい、幕府の権威を落とすきっかけとなってしまう。

ペリー艦隊の浦賀来航の様子を描いたもの。庶民のなかには小船に乗ってペリー艦隊に近づく者も現れたという。

浦賀に来航した黒船

ペリー艦隊の旗艦・サスケハナ号。当時の日本では「黒船」と呼ばれた。

矢部チェック
江戸の庶民にも時代のうねりを感じさせた

産業革命による蒸気機関の発明と航海術の発達は、人類の移動方法に革命的な変化をもたらしました。見たこともない巨大な船がもうもうと煙を吐いて漂っている様は、人びとの胸中に時代の大きなうねりを感じさせたことでしょう。

ペリー一行の写生

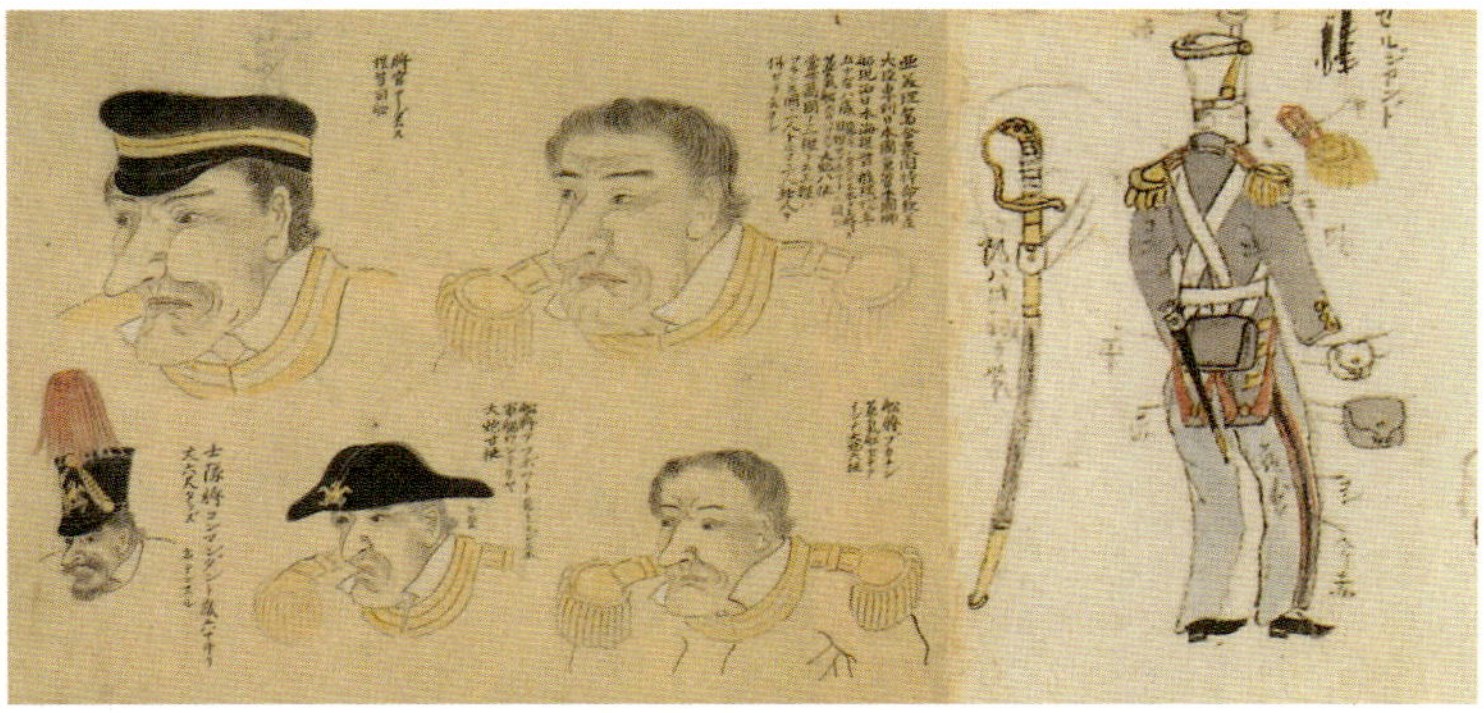

東京大学史料編纂所所蔵

左側の5人が将兵、右側は水兵の服装を描いたもの。当時の関東地方の人々には久しぶりに会う外国人であり、このほかにも多くの絵が描かれた。

No. 2

西南戦争

日本の近代化を決定づけた日本最後の内乱！

西郷隆盛軍 vs 新政府軍
事件の起きた日：明治10（1877）年2月15日
場所：鹿児島県鹿児島市　**勝敗**：新政府軍の勝利

国立国会図書館所蔵

西郷隆盛の死によって武士の時代が終わりを告げる

明治維新によって中央集権化が着実に推し進められていったが、その過程でかつての武士階級の特権は次々と奪われ、武士階級は没落、不満を募らせていった。

明治9（1876）年3月、廃刀令によって精神的な支柱であった刀を奪われ、同年8月の秩禄《ちつろく》処分で財政基盤を奪われた士族の不満はついに武力蜂《ほう》起《き》となって爆発した。同年10月、熊本、福岡、山口と立て続けに不平士族の反乱が起こったのである。

頻発する反乱に世情は騒然となり、不平士族の間には「次は西郷隆盛率いる鹿児島」という空気が広まっていった。当時の鹿児島は、西郷が創設した私学校《しがっこう》で開墾《かいこん》事業や軍事訓練が行われ、県の要職に私学校関係者がつくなど、独立国家のようになっていた。当然、政府も鹿児島県を危険視し、警察関係者を密偵として鹿児島県に派遣した。

そして明治10（1877）年1月、鹿児島の政府所有の火薬庫から政府が弾薬を運び出そうとしたところ、私学校の生徒がこれに反発し、政府所管の火薬庫を襲撃した。さらに彼らに捕縛された密偵が西郷の暗殺計画を自白したことから私学校の生徒の怒りは頂点に達し、政府への反乱ののろしを上げた。明治9年以来の反乱に対しても自重を促してきた西郷だったが、もはや彼らを抑えることはできず、2月15日、ついに決起した。

政府は西郷の反乱に対し迅速に対応し、2月26日には早くも福岡に本営を設置し、熊本城に攻め寄せた西郷軍と対峙《たいじ》した。西郷軍は、一時は3万にまで膨れ上がったが、確固たる作戦計画や兵糧《ひょうろう》の準備もなく、熊本城の戦い、田原坂《たばるざか》の戦いと連敗し、窮地に陥った。その後、九州各地を転々としたあと、鹿児島の城山《しろやま》に立てこもった。しかし西郷軍は300ほどに減っており、万単位の兵力を誇る政府軍にかなうはずもなく、9月24日、城山は落城、西郷隆盛以下幹部たちは自害した。

西南戦争後、武力による反乱は鳴りを潜め、その後は言論を武器とする自由民権運動へと移行する。

西郷札

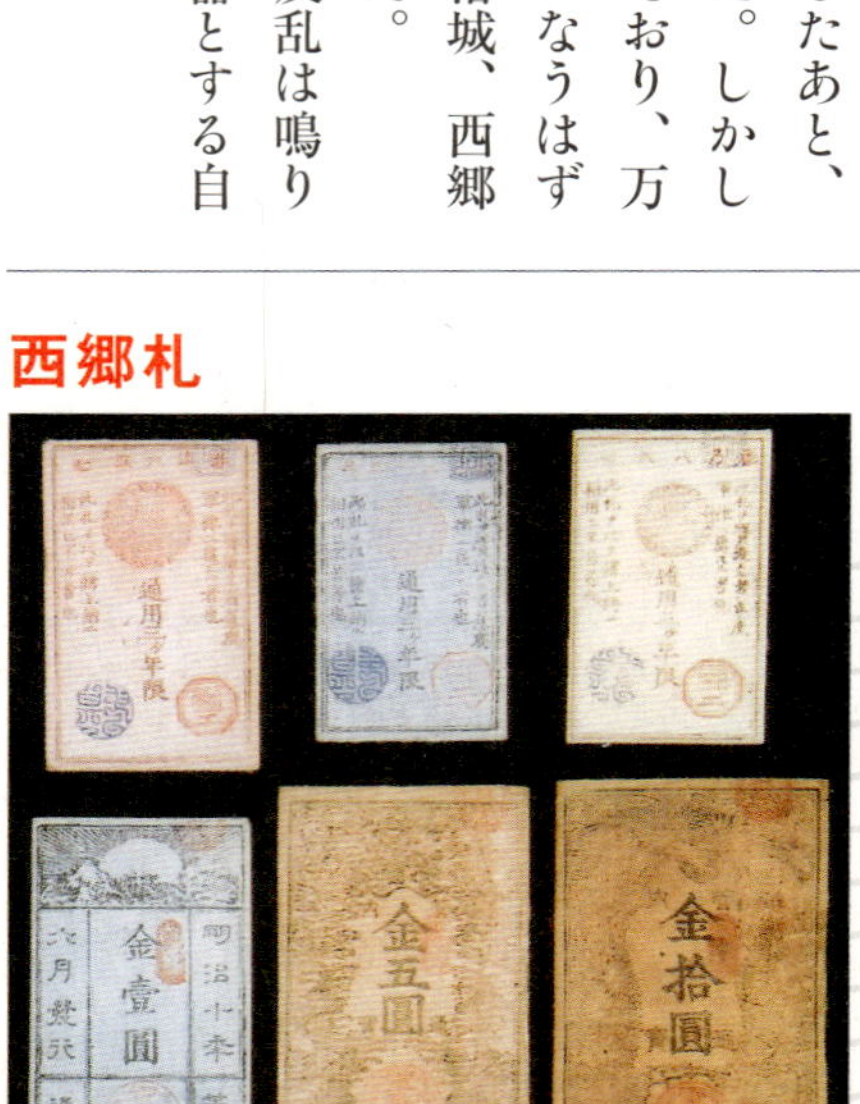
黎明館所蔵

西郷軍が戦費調達のために作った戦時証券。西郷軍の制圧下の町でのみ通用したもので、戦後は紙くず同然となった。

熊本城の戦い

国立国会図書館所蔵

鹿児島で蜂起した西郷軍は、出陣後そのまま北上し、熊本城に攻め寄せた。しかし、熊本城を守る谷干城らがこれをよく防ぎ、西郷軍は足止めを食らってしまう。

西南戦争のなかで一番の激戦となった田原坂の戦い。向かって右側が西郷軍、左側が政府軍である。

1 西郷軍が城山に籠城した際に身を隠していた洞窟。城山展望台へ上る坂の中腹にあり、現在では「西郷洞窟」と呼ばれている。西郷はここで作戦の指揮を執った。2「南洲翁終焉之地」の記念碑。西郷洞窟から歩いて10分ほどの場所に建てられている。敗戦を悟った西郷はこの地で自害した。

田原坂の戦いで敗戦した後に日向国へ入った西郷軍は9月、薩摩国に入り城山に布陣した。約7万人を動員した新政府軍に対し、西郷軍の兵力は300人ほどだった。9月24日、新政府軍の総攻撃が始まり、5時間ほどで勝負は決した。

矢部チェック

列島最南端で繰り広げられた士族の反乱

薩摩藩の当主島津家は、鎌倉以来の長きにわたって九州に大勢力を誇りました。その列島最南端の地で、最大規模の士族の反乱が起こったのです。遠隔地での戦いは、大坂から駆けつけた新政府軍にとっても厳しいものとなりました。

No.3

桜田門外の変

幕府の権威失墜を決定づけた大老暗殺事件！

井伊直弼 vs 水戸藩浪士

事件の起きた日：安政7（1860）年3月3日
場所：武蔵国江戸　**勝敗**：井伊直弼が殺害される

登城途中の大老・井伊直弼が桜田門外で暗殺される

諸外国との通商条約締結に際し、幕府は天皇の許しを得ずに調印した。そのため尊王派の怒りを買い、天皇及び朝廷を政治の表舞台に担ぎ出そうとする動きが活発化した。また、無勅許《むちょっきょ》調印に朝廷と天皇も激怒し、朝廷は尊王攘夷《じょうい》の急先鋒《きゅうせんぽう》だった水戸藩に勅書をくだした（戊午《ぼご》の密勅《みっちょく》）。通常、勅書は幕府を通して与えられるもので、幕府の頭越しに諸藩に授けるものではなく、幕府はこれを反幕行為として敏感に反応した。

当時の幕政の中心にいた大老・井伊直弼《なおすけ》は、幕府の権威向上と尊王攘夷運動の鎮静化のため、戊午の密勅の関係者を次々と捕縛、あるいは処分を下していった。その対象は朝廷の高官、右大臣・鷹司輔熙《たかつかさすけひろ》、左大臣・近衛忠煕《このえただひろ》にまで及んだ。また、朝廷工作に関与した越前の橋本左内《さない》や若狭《わかさ》の梅田雲浜《うんぴん》などの志士たちも処分され、反幕府勢力への徹底的な弾圧が行われた。これを安政の大獄という。

安政の大獄という幕府の強権発動により、幕府の権威は一時的に向上したが、尊王攘夷派の面々の恨みを買うことになった。特に、安政の大獄の主要な標的となった水戸藩は、幕政への影響力を失ったこともあり井伊への憎しみを募らせていった。

安政7（1860）年3月3日、井伊が60名ほどの供を率いて登城しようと江戸城桜田門外の杵築《きつき》藩邸前を通りかかったとき、潜伏していた暴漢に襲撃された。井伊の行列を襲ったのは水戸藩を脱藩した関鉄之助《せきてつのすけ》以下17名と薩摩藩士・有村次左衛門《ありむらじざえもん》の18名だった。不意を突かれた井伊の供は、大雪のため抜刀もままならず、井伊は駕籠《かご》の外に引きずり出され首を討ち取られた。

襲撃者は一人が死亡、四人が自刃、残りは逮捕・処刑されたが、大老という幕府最高位の高官が浪士ごときに殺害されるという事態は世間に衝撃を与えた。これにより幕府の権威は大いに失墜し、さらに幕府の政権担当能力への疑念が醸成される結果となった。そして、そうした空気が、ついには倒幕思想に結びつくのである。

井伊直弼を襲ったのは水戸藩の脱藩浪士16人と薩摩藩士1人。浪士たちは駕籠訴を装って近づき襲撃した。

発射された弾丸で腰から足を負傷した井伊直弼は動けなくなり、そのまま暴漢に駕籠から引きずり出されて首を斬られた。

当日は総大名登城の式日だったため、大名行列を見物しようと多くの市民が集まっていた。井伊暗殺は衆人環視の中で行われた。

至桜田門
井伊直弼の行列が彦根藩邸を出て、その先頭が桜田門に続く堀の橋を渡りかけた矢先に銃声が轟く。そして、18人の斬奸団が行列に切り込んだ。

1860年3月3日、江戸城に向かう井伊直弼一行を、水戸藩の脱藩浪士ら17名が襲撃。鉄砲で撃たれて負傷した井伊は抵抗できず首を斬られた。

矢部チェック

衰退する幕府の力を象徴する大老暗殺事件

日米修好通商条約締結後、反対勢力だった尊王攘夷派を「安政の大獄」にて粛正した井伊直弼でしたが、水戸藩出身の志士たちによって暗殺されます。江戸城直近での大老暗殺事件は、幕府権力の衰えを示すものであっだったのです。

自刃する有村次左衛門

井伊直弼の首を切り落としたのは薩摩藩の有村次左衛門だった。有村は首を持って逃走しようとしたが重傷を負い、力尽きて自害した。

彦根城博物館所蔵

彦根藩上屋敷

左上の赤い門がついているのが彦根藩の上屋敷。井伊直弼は3月3日午前9時頃、江戸城へ登城するため出発した。

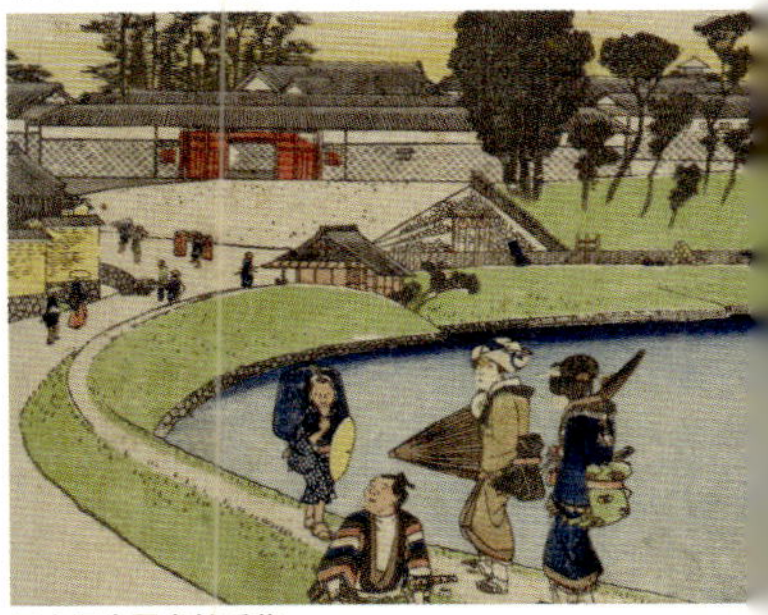

国立国会図書館所蔵

No. 4

尊攘派が壊滅！　長州藩が敗れる
禁門の変

長州藩 vs 幕府軍

事件の起きた日：元治元（1864）年7月19日　**場所**：山城国京都　**勝敗**：幕府軍の勝利

長州軍が京都に侵攻するが大軍の幕府軍に敗れる

開国を決断した幕府に対し、朝廷はあくまで攘夷思想を捨てず、ことあるごとに幕府を非難するという事態に陥っていた。そこに付け込んだのが尊王攘夷派の急先鋒だった長州藩だった。朝廷内の攘夷派の信頼を得た長州藩の京都における存在感は日に日に大きくなっていた。

しかし、朝廷内の公武合体派《こうぶがったい》は巻き返しを図り、長州主導の過激な攘夷運動を嫌う孝明天皇《こうめい》を説得、文久3（1863）年8月18日、薩摩藩・会津藩などとともにクーデターを敢行し、朝廷内の長州派を追放し、長州藩も京都から追い出した（八月十八日の政変）。

政権から締め出された長州藩はその処分に不満をもち、さらに池田屋事件（1864年6月5日）で尊攘派志士が殺害されたこともあり、藩内過激派が激怒、6月16日、ついに武装して大挙上洛《じょうらく》した。

幕府は一橋慶喜《よしのぶ》を大将として、各藩に号令をかけ、会津藩・薩摩藩・桑名藩などの藩兵をかき集めた。このとき薩摩藩の指揮をとっていたのが、西郷隆盛である。幕府軍は総勢8万という大軍を擁《よう》し、長州軍との兵力差は圧倒的に幕府有利となった。

長州軍は京都周辺に陣を構え、幕府の再三にわたる撤退勧告を拒否し、八月十八日の政変で処分された尊攘派7公卿の朝廷復帰を訴えた。そして、それがかなわぬとみた7月19日、長州軍は御所に向けて進軍開始。幕府軍を蹴散らしながら御所近くの蛤御門《はまぐりごもん》まで侵攻した。

しかし、会津・薩摩藩の総攻撃を受け、兵力に劣る長州軍は時間が経《た》つにつれて劣勢となった。長州軍の指導者的な立場にあった久坂玄瑞《くさかげんずい》や入江九一《いりえくいち》らが自刃し、長州軍は撤退した。戦闘は短期間で終わったが、京都市中の3分の2を焼失させる騒動となった。

禁門の変により長州藩は朝敵となり、幕府に長州討伐の口実を与えることになった。しかし一方で、長州藩の藩論を倒幕へと導く導火線ともなり、のちに同じ武力倒幕をかかげる薩摩藩と結びつくきっかけともなったのである。

来島又兵衛

禁門の変の中心人物だった来島は、新陰流剣術の免許皆伝者で馬術にも長けた武勇の人であった。戦に敗れた来島は禁門から少し入ったところで自害した。

山口県立山口博物館所蔵

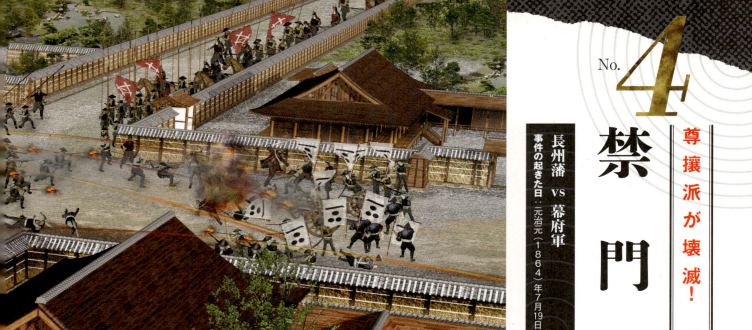

再三の退去勧告にもかかわらず、長州軍はついに御所に向けて進軍し、蛤御門前で会津・薩摩藩兵と激突し、禁門の変が勃発した。

禁門の変の瓦版

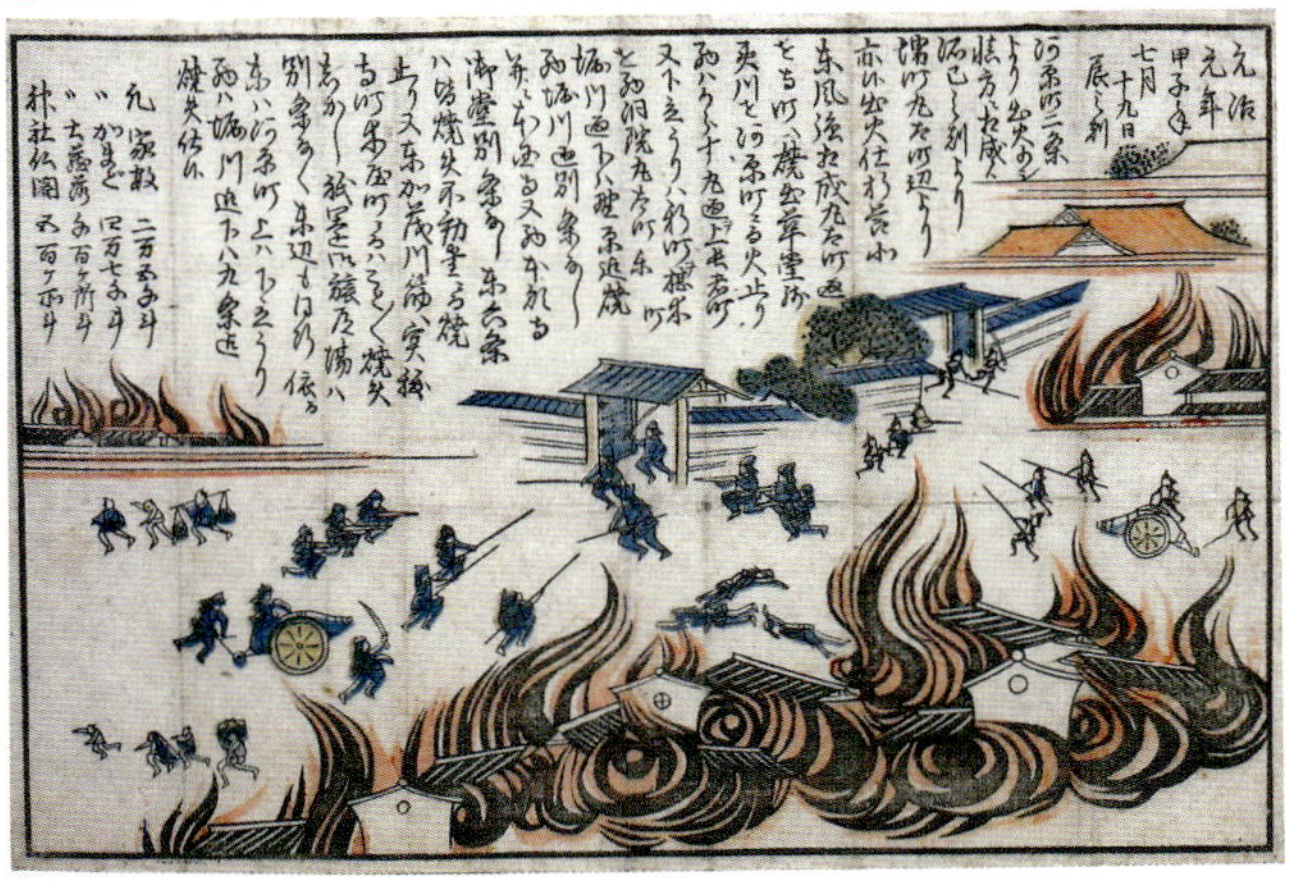

京都市歴史資料館所蔵

禁門の変は局地的な戦闘ではあったが、京都市中は大火災に見舞われることとなる。火事は手の施しようがないほど燃え広がり、市民はこの火事を「どんどん焼け」と呼んだ。

久坂玄瑞の七卿今様歌

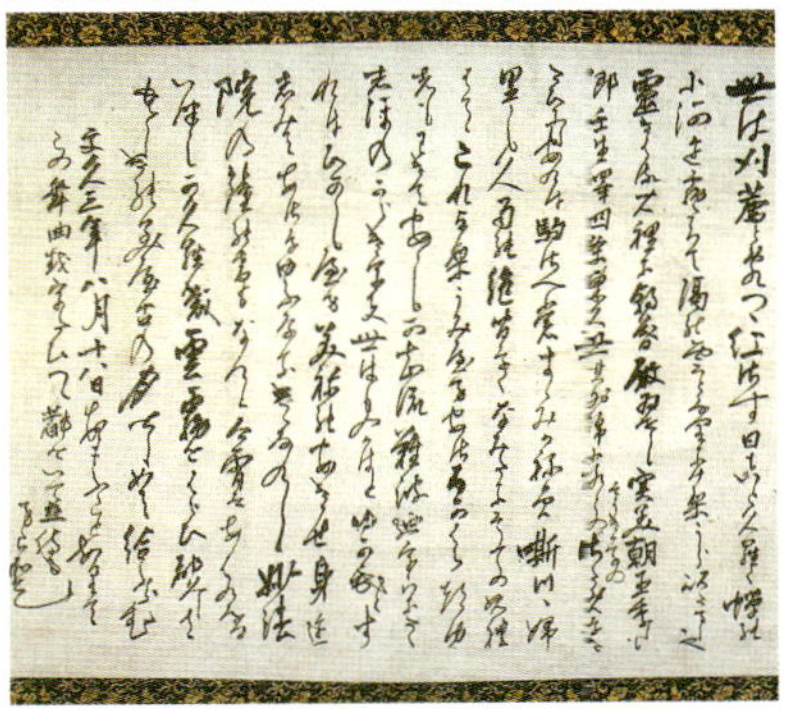

山口県立山口博物館所蔵

数多くの歌を残す久坂玄瑞が作った七卿今様歌。警護してきた七卿との別離の宴で、悲しみの涙を流しながら即興で歌ったという。

蛤御門

蛤御門は御所へと通じる門のひとつ。この門前で長州軍と幕府軍が戦い、そのとき発射された弾丸の跡が今も残る。

矢部チェック

150年を経た今なお弾痕が激戦を物語る

池田屋事件に憤った長州藩は、京都御所を目指して進軍していきます。孝明天皇は、薩摩・会津藩に幕府軍を編成させ、御所周辺で激しい戦闘が繰り広げられました。京都御所の蛤御門には、そのときの弾痕が今なお生々しく残されています。

東京大学史料編纂所所蔵

No.5

王政復古の大号令

幕府の息の根を止めたクーデター

倒幕派 vs 幕府

事件の起きた日：慶応3（1867）年12月9日　**場所**：山城国京都　**勝敗**：江戸幕府崩壊

天皇中心の新政府が樹立 慶喜の権力を奪い幕府崩壊

慶応2（1866）年12月に孝明天皇が死去した。公武合体の中心的人物だった孝明天皇の死により幕府は後ろ盾を失い、倒幕が現実味を帯びてきた。

武力倒幕だけは避けたいと考えていた慶喜にもたらされたのが、土佐藩の大政奉還《たいせいほうかん》の建白だった。幕府が自主的に政権を朝廷に返上し、その後、議会政治を導入するというものである。徳川家は将軍ではなくなるが、議会の一員として国政に関われる妙案だった。土佐藩の建白には薩摩藩も長州藩も賛成していたが、それは慶喜が大政奉還を拒否するか、受け入れるとしても時間がかかると考え、その間に倒幕を成し遂げるつもりであった。

しかし、案に相違して慶喜の決断は早かった。慶応3（1867）年10月3日に建白を受けた慶喜は、同月13日には在京10万石以上の諸藩の重臣を召集して大政奉還の意思を伝え、14日には朝廷に大政奉還の上表を提出、朝廷もこれに勅許を与えた。まさしく電光石火の決断だった。

鎌倉幕府以降、政務を執ったことがない朝廷は、政権を返上されても政務のノウハウを知らなかった。結局、政務能力のない朝廷は、慶喜に暫定的に国政を委任した。幕府はなくなっても政治のトップは変わらなかったのである。

慶喜にしてやられた結果になった薩摩・長州ら倒幕派は、岩倉具視《ともみ》ら倒幕派公卿を動かし、12月9日、朝議《ちょうぎ》が終了し慶喜支持派の公卿が退席すると、薩摩・越前・広島・尾張・土佐の藩兵が御所に通じる9つの門を閉鎖した。そして岩倉が王政復古《おうせいふっこ》発令の文書をもって御所に入り、そして岩倉ら倒幕派公卿は16歳の明治天皇を擁して王政復古の大号令を発した。王政復古は、天皇を中心とした新政府の樹立であり、慶喜の排斥が目的のクーデターだった。

さらに同日夜の小御所《こごしょ》会議で、慶喜の辞官納地《じかんのうち》が決定し、徳川家の領地と官位は剝奪《はくだつ》され、慶喜は無力化した。

こうして慶喜排斥のクーデターは成功し、名実ともに江戸幕府は崩壊したのである。

徳川慶喜

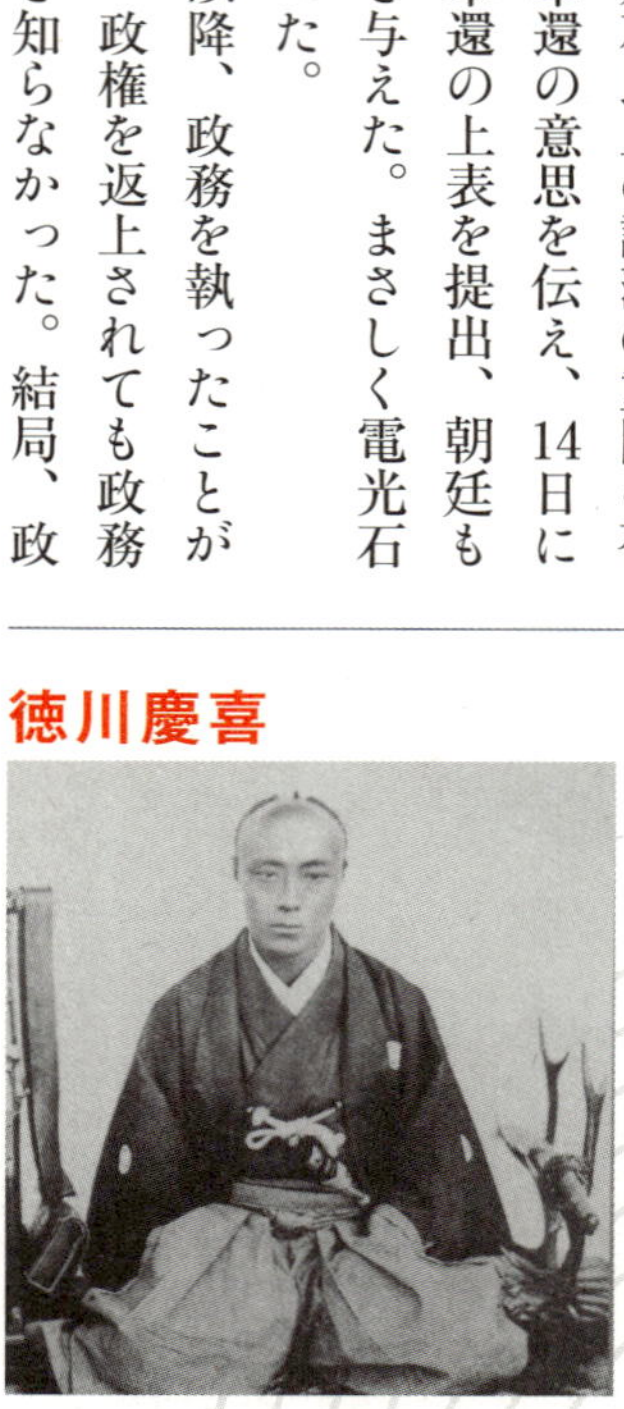
大政奉還によって将軍が新しい形で復活するシナリオを描いたが、王政復古の大号令で失脚した。

王政復古の大号令発布後、新政府の政権担当者が集まり慶喜の辞官納地を審議した。会議は紛糾したが、結局慶喜の辞官納地が決定した。

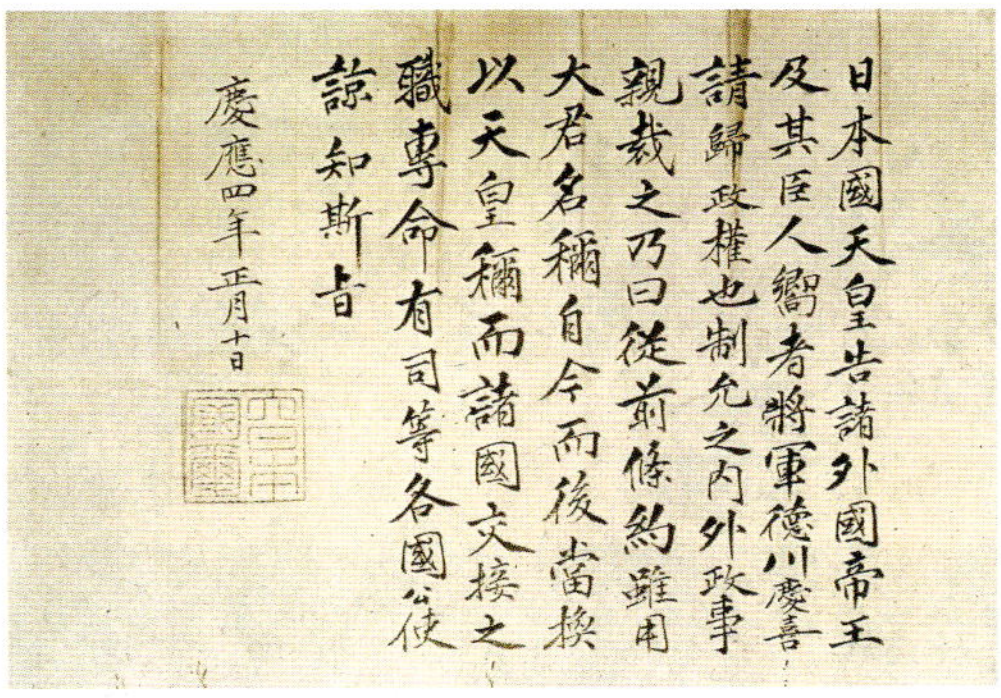

日本國天皇告諸外國帝王
及其臣人嚮者將軍徳川慶喜
請歸政權也制允之内外政事
親裁之乃曰從前條約雖用
大君名稱自今而後當換
以天皇稱而諸國交接之
職專命有司等各國公使
諒知斯旨
慶應四年正月十日

東京大学史料編纂所所蔵

王政復古を通告する国書

新政府が慶喜以下27名の官位を奪い、旧幕府領地を新政府の直轄領としたその日、王政復古を告げる国書を各国に通達した。

王政復古の大号令

新政府が樹立してから初めて開かれた会議（小御所会議）の図。図左の手前は山内容堂。容堂から向かって正面の人物は岩倉具視で、手を出しながら容堂を激しく糾弾する様子が描かれる。

聖徳記念絵画館所蔵

矢部チェック

尊王攘夷派らの結集の核となった天皇家

譜代大名と幕臣に国政が独裁されてきた江戸幕府体制では、西洋列強との対等な外交・通商関係は望めないとの風潮が高まっていきます。そこで求心力を高めたのが、古代以来連綿と続く天皇家で、尊皇攘夷派らの結集の核となったのです。

No. 6

安政の大獄

幕府の権威を低下させた大粛清

井伊直弼 vs 反幕府派
事件の起きた日：安政5（1858）年9月7日
場所：山城国京都　**勝敗**：反幕府派が粛清される

南紀派と一橋派の争い

一橋派

徳川斉昭（前水戸藩主）

島津斉彬（薩摩藩主）
松平慶永（越前藩主）
山内豊信（土佐藩主）
伊達宗城（宇和島藩主）

内憂外患の状況において、リーダーシップをとれる将軍として、聡明さから声望を集めていた一橋慶喜（徳川斉昭の子）を推す。越前藩主・松平慶永を中心に、島津斉彬・山内豊信らが慶喜を推した。

↓ 擁立

将軍候補
一橋家 徳川慶喜
（安政の大獄当時は17歳、後に15代将軍に）

対立

南紀派

井伊直弼（彦根藩主、大老へ）

松平容保（会津藩主）
松平頼胤（高松藩主）
松平忠固（上田藩主、老中）

前将軍・家慶の従兄弟にあたる紀伊藩主・徳川慶福を推す派閥。慶福は当時12歳の少年だったが、彦根藩主・井伊直弼や会津藩主・松平容保ら、血統を重視する譜代大名らを中心に、将軍に擁立された。

↓ 擁立

将軍候補
紀州家 徳川慶福
（安政の大獄当時は12歳、後に14代将軍家茂に）

朝廷工作に激怒した井伊が大弾圧を開始

13代将軍・徳川家定《いえさだ》は生来病弱で、後嗣《こうし》を残さないまま死去した。そのため将軍継嗣問題が持ち上がり、幕府は一橋慶喜を推す一橋派と、徳川慶福《よしとみ》を推す南紀《なんき》派に分裂、政局を揺るがす問題となった。当初は一橋派が優勢だったが、南紀派の老中・松平忠固《ただかた》らの画策によって井伊直弼が大老に就任すると風向きが変わった。井伊は大老という地位を利用して強権を発動し、強引に慶福を次期将軍としたのである。そして一橋派だった堀田正睦《ほったまさよし》の老中職を解き、徳川斉昭《なりあき》・松平慶永《よしなが》ら一橋派大名に蟄居《ちっきょ》・謹慎などの処分を加えた。

一橋派は巻き返しを図り朝廷に働きかけ、尊王攘夷派の志士たちも井伊のやり方に不満をもっており、公家の間を遊説して回った。その甲斐あって孝明天皇は、一連の幕府の行動を難詰《なんきつ》する勅諚《ちょくじょう》を水戸藩に下した。これを戊午《ぼご》の密勅という。これを知った井伊は、幕府の頭越しに政務に介入しようとする朝廷に反発し、ついに密勅に関わった一橋派と尊王攘夷派の弾圧に動き出した。

安政5（1858）年9月7日、小浜藩の脱藩浪士・梅田雲浜が、密勅に関わった罪で捕らえられ、安政の大獄が始まった。続いて、水戸藩士の頼三樹三郎《らいみきさぶろう》らが逮捕され、江戸では越前藩士・橋本左内らが捕まった。12月5日には長州藩の吉田松陰が投獄された。さらに井伊は、岩瀬忠震《いわせただなり》ら一橋派の幕臣にも処分をくだした。このとき西郷隆盛も朝廷工作をしたことで幕府に追われる身となった。追及の手は朝廷にもおよび、多くの公卿が辞職に追い込まれた。弾圧は翌年10月まで続き、連座《れんざ》した者は100人を超えるという大弾圧となったのである。

安政の大獄によって堀田や岩瀬ら開明派が除かれたことで、日米修好通商条約に基づいて開港を迎えていた日本は、国際情勢にうとい保守派が幕政を運営することになり、かえって幕府の権威は失墜した。また、安政の大獄は多くの禍根を残し、井伊と幕府の孤立を促進する結果となってしまったのである。

伝馬町刑場跡

伝馬町の処刑場では、吉田松陰、橋本左内、頼三樹三郎ら、50人以上が投獄され、多くが処刑された。現在は大安楽寺で、刑場跡の碑が残る。

彦根城博物館所蔵

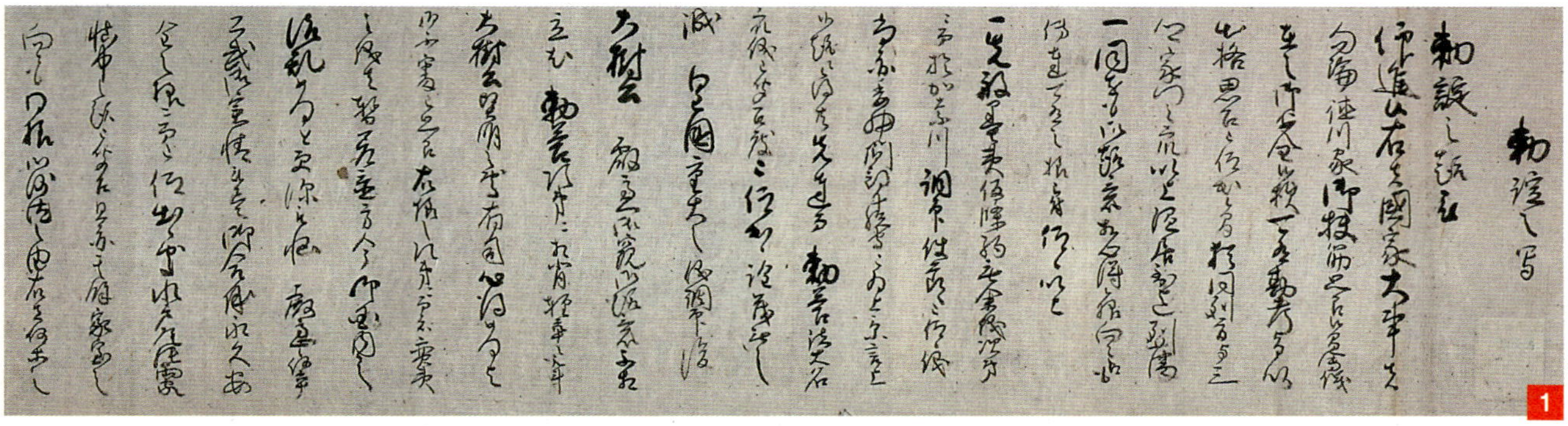

1「戊午の密勅」の写し。将軍継嗣問題で劣勢となった一橋派は、朝廷の力を利用して退勢の挽回を図り、一連の幕府の行動を批判する勅諚を水戸藩に出させることに成功した。 2井伊直弼は彦根藩15代藩主。幕府の頭越しに天皇の勅書が水戸藩に下されたことに激怒し、これが安政の大獄という大弾圧につながった。

彦根城博物館所蔵

処分者一覧

公家

青蓮院宮（隠居・永蟄居）

公卿

近衛忠熙（辞官・落飾）、
鷹司政通（慎）、
鷹司輔熙（慎）、
三条実万（慎）ら10名

諸侯（大名）

徳川斉昭（前水戸藩主、永蟄居）、
徳川慶喜（一橋家主、隠居・慎）、
徳川慶勝（尾張藩主、隠居・慎）、
松平慶永（越前藩主、隠居・慎）、

幕臣

岩瀬忠震（永蟄居）、
永井尚志（永蟄居）、
川路聖謨（隠居・慎）

志士

橋本左内（越前藩士、死刑）、
吉田松陰（長州藩士、死刑）、
梅田雲浜（小浜藩士、獄死）ら50余名

矢部チェック 井伊直弼による反対勢力の弾圧が自身の滅亡を導く

孝明天皇の勅許を得られないままに調印された安政五ヶ国条約に対して、尊王攘夷派の反発が高まります。世間の動揺は開国に向けた政策に悪影響を及ぼすとみた井伊直弼は、反対勢力の弾圧を決しましたが、程なくその身を滅ぼすことになりました。

頼三樹三郎

小浜市立図書館所蔵

京都出身の儒学者。尊王攘夷を京都で説いて回ったため安政の大獄で捕縛、処刑された。

梅田雲浜

若狭国小浜藩士。尊王攘夷派の理論家として活動し幕政を批判したため捕えられた。

No.7

明治維新生みの苦しみ、戊辰戦争勃発

鳥羽・伏見の戦い

新政府軍 vs 旧幕府軍
事件の起きた日：慶応4（1868）年1月3日
場所：山城国鳥羽　**勝敗**：新政府軍の勝利

新政府軍が錦の御旗を手に入れ官軍となる

王政復古の大号令で江戸幕府は完全に瓦解したが、新政府内には徳川家に同情的な意見もまだ多く、倒幕派の面々は徳川復権への危機感をつのらせた。そこで倒幕派の中心人物・西郷隆盛は江戸で放火などの騒擾《そうじょう》を起こし、旧幕府を挑発した。この挑発に乗って慶応3（1867）年12月25日未明、庄内藩兵ら約2000が、浪士の拠点となっていた薩摩藩邸を焼き討ちするという事件が起こった。さらに大坂城にいた旧幕府軍も江戸の騒動に怒り、強硬派幕臣の憤激は頂点に達した。

公議政体派や諸外国公使との連携を図りながら、時機を待って復権を期す心づもりであった慶喜も、もはや強硬派を抑えることができず、薩摩藩の討伐を発した。そして翌年1月2日、幕府軍は大坂城を出発し、鳥羽《とば》・伏見《ふしみ》の両街道から京都に向かい北上をはじめた。

京都にいた親慶喜派である松平慶永や山内容堂らは慶喜の挙兵に驚き、この軽挙を諌《いさ》めようと躍起になった。しかし、時すでに遅く、新政府では武装上洛する慶喜率いる旧幕府軍を、朝廷に背く賊軍《ぞくぐん》とするシナリオが用意されていた。

1月3日午後5時頃、鳥羽方面で両軍がぶつかり、その砲撃を合図に伏見方面でも戦火が上がり、鳥羽・伏見の戦いが勃発した。

朝廷では、戦闘が開始されるとすぐに会議が開かれ、旧幕府軍を朝敵とすることに決し、4日正午、征討大将軍に任命された仁和寺宮嘉彰《にんなじのみやよしあきら》親王が錦《にしき》の御《み》旗《はた》を奉じて御所を出陣、翌5日、伏見市街の前線に錦の御旗が翻って戦況は決定的となった。新政府軍が官軍になったことで、旧幕府軍から寝返る藩も続出し、肝心の総大将・慶喜が大坂から江戸に脱出したこともあり、鳥羽・伏見の戦いは新政府軍の勝利に終わった。

その後、両軍の戦いは東日本に移った。江戸城は西郷隆盛と勝海舟の会談によって無血開城が実現したが、旧幕府軍は東北・北海道と戦いを続け、明治2（1869）年5月18日に五稜郭《ごりょうかく》が落城し、戊辰《ぼしん》戦争は終わった。

錦の御旗　山口県立山口博物館所蔵

新政府軍が掲げた「錦の御旗」。室町時代以来使用されていなかったため、岩倉具視が国学者に調査を依頼し、デザインさせた。

大砲の砲弾が飛び交う激戦となったこの戦いは、錦の御旗を手に入れた新政府軍がからくも勝利した。

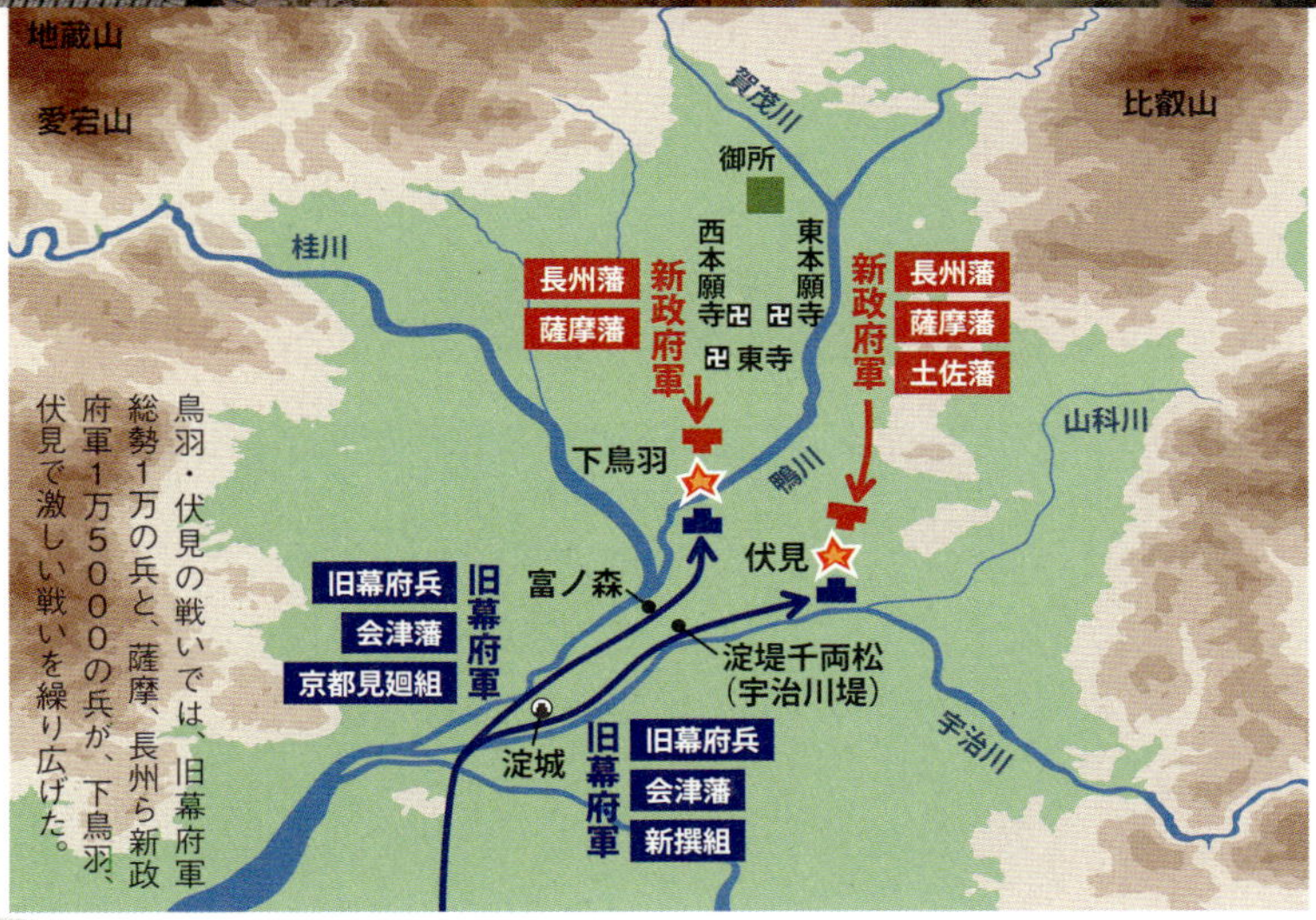

鳥羽・伏見の戦いでは、旧幕府軍総勢1万の兵と、薩摩、長州ら新政府軍1万5000の兵が、下鳥羽、伏見で激しい戦いを繰り広げた。

早稲田大学図書館所蔵

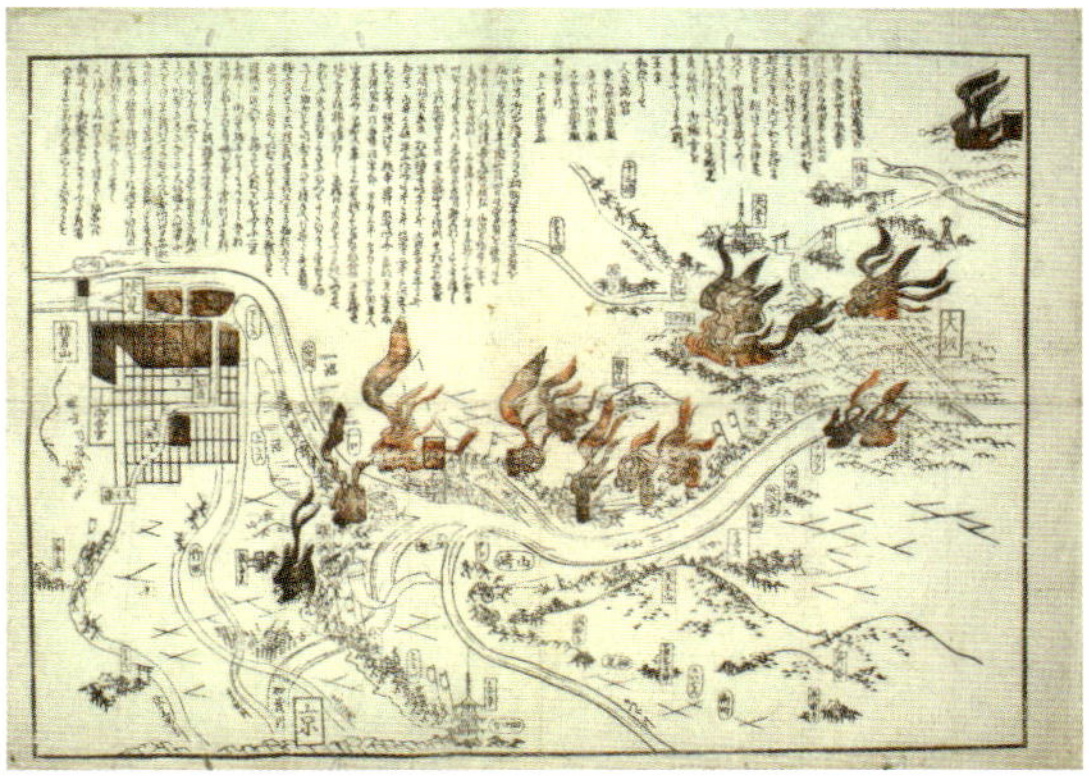

『幕末諷刺一枚刷　鳥羽伏見の戦』。当時のかわら版の一種。淀や大坂での戦闘が広範囲に行われている様子が描かれている。

矢部チェック

旧体制と新体制の実力の差が浮き彫りとなる

西郷隆盛は大政奉還後に大坂城に籠もった徳川慶喜をおびき出し、旧幕府軍と新政府軍の戦いが京都周辺で勃発しました。旧体制の幕府軍と、最新式の軍備を有した新政府との戦いは、時代の変化をはっきりと写し出すものとなりました。

鳥羽・伏見の戦いの図

写真：首藤光一／AFRO

戊辰戦争の緒戦となった鳥羽・伏見の戦いは、兵力的には旧幕府軍も引けを取らなかったが、指揮官の実戦の有無の違いが勝敗を分けた。

徳川記念財団所蔵

国立国会図書館所蔵

事件の起きた日：文久２（1862）年２月11日　**場所**：武蔵国江戸

No.8

和宮降嫁

公武合体の集大成！　幕府と朝廷が結ぶ

孝明天皇の妹が江戸幕府将軍のもとに嫁ぐ

　桜田門外の変で井伊直弼《なおすけ》が殺害されたあと、幕政を引き継いだのは老中・安藤信正《あんどうのぶまさ》だった。安藤は失われた幕府の権威を取り戻すため朝廷との融和を図る公武合体《こうぶがったい》に活路を見出し、孝明天皇の異母妹・和宮《かずのみや》と将軍・徳川家茂《いえもち》との結婚を進めることにした。しかし、和宮にはすでに婚約者がいたため話は急には進まなかった。幕府は10年以内に攘夷を決行するか、通商条約を破棄することを朝廷に約束し、また朝廷と結びつきが強かった一橋慶喜ら一橋派の処分を解き、朝廷の懐柔《かいじゅう》に努めた。

　こうして万延元（１８６０）年10月18日、正式に和宮降嫁《こうか》の勅令が出された。しかし、和宮の降嫁が決まると、和宮は幕府の人質であるという風聞が世間をにぎわすようになった。また、安藤が廃帝の先例を調査させているといううわさまで流れるようになり、尊王攘夷派の怒りを買った。その結果、文久２（１８６２）年１月、安藤は坂下門外で暴漢に襲われ負傷し、政治生命を絶たれた。同年２月、ようやく家茂と和宮の婚儀が行われた。

　和宮降嫁は公武合体の象徴であったが、幕府は実現不可能な攘夷決行を約束したことで、自らの首を絞めることになるのである。

和宮降嫁への道のり

1851年	婚約	有栖川宮熾仁《たるひと》親王と婚約する（和宮6歳）
1860年	破談	有栖川宮熾仁親王との婚約が破談に（和宮15歳）
同年	降嫁	孝明天皇により徳川家への降嫁が許される
1861年		和宮、江戸城本丸大奥に入る（和宮16歳）
1862年	婚礼	和宮と徳川家茂との婚礼が行われる（和宮17歳）

有栖川宮熾仁新王

徳川家茂

安藤信正

幕府の威信回復のために公武合体を画策した。戊辰戦争では、奥羽列藩同盟に加わり、新政府軍に抵抗している。

横浜開港資料館所蔵

関門海峡に面する前田砲台を占拠するイギリス軍。前田砲台は長州藩の軍事施設の中心的な役割を担っていた。

No.9

下関戦争

長州藩、攘夷の無謀を悟る！

四国連合艦隊 vs 長州軍

事件の起きた日：元治元（1864）年8月5日

場所：長門国下関　**勝敗**：四国連合艦隊の勝利

英・仏・米・蘭が長州藩に武力攻撃を仕掛ける

幕府は、和宮降嫁の交換条件として攘夷の決行を約束した結果、朝廷の圧力に負けて文久3（1863）年5月10日を攘夷決行の期限とすることを天皇に奏上した。幕府は攘夷を実行する気はなかったし、実行できるはずもなかったが、攘夷を実際に決行してしまった藩があった。それが過激な攘夷派だった長州藩である。5月10日、長州藩は下関海峡を通過する外国船に砲撃を加えたが、列強の軍備にかなうはずもなく長州軍は惨敗を喫した。

翌年8月5日、長州藩への報復のため、英・仏・米・蘭の四国連合艦隊が下関に攻め寄せた。禁門の変で敗れたばかりの長州藩に抗する力は当然なく、下関沿岸の砲台はことごとく破壊され、大砲は戦利品としてすべて奪われた。また、四国連合艦隊は下関に上陸し、陸戦でも長州藩は大きなダメージを負った。

長州藩は講和の使者として高杉晋作を派遣し、14日、講和条約が調印された。高杉は、列強の彦島租借《そしゃく》だけは頑として受け入れなかったという。

この一連の事件により、長州藩はようやく攘夷の無謀を悟った。また、逼《ひっ》塞《そく》中だった高杉晋作を再び表舞台に登場させることにもなった。

下関戦争の戦況。8月5日に下関に攻め寄せた四国連合艦隊は、7日には、下関海峡の砲台をことごとく破壊、占拠した。

下関の砲台跡

下関戦争で使われた「八十斤長州砲」のレプリカ。壇ノ浦にかかる関門橋のたもとに置かれている。

No.10

薩摩とイギリスが急接近!

薩英戦争

イギリス艦隊 vs 薩摩軍

事件の起きた日：文久３（1863）年６月27日

場所：薩摩国鹿児島　**勝敗**：イギリス艦隊の勝利

イギリス艦隊との戦いで薩摩が攘夷の不可能を知る

文久2（1862）年8月、武蔵国《むさし》生麦《なまむぎ》で、薩摩藩の大名行列を騎乗のまますれ違ったイギリス商人3名が、薩摩藩士に殺傷されるという事件が起こった（生麦事件）。イギリス側は幕府に賠償金の支払いを通告し、薩摩藩には犯人の逮捕と賠償金を要求した。幕府は賠償金を支払ったが、薩摩藩は要求を拒否したため、翌年イギリスは薩摩藩と直接交渉するために7隻の軍艦を薩摩藩に派遣した。そして6月27日、イギリス艦隊が鹿児島湾内に侵入した。

イギリス側は交渉を有利に進めるために、鹿児島湾内にいた薩摩船を拿捕《だほ》したが、これが薩摩藩の怒りを買った。薩摩藩はイギリス艦隊侵攻前に戦闘準備を整えており、7月2日、砲撃を開始し薩英戦争が開戦に至る。あくまで交渉目的だったイギリス艦隊は、まさか薩摩藩が砲撃してくるとは思わなかったため思わぬ苦戦を強いられたが、それでも武器レベルが違いすぎた。薩摩藩は惨敗し、賠償金の支払いにも応じることになり、攘夷の不可能を知ったのである。

しかし、一方でこの戦争がきっかけで薩摩藩とイギリスは急接近し、両者は友好関係を築いた。のちの武力倒幕にイギリスが大きく影響を与えることになる。

周防大島への砲撃の10日後となる17日早朝、長州軍や乙丑丸（右手前）が、田之浦に砲撃を加え、上陸作戦を敢行（小倉口の戦い）。小倉軍は後退を余儀なくされる。

薩摩藩はあらかじめ用意しておいた砲台から砲撃を開始。イギリス艦隊の1隻に命中させるなどの戦果を上げたが、兵力に勝るイギリス艦隊には勝てなかった。

No. 11 第二次長州征伐

幕府軍がまさかの敗戦！

長州軍 vs 幕府軍

場所：安芸国・周防国・長門国　**事件の起きた日**：慶応2（1866）年6月7日　**勝敗**：長州軍の勝利

高杉晋作らの活躍で長州軍が奇跡的な勝利

禁門の変の結果、長州藩は幕府に恭《きょう》順《じゅん》したが、これに反対する高杉晋作らが藩内クーデターを敢行し、藩論を倒幕へと一転させた。当然、幕府にもその情報は届き、激怒した幕府は長州征伐を決める。慶応元（1865）年5月12日、紀伊《きい》藩主・徳川茂承《もちつぐ》を征長先鋒総督に任命し、将軍・徳川家茂とともに江戸を出陣した。

しかし、勅命がなかなか下りず、また軍事催促された諸藩も長州征伐には消極的だった。そのため幕府は朝廷工作をする一方で、長州藩との交渉を続けた。だが、幕府がもたもたしているうちに長州藩は薩摩藩と同盟を結び、幕府軍の主力である薩摩は長州征伐から脱落した。薩長同盟が極秘裏に結ばれた翌日、ようやく勅許《ちょっきょ》が下り、慶応2（1866）年6月7日、幕府軍艦が周防《すおう》大島を砲撃し、第二次長州征伐が勃発した。幕府は10万という兵力を擁し、対する長州軍はわずか4000。兵力差は圧倒的に幕府軍が優勢だったが、高杉晋作率いる奇兵隊《きへいたい》の活躍などもあり、幕府軍は思わぬ苦戦を強《し》いられた。諸藩の軍の足並みがそろわず統制がとれなかったのが原因である。劣勢のなか、将軍・家茂が死去したことで幕府軍は撤退した。事実上の幕府の敗戦だった。

坂本龍馬による下関海戦図

下関戦争で実戦を初めて見た坂本龍馬による戦況図。戦況を絵と文字でまとめ、故郷の家族に知らせたという。図の上が門司で、下が下関。

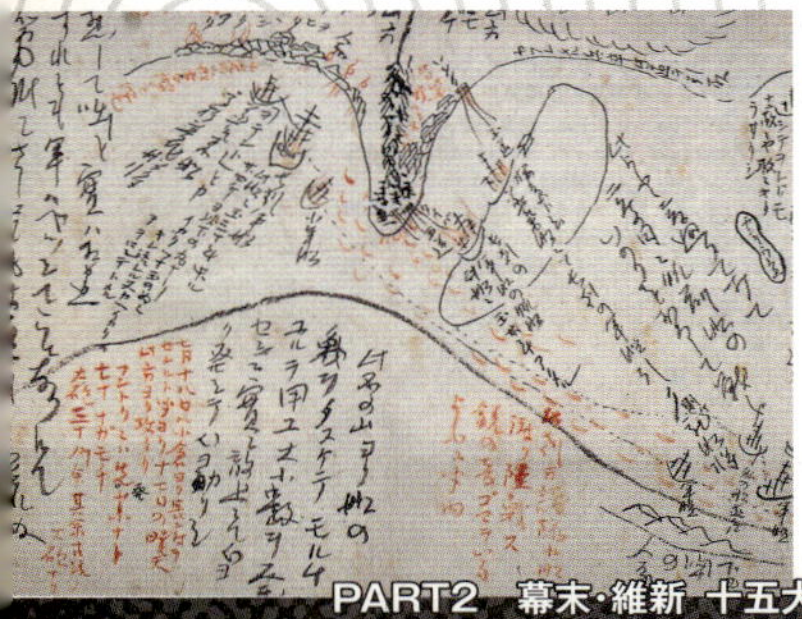

個人蔵

No.12

八月十八日の政変

京都で幅を利かせていた長州が没落！

長州藩 vs 公武合体派

場所：山城国京都　勝敗：尊攘派公卿を一掃

事件の起きた日：文久3（1863）年8月18日

勢いを増す尊攘派に対し公武合体派が政変を起こす

朝廷が幕政に介入して文久の改革を行うなど、幕府の威信は落ちていた。朝廷はさらに将軍・家茂の上洛を求め、家茂の上洛が実現するなど、京都では尊攘派の勢いが増していった。朝廷内では尊攘派の志士と結んだ公卿が重職につき、志士たち自身も人材の登用や将軍上洛前の攘夷期限の決定などの意見を具申したりと、間接的とはいえ朝政にまで影響を与えるようになっていた。

和宮を降嫁させて公武合体を推進してきた公武合体派は、こうした尊攘派の動きを快く思わなかった。孝明天皇も、攘夷派ではあったが志士たちの朝政介入をよしとしなかった。公武合体派は薩摩藩と会津藩を中心に、中川《なかがわの》宮《みや》・近衛《このえ》忠熙《ただひろ》・二条《にじょう》斉敬《なりゆき》ら公武合体派公卿と提携し、尊攘派に対抗するための行動計画を練った。そして8月18日、参内した中川宮は、大和行幸は天皇の本意ではないとして責任者の三条実美《さんじょうさねとみ》らの参内を禁止した。さらに攘夷派で固められていた国事参政と国事寄人《よりうど》を廃止し、尊攘派公卿を朝廷から一掃した。尊攘派の旗頭だった長州藩は御門警備の任を解かれ、尊攘派公卿とともに京都を退去せざるを得なかった。

こうして公武合体派のクーデターは成功したのである。

七卿落錦絵

急進的な攘夷派公卿だった三条実美、三条西季知、四条隆謌、東久世通禧、壬生基修、錦小路頼徳、澤宣嘉の7人が朝廷を追放され、長州に下向した。

憲政記念館所蔵

No.13

箱館戦争

旧幕府軍の反乱が終結！

新政府軍 vs 旧幕府軍

場所：北海道箱館　勝敗：新政府軍の勝利

事件の起きた日：明治元（1868）年10月22日

榎本武揚が北海道で独立政権を樹立！

新政府軍と旧幕府軍の戦いである戊《ぼ》辰《しん》戦争は、東北地方の戦いで旧幕府軍が敗れたことでほぼ決着はついた。しかし、品川沖に温存しておいた開陽丸《かいようまる》以下8隻を率いて江戸を脱出した幕府の海軍副総裁だった榎本武揚《えのもとたけあき》は、北海道に渡ってなおも戦争を継続した。

明治元（1868）年10月20日、箱館の北部、鷲ノ木《わしのき》に上陸した榎本軍は箱館に攻め寄せて五稜郭を占拠、さらに松前《まつまえ》・江差《えさし》へ兵を進めて11月中には松前藩を降伏させ、北海道を掌握した。榎本は諸外国に対して局外中立を求めながら、12月にはアメリカの連邦制度にならい、士官以上の者による選挙を行い、新政権の人事を決定。続いて、江差と松前に鎮台を置いて五稜郭を本営とし、蝦夷《えぞ》共和国（通称）の樹立を宣言した。

新政府も榎本の動きを見過ごすことはできなかったが、冬の間は動くに動けなかった。そして3月、箱館討伐のために大軍を差し向けた。4月17日に松前を落とした幕府軍は5月に入って五稜郭を包囲し、11日に総攻撃を開始した。新政府軍は降伏を勧告したが榎本は拒否、18日に新政府軍が五稜郭に入城し、箱館戦争は終わった。これにより1年半に及んだ戊辰戦争は終結した。

箱館戦争と榎本武揚

中央で馬に乗っているのが榎本武揚。右端にいるのが土方歳三とされる。土方は戦死したが、榎本は戦後、新政府に出仕した。

東京大学史料編纂所所蔵

戊辰戦争最大の激戦！

No.14 北越戦争

新政府軍 vs 長岡藩

場所：越後国長岡　勝敗：新政府軍の勝利

事件の起きた日：慶応4（1868）年5月10日

知将の傑物・河井継之助が奮戦した3カ月の戦い

鳥羽・伏見の戦いを皮切りに始まった新政府と旧幕府の戦いは、新政府軍優位に進んだ。これに対し旧幕府方の東北の25藩は軍事同盟を締結、これに越後の6藩も加盟し、ここに奥羽越《おううえつ》列藩同盟が成立した。

新政府は会津征討のため長岡近くの小千谷《おじや》に陣を構えていたが、慶応4（1868）年5月10日、長岡藩は会津《あいづ》・桑名《くわな》両藩とともに攻撃を加えた。

長岡藩は家老の河井継之助《かわいつぎのすけ》が指揮官となり、信濃川をはさんで新政府軍と対峙した。河井は知将の傑物として知られる人物で、列藩同盟加盟前から準備を進めており、長岡藩は最新兵器を備えていた。そのため新政府軍も苦戦し、19日に長岡城を奪取したが、7月24日には長岡城を奪還された。しかし、長岡城奪還作戦で重傷を負った河井が8月16日に死去したことで新政府軍が巻き返し、約3カ月にわたった北越戦争は新政府軍の勝利に終わった。

新潟を押さえた新政府は、庄内・会津へのルートを確保するとともに、新潟港から列藩同盟への補給ルートを遮断することに成功した。北越戦争の勝利は、優勢だった新政府軍をさらに優位な立場にしたのである。

上杉家の家督争いに見立てた北越戦争の図

戦国時代に起こった御館の乱に見立てて北越戦争を描いた浮世絵。上杉景勝軍を新政府軍に見立てている。

新潟県立図書館所蔵

倒幕を決定づけた歴史的同盟

No.15 薩長同盟

薩摩藩 vs 長州藩

場所：山城国京都　勝敗：薩摩と長州が同盟を結ぶ

事件の起きた日：慶応2（1866）年1月21日

土佐藩の中岡慎太郎の周旋で薩長が同盟を結ぶ

幕末の政局において、薩摩藩は公武合体派で、長州藩は尊王攘夷派だった。朝廷は公武合体派であったが、それ以上に攘夷思想が強く、そのため京都では長州藩の存在感が高まっていた。孝明天皇は攘夷派だったが倒幕思想はなく、公武合体派公卿も長州藩の朝政介入には不快感をもっていた。そこで薩摩藩は、同じく公武合体派の会津藩とともに、公武合体派公卿を動かしてクーデターを敢行、長州藩と尊攘派公卿を京都から追放した。長州藩はその意趣返しとして禁門の変を起こしたが薩摩を中心とした幕府軍に敗北し、長州藩は朝敵となった。

こうした経緯もあり、長州藩と薩摩藩は仲が悪かった。しかし、土佐藩の中岡慎太郎は、倒幕のためには薩長両藩の融合が必要であると考え、長州の木戸孝允《たかよし》や薩摩の西郷隆盛らを説得して回った。幕府による長州征伐が決定された時期だったが、西郷はこれに反対であった。下関戦争で大損害をこうむった長州藩は、長州征伐で幕府軍に敗れることは避けたかった。こうした両藩の思惑が一致し、慶応2（1866）年1月21日、歴史的な同盟である薩長同盟が結ばれた。この後、日本は倒幕へと急速に動いていくことになる。

坂本龍馬による薩長同盟裏書

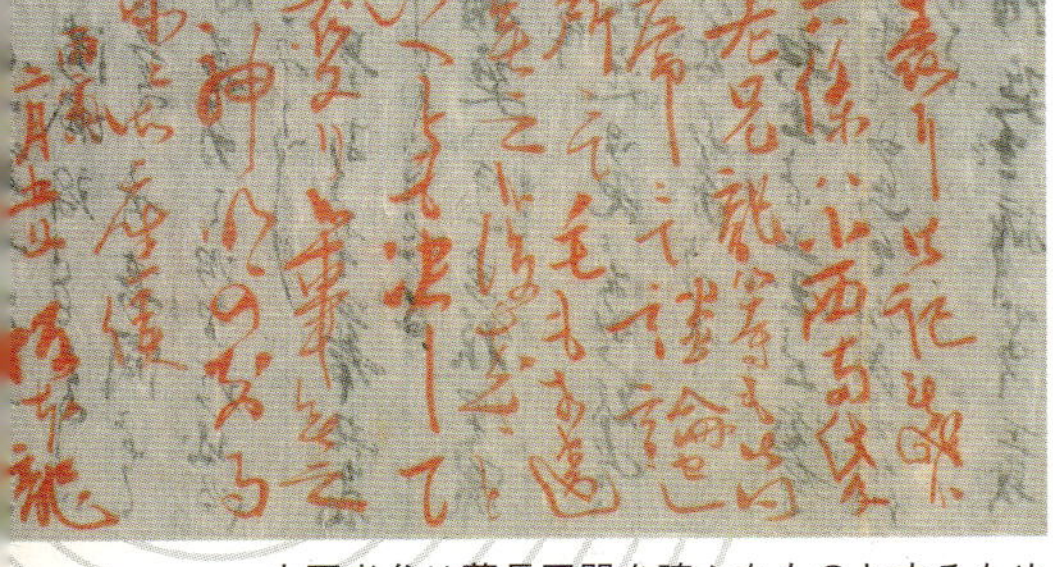

木戸孝允は薩長同盟を確かなものとするために坂本龍馬に書状を送り、同盟締結の条件の確認を求めた。それに応え、坂本が書状に裏書（朱書き部分）をした。

宮内庁書陵部所蔵

・維新名鑑

最強の幕末・維新TOP50

1位	坂本龍馬	83.7点
2位	勝海舟	82.0点
3位	西郷隆盛	81.9点
4位	木戸孝允	80.4点
5位	大久保利通	80.2点
6位	島津斉彬	79.5点
7位	高杉晋作	78.3点
8位	伊藤博文	77.8点
9位	河井継之助	77.7点
10位	中岡慎太郎	76.2点

人気だけでなく歴史的な評価も加えたベスト50

近世から近代へという大変革を成し遂げた幕末維新の偉人たちは、個性豊かでユニークな人物ばかりだ。出自もまちまちで、多くは下級武士の出身だが、将軍や大名もいれば、公家も農民もいる。また、幕末の動乱のうちに命を落とした人物も多いが、しぶとく生き抜いて新しい時代になってから目覚ましい活躍をした人物もいる。

こうした多様な生き方をした偉人たちを、一括して評価するのは難しい。それを承知の上で、本誌では、あえて歴史ライターや歴史ファンにアンケートを依頼し、TOP50人を選定してみた。単なる人気投票にならないように、武力・政治力・経済力・計画力・カリスマ性の5つの観点から点数をつけてもらい、総合点を集計した。

結果を見ると、坂本龍馬・勝海舟・西郷隆盛が1位から3位を占めた。この3人は、人気はもちろん、歴史的な評価も定まっており、不動の地位を獲得していると言えそうだ。一方で、島津斉彬《なりあきら》が6位と順位が高く、13位の渋沢栄一《えいいち》、32位の前島密《ひそか》など派手さはないが歴史のなかで重要な役割を演じた人物がランクインした。このあたりは、

PART Ⅲ

最強の幕末

第10位

中岡慎太郎

第9位

河井継之助

第8位

伊藤博文

第7位

高杉晋作

第6位

島津斉彬

11位	大隈重信	75.5点
12位	井上馨	74.5点
13位	渋沢栄一	74.3点
14位	岩崎弥太郎	74.2点
15位	榎本武揚	74.1点
16位	板垣退助	74.0点
17位	徳川斉昭	73.8点
18位	山県有朋	73.6点
19位	陸奥宗光	73.4点
20位	松平慶永	73.3点
21位	大村益次郎	72.4点
22位	徳川慶喜	71.4点
23位	明治天皇	70.6点
24位	江藤新平	69.1点

25位	後藤象二郎	68.5点
26位	佐久間象山	68.1点
27位	松平容保	67.7点
28位	岩倉具視	67.2点
29位	徳川家茂	66.9点
30位	井伊直弼	66.4点
31位	阿部正弘	65.5点
32位	前島密	65.1点
33位	久坂玄瑞	64.9点
34位	近藤勇	64.7点
35位	山内容堂	64.3点
36位	土方歳三	64.2点
37位	橋本左内	63.9点

38位	島津久光	63.8点
39位	桐野利秋	63.2点
40位	吉田東洋	62.9点
41位	吉田松陰	62.8点
42位	武市瑞山	62.3点
43位	品川弥二郎	62.0点
44位	沖田総司	61.6点
45位	山岡鉄舟	61.2点
46位	藤田東湖	60.1点
47位	相良総三	56.5点
48位	孝明天皇	56.2点
49位	赤禰武人	54.2点
50位	三条実美	43.4点

単なる人気投票とは異なる今回の調査の成果だと思われる。

幕末維新の偉人は、今回ランクインした50人だけではない。なぜあの人物の名が出てこないのだろう、なぜあの人物の順位がこんなに低いのだろう、と首をかしげる読者もいるかもしれない。ここに発表したのは、あくまで本誌が独自に行った調査結果だ。読者も5つの観点から採点をして、自分なりのTOP50人を選定してみてはどうだろうか。本誌とは違う結果が出てもかまわない。それも歴史の楽しみ方の一つであるだろう。

矢部チェック 幕末・維新TOP50について

ランキングをみて気づくのは、旧幕府側の人物には経験豊富な指導者が多く、改革を目指した雄藩出身者には新進気鋭の若手が割拠していることです。時代の大きなうねりのなかで、それに抗おうとしたベテランと、荒波を乗り越えてゆく若い力とのぶつかり合いが、幕末維新期という時代の大きな特徴です。欧米列強がもたらした新たな文化・知識に正面から向き合った進取の気性こそ、この時代に活躍した人物に共通する個性なのです。

第1位

坂本龍馬《さかもとりょうま》

卓抜した構想力で近代日本の方向を示す

生没年：1835〜1867年

坂本龍馬記念館所蔵

総合 83.7

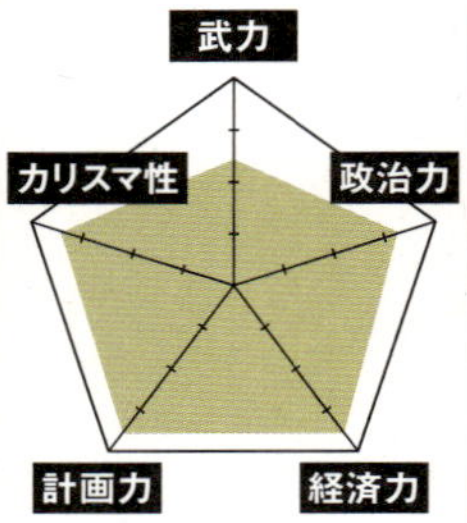

下級藩士の出身で武力・政治力に劣るが、計画力が突出していた。経済力は社中の活動と支援者によるもので、むしろ起業力である。

武力 13.3
- 統率力
- 戦術
- 軍事力
- 剣技

政治力 16.5
- 政策企画力
- 交渉力
- 出世力
- 外交力

経済力 18.2
- 資金力
- 起業力
- 交易力
- 先見性

計画力 18.6
- 立案力
- 情報収集力
- 遂行力
- 軌道修正力

カリスマ性 17.1
- 人心掌握力
- メンタル
- 逆境力
- 家柄

寺田屋

坂本龍馬が定宿にしていた寺田屋。寺田屋は薩摩藩の出入り商人で、龍馬と薩摩藩との関係がうかがえる。

矢部チェック

日本の全時代を通じての人気投票でも、常に上位に顔を出す坂本龍馬。その魅力は、人気小説やマンガなどで雄弁に語られてきましたが、最も雄弁なのは、彼自身の残した手紙類でしょう。そのユニークな表現は、たいへん興味深い。

薩摩と長州の同盟を実現し「船中八策」で新国家を構想

幕末・維新の多くの偉人の中でも、坂本龍馬ほど常識にとらわれずに自由に行動した型破りの人物はいない。第1位に輝いたのは当然といえよう。

土佐藩城下の郷士《ごうし》の生まれ。江戸滞在中にペリー来航を経験し、尊攘思想に染まって脱藩。幕臣の勝海舟の門下に入り、幕府近代海軍の創設に参加した。その後、薩摩藩の支援のもとに亀《かめ》山《やま》社中《しゃちゅう》を創設し、海運業に従事しながら長州藩に武器を周旋。さらに薩長同盟を実現した。

1867年6月には、大政奉還、二院制議会の創設、憲法の制定などからなる「船中八策《せんちゅうはっさく》」を構想し、土佐藩士・後藤象二郎に渡した。同年11月、幕府の京都見廻組《みまわりぐみ》によって暗殺されたが、「船中八策」は明治政府の「五カ条の誓文」に活かされ、近代日本の国家理念の基となった。

亀山社中跡

長崎市には、亀山社中の遺構が残り、記念館となっている。

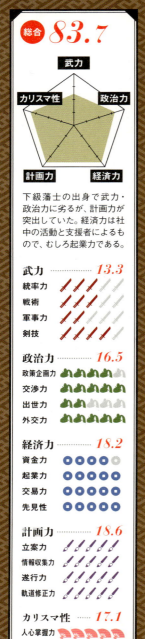

第2位

勝《かつ》海舟《かいしゅう》

幕府の枠を越えた視点で新しい日本を構想

生没年：1823〜1899年

総合 82.0

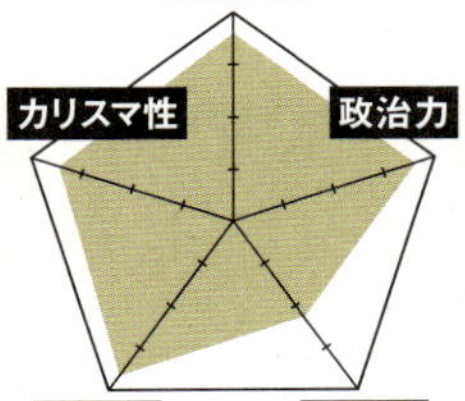

幕臣でありながら常に日本全体を見ながら政治を構想した力量はさすが。カリスマ性はやや低いが、義侠心に富み広い人脈を持った。

武力 17.8
統率力
戦術
軍事力
剣技

政治力 18.7
政策企画力
交渉力
出世力
外交力

経済力 10.6
資金力
起業力
交易力
先見性

計画力 18.0
立案力
情報収集力
遂行力
軌道修正力

カリスマ性 16.9
人心掌握力
メンタル
逆境力
家柄

矢部チェック

38歳にして咸臨丸を指揮してアメリカに渡り、その進んだ文明を直接目にしたことが、勝海舟の人生観を大きく変えました。また、その経験が彼の発言に真実味を加え、坂本龍馬をはじめとする多くの人びとを魅了したのでしょう。

『咸臨丸難航図』

咸臨丸は連日の荒天に悩まされたが、アメリカ人乗組員の援助を受け、無事太平洋を横断することができた。

横浜開港資料館所蔵

神戸海軍操練所を開き幕臣と藩士の隔てなく教育

第2位は坂本龍馬の師にあたる勝海舟である。旗本の子に生まれ、ペリー来航に際して幕府に提出した海防意見書が認められて、幕政に参画するようになった。

1860年に日米修好通商条約批准のために咸臨丸で太平洋を横断。軍艦奉行に任命され、神戸海軍操練所を開設し、幕臣や脱藩志士をも受け入れるという独自の教育方針を実践した。政治思想においても、統一国家を樹立するために、幕府が政権から退くことを主張。しかし、そのため多くの幕臣の恨みを買うことになった。鳥羽・伏見の戦いで幕府が敗北すると、幕府側の全権として東征軍の参謀・西郷隆盛と会談し、江戸総攻撃を中止させた。

明治政府の海軍卿を務め、退官後は日清戦争に反対し足尾鉱毒事件で政府を批判。旧幕臣の救済にも尽くした。

日米修好通商条約

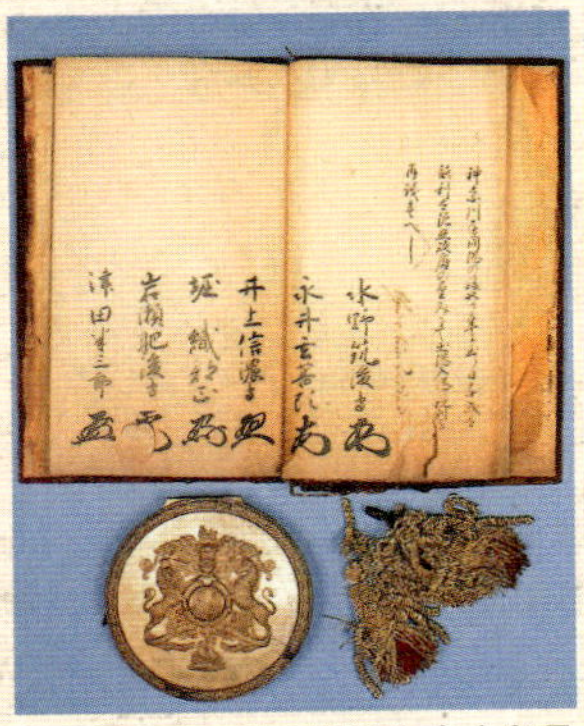

外務省外交史料館所蔵

神奈川など4港の開港や自由貿易が定められた。

第3位

西郷隆盛《さいごうたかもり》

郷里の士族と運命を共にした悲劇の英雄

生没年：1827～1877年

国立国会図書館所蔵

総合 81.9

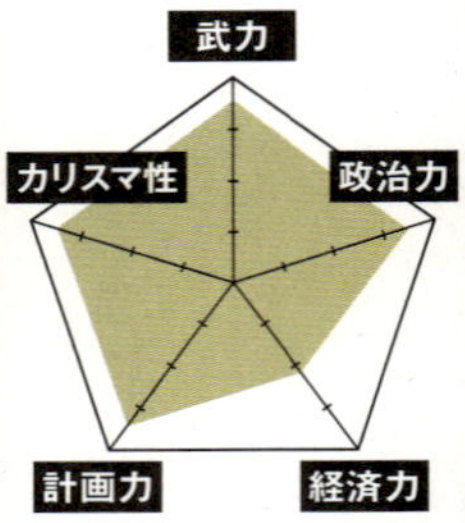

武力・政治力ともに抜群。死後に専制政治に抵抗した悲劇の英雄と見なされ、生存説が広まるなど伝説化した。

武力 …… 18.6
統率力
戦術
軍事力
剣技

政治力 …… 17.7
政策企画力
交渉力
出世力
外交力

経済力 …… 10.7
資金力
起業力
交易力
先見性

計画力 …… 16.5
立案力
情報収集力
遂行力
軌道修正力

カリスマ性 …… 18.4
人心掌握力
メンタル
逆境力
家柄

田原坂の戦い

熊本市北区の田原坂は西南戦争最大の激戦地となった。政府軍は多大な犠牲者を出しながらも西郷軍を破った。

矢部チェック

おおらかさの中にも繊細さがみえ、情熱と素朴さを兼ね備えた西郷隆盛は、男としての魅力に満ちあふれた存在です。どこにいっても周りに人が集まってしまうような存在感は、この時代にあっても特筆されるべきものです。

不平士族に担がれ西南戦争を起こして自刃

武士としては最下級の出身ながら、農政改革に関する上申書が藩主・島津斉彬《なりあきら》の目にとまり、出世の糸口をつかむ。参勤に従って江戸に出て尊攘志士らと交わったが、安政の大獄によって立場が危うくなり、鹿児島湾で投身。命を取り留め、奄美大島に流された。

その後、召還を受けて、参謀として禁門の変などで活躍。第二次長州征伐の際には、坂本龍馬の仲介により長州と同盟の密約を結び幕府を孤立させた。

しだいに討幕の意思を固め、王政復古のクーデターを首謀。江戸で幕府を挑発し、鳥羽・伏見の戦いのきっかけを作った。次いで東征軍の参謀として江戸に進軍したが、勝海舟の提案を受け入れ、江戸の無血開城を実現した。

維新後は征韓論《せいかんろん》を主張するも、敗れて下野《げや》。不平士族らに担がれて西南戦争を引き起こし、敗れて自刃した。

南洲墓地

西南戦争での2000人以上の薩軍の犠牲者が眠っている。

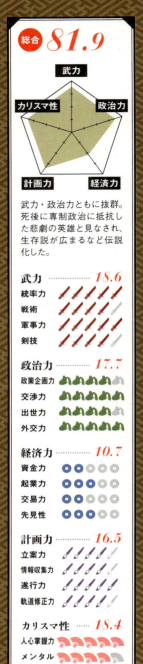

国立国会図書館所蔵

第4位

木戸《きど》孝允《たかよし》

状況を見極めて行動する冷静な政治家

生没年：1833〜1877年

総合 80.4

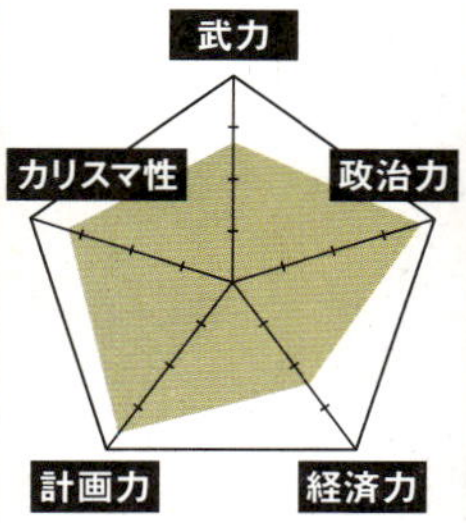

計画力・政治力に優れていたが、沈着冷静に構想を練って実行するタイプ。リーダーシップには弱みがあった。

武力 …… 14.7
統率力
戦術
軍事力
剣技

政治力 …… 17.9
政策企画力
交渉力
出世力
外交力

経済力 …… 13.5
資金力
起業力
交易力
先見性

計画力 …… 18.3
立案力
情報収集力
遂行力
軌道修正力

カリスマ性 …… 16.0
人心掌握力
メンタル
逆境力
家柄

矢部チェック

剣の達人とされながら、「逃げの小五郎」といわれるほど戦いを避けたという不思議な人物で、つい最近発見された文書には、坂本龍馬との試合に勝利したとの記述が残されています。やはり、その実力は文武両道だったと言えるでしょう。

潜伏する桂小五郎

追手に追われ、床下に潜む桂（木戸）と、外の様子を窺う竹松（幾松）が描かれる。

山口県立山口美術館・浦上記念館

人材育成を重視し海外拡張策に反対する

大久保利通・西郷隆盛とともに明治維新の三傑に数えられる。吉田松陰の門下であるが、確実な情報に基づき冷静に行動するタイプで、松下村塾の尊攘過激派と称される久坂玄瑞《げんずい》らとは一線を画した。萩に幽閉中の吉田松陰が幕府要人の暗殺を弟子たちに呼びかけたときにも、与《くみ》しなかった。

長州藩士としての木戸の最大の功績は、坂本龍馬を介して薩摩藩と同盟を結んだことである。明治政府では「五カ条の誓文」の起草に参加し、版籍奉還や廃藩置県による藩の解体と中央集権国家の構築に主導的に関わった。国家建設のためには人材育成を優先すべきという立場から、民力休養、教育、立憲制などを主張し、征韓論と台湾出兵に反対した。しかし大久保の独裁が強まるなか、政府内での指導力はしだいに弱まった。

木戸孝允生誕地

山口県萩市には木戸孝允が幼少年期を過ごした旧宅が残る。

第5位

大久保《おおくぼ》利通《としみち》

政府の中枢で力を発揮した官僚政治家

生没年：1830〜1878年

国立国会図書館所蔵

総合 80.2

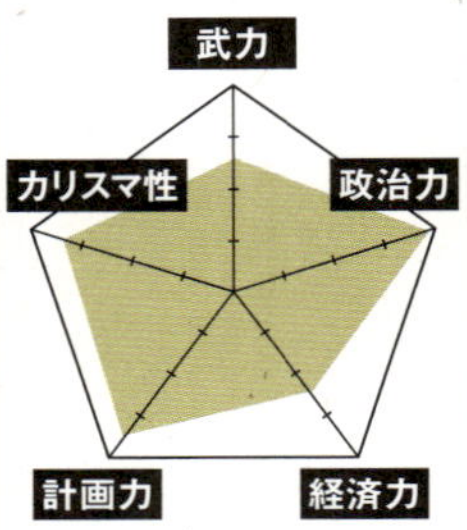

同郷の西郷とはあらゆる面で対照的。政治力に長けた官僚タイプだが、冷徹な独裁者のイメージが強く、カリスマ性は低い。

武力 …… 13.8
- 統率力
- 戦術
- 軍事力
- 剣技

政治力 …… 19.1
- 政策企画力
- 交渉力
- 出世力
- 外交力

経済力 …… 12.6
- 資金力
- 起業力
- 交易力
- 先見性

計画力 …… 18.5
- 立案力
- 情報収集力
- 遂行力
- 軌道修正力

カリスマ性 …… 16.2
- 人心掌握力
- メンタル
- 逆境力
- 家柄

矢部チェック

西郷隆盛との運命的な出会いと別れは、幕末維新期の重要なエピソードの一つです。個人的なつながりを断ち切り、国の行く末という大局をしっかりと見定めたリーダーの存在は、新政府にとってなくてはならないものでした。

大久保利通生い立ちの碑

鹿児島市維新ふるさと館の横に「誕生之地」の碑が建つが、正確には少年期を過ごした場所とされる。

独裁的な権力を握り不平士族の反乱を弾圧

若い頃は尊攘派に属したが、藩との協調も大切にし、過激分子を抑圧したため、藩主後見の島津久光《ひさみつ》に重用された。岩倉具視《ともみ》とともに王政復古のクーデターの筋書を書き、続く戊辰戦争では西郷隆盛が東征軍を率いたのに対し、大久保は京都にとどまり新政府の枠組み作りに専念した。

維新後は欧米視察を行い、近代化の必要性を痛感する。帰国すると、征韓論を唱える西郷隆盛と対立。内務省を掌握して広範な権限を手にし、大久保独裁といわれる状況を作った。各地の不平士族の反乱を鎮圧し、西南戦争を引き起こした西郷隆盛も自害に追い込んだが、その翌年、自身も不平士族によって暗殺された。

革命家肌ではなく、政府の中枢で政治力を発揮する官僚タイプで、日本の政治風土の原型を作ったといわれる。

大久保公哀悼碑

暗殺現場近くの東京千代田区・清水谷公園には哀悼碑が建つ。

第6位

島津《しまづ》斉彬《なりあきら》

藩の近代化を推進し明治維新の布石を打つ

生没年：1809～1858年

尚古集成館所蔵

総合 79.5

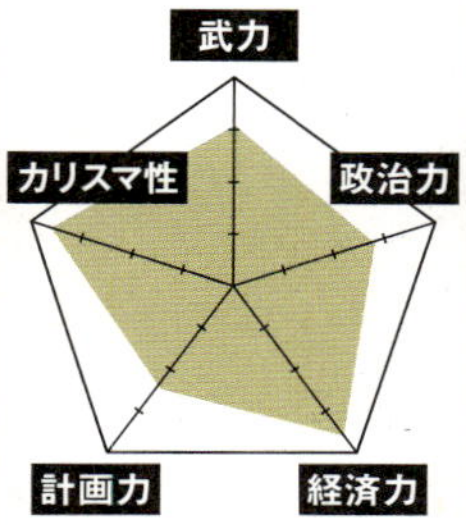

明君というにふさわしく、あらゆる面でポイントが高い。とりわけ、逸早く近代化政策を推進した先見の明は抜群。

武力 …… 15.6
- 統率力
- 戦術
- 軍事力
- 剣技

政治力 …… 14.5
- 政策企画力
- 交渉力
- 出世力
- 外交力

経済力 …… 18.0
- 資金力
- 起業力
- 交易力
- 先見性

計画力 …… 13.4
- 立案力
- 情報収集力
- 遂行力
- 軌道修正力

カリスマ性 …… 18.0
- 人心掌握力
- メンタル
- 逆境力
- 家柄

尚古集成館

薩摩藩の最先端の藩営工場・集成館は現在、博物館の尚古集成館となっている。世界遺産にも登録された。

写真協力：公益社団法人　鹿児島県観光連盟

矢部チェック

幕藩体制下にあって、藩主の権力は絶大です。しかし、各藩ごとにそのキャラクターは大きく異なります。江戸から遠く離れた薩摩には、広い視野を持ち、身分に関係なく才能ある若手にチャンスを与えるリーダーがいたのです。

集成館を建設し軍需と民生を共に振興

ペリー来航の2年前に薩摩藩主の座に就く。他藩に先駆けて殖産興業と富国強兵に力を入れ、城下に数多くの近代的な工場を建設した。蒸気船・反射炉・熔鉱炉・火薬などの軍事産業はもちろん、薩摩切子・板ガラス・陶磁器などの民生部門の工場も多くあり、軍備と民生の両輪をバランスよく回そうとしたのが特徴だ。これらの工場群はまとめて集成館と呼ばれた。

養女の篤姫《あつひめ》が将軍・徳川家定の正室となったのを足掛かりに幕府への発言力を強め、公武合体を主張。将軍継嗣問題では英明な君主が必要との理由から一橋派の中心となった。

ペリー来航の5年後、病により急死し、政敵の大老・井伊直弼《なおすけ》の専制を許すことになる。だが斉彬の遺志は西郷隆盛や大久保利通らに受け継がれ、明治維新につながった。

旧集成館「反射炉跡」

高温で金属を溶融する反射炉は、大砲の製造に欠かせなかった。

写真協力：公益社団法人　鹿児島県観光連盟

第7位

高杉晋作《たかすぎしんさく》

奇兵隊を創設し近代軍制を先取りした奇才

生没年：1839～1867年

国立国会図書館所蔵

総合 78.3

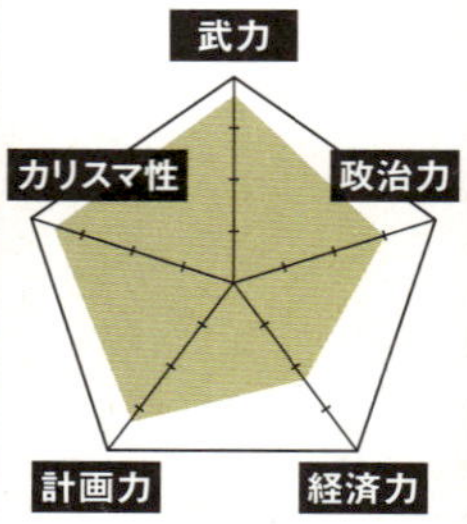

奇兵隊の創設者だけあって武力の評価は圧倒的。早世が惜しまれる。政治力・経済力は未知数と言うべきか。

武力 18.7
- 統率力
- 戦術
- 軍事力
- 剣技

政治力 15.3
- 政策企画力
- 交渉力
- 出世力
- 外交力

経済力 11.0
- 資金力
- 起業力
- 交易力
- 先見性

計画力 15.8
- 立案力
- 情報収集力
- 遂行力
- 軌道修正力

カリスマ性 17.5
- 人心掌握力
- メンタル
- 逆境力
- 家柄

矢部チェック

長州藩の命令で清に渡った晋作は、西洋諸国による植民地化の現状を直視しました。鋭い眼光をもち、最新式の武器、西洋式の訓練を施した奇兵隊を組織した晋作でしたが、29歳での病死というのはあまりにも早すぎました。

旧明倫館・有備館

旧明倫館の剣術場と槍術場を移して拡張したもの。長州藩士だけでなく、他国の修業者との試合も行われた。

幕府の拠点・小倉を占領し長州藩を勝利に導く

長州藩の上士《じょうし》の生まれ。藩校の明倫《めいりん》館《かん》で学んだ後、松下村塾で吉田松陰の教えを受けた。上海に渡航して中国の半植民地化を目撃。西洋文明の輸入と近代国家建設の必要性に目覚める。

文久3（1863）年、身分にかかわらず有志が参加する奇兵隊を創設すると、それに倣った諸隊が次々と誕生し、長州軍の中核となった。

脱藩など単独行動がたたって野山獄に幽閉されるが、四国連合艦隊に対する敗戦処理を託されて出獄する。突きつけられた膨大な賠償金を幕府に転嫁して切り抜け、講和をなしとげた。

慶応元（1865）年に挙兵して保守派から主導権を奪い、藩の討幕の姿勢を鮮明にする。すると幕府は翌年、第二次長州征討を開始。晋作は幕府軍の拠点・小倉を占領して長州藩の勝利に貢献したが、翌年、病没した。

高杉晋作騎馬像

保守派打倒に挙兵したときの姿で、回天義挙像と呼ばれる。

国立国会図書館所蔵

第8位

伊藤《いとう》博文《ひろぶみ》

明治政府を牛耳り内閣総理大臣に就任

生没年：1841〜1909年

総合 77.8

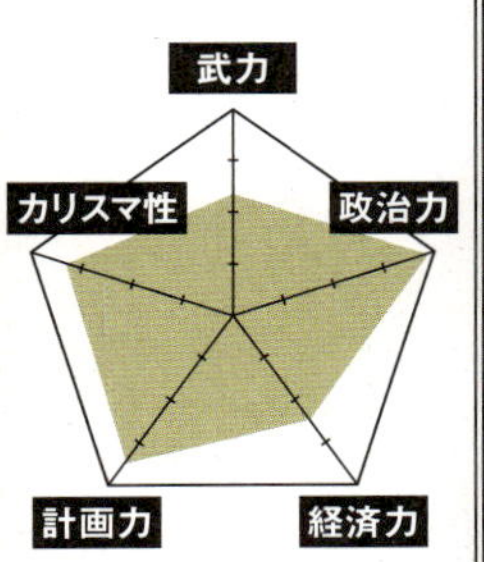

幕末時は吉田松陰や木戸孝允ら錚々たる面々から薫陶を受ける。のちに初代総理大臣となった政治力は、他の追随を許さない。

武力 …………… 11.9
統率力
戦術
軍事力
剣技

政治力 …………… 18.5
政策企画力
交渉力
出世力
外交力

経済力 …………… 13.2
資金力
起業力
交易力
先見性

計画力 …………… 17.8
立案力
情報収集力
遂行力
軌道修正力

カリスマ性 …… 16.4
人心掌握力
メンタル
逆境力
家柄

伊藤博文の生家

山口県光市の伊藤公記念公園には、伊藤博文の生家をはじめ、産湯の井戸、博文が自ら設計した洋館などがある。

矢部チェック

農民から足軽となり、松下村塾に学んでイギリスへ留学します。若き日の伊藤博文は、まさに向学心の塊だったのです。その語学力から、木戸孝允らに重用され、岩倉使節団にも参加し、豊かな国際感覚を身につけた政治家となりました。

内閣制度を導入し大日本帝国憲法を起草する

周防《すおう》国の農民の子に生まれる。松下村塾に学び、木戸孝允のもとで尊攘運動に参加して、士族の身分を得た。

文久3（1863）年、イギリスに留学するが、四国連合艦隊による下関攻撃を新聞で知り、急きょ帰国。高杉晋作を助けて講和に努力した。

明治政府において、伊藤博文の目覚ましい活躍が始まる。まず岩倉使節団の一員として欧米を歴訪。帰国後は大久保利通や木戸孝允と共に藩閥政治の維持に奔走した。大久保が死去すると、参議兼内務卿の地位を得て、明治政府の中心となる。内閣制度を整え、1885年に初代内閣総理大臣に就任。憲法の起草に着手し、1889年、大日本帝国憲法の発布にこぎつけた。

日露戦争後、韓国への支配を強めるため韓国統監に就任したが、独立を求める愛国運動家によって暗殺された。

『大日本帝国憲法』（本文）

大日本帝國憲法
第一章　天皇
第一條　大日本帝國ハ萬世一系ノ天皇之ヲ統治ス
第二條　皇位ハ皇室典範ノ定ムル所ニ依リ皇男子孫之ヲ繼承ス
第三條　天皇ハ神聖ニシテ侵スヘカラス
第四條　天皇ハ國ノ元首ニシテ統治權ヲ總攬シ此ノ憲法ノ條規ニ依リ之ヲ行フ
第五條　天皇ハ帝國議會ノ協賛ヲ以テ立

国立公文書館所蔵

第一条に、日本は天皇が統治する国であると定められている。

第9位

河井《かわい》継之助《つぐのすけ》

戊辰戦争で中立を模索した長岡藩士

生没年：1827～1868年

長岡市立中央図書館所蔵

総合 77.7

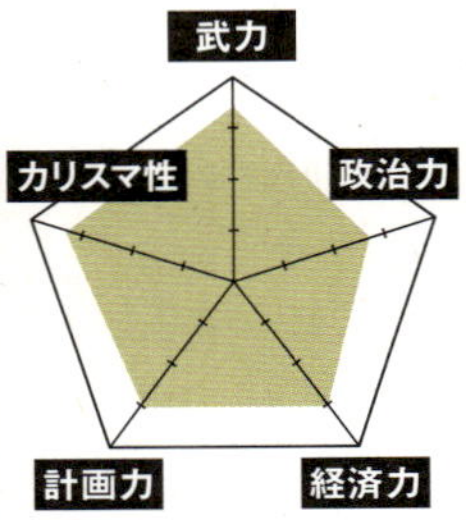

中立という独自の立場を目指したが、事態を悪化させ城下を戦火に巻き込むことになった。評価は分かれる。

武力 17.3
統率力
戦術
軍事力
剣技

政治力 14.5
政策企画力
交渉力
出世力
外交力

経済力 15.0
資金力
起業力
交易力
先見性

計画力 15.1
立案力
情報収集力
遂行力
軌道修正力

カリスマ性 15.8
人心掌握力
メンタル
逆境力
家柄

河井継之助の旅日記

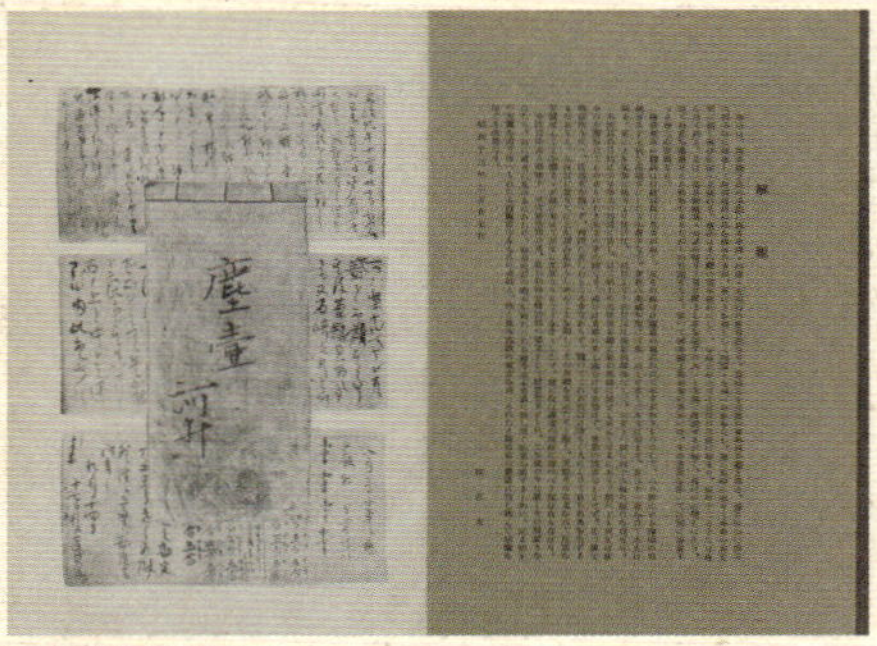

国立国会図書館所蔵

継之助が2回目の西方遊学の際に記した旅日記『塵壺』。旅の印象から金銭納まで詳細に記録されている。

矢部チェック

北越戦争で新政府軍と戦った河合継之助は、旧幕府側でありながら、ガトリング砲などの最新兵器を諸外国から買い集めるなど、軍備増強を進めます。ただし、本心は中立であり、新政府軍との衝突を望んでいたわけではありませんでした。

朝廷の命には従うが徳川氏への忠誠も尽くす

若い頃は諸国を遊学し、佐久間象山《しょうざん》らの教えを受け、開国論者となる。藩の執政に抜擢されると、思い切った藩政改革を展開。西洋の武器を購入し、フランス式の教練を行った。

大政奉還後、倒幕派と佐幕派の対立が激しくなるなか、朝廷の命には従うが徳川氏への忠誠も尽くすという立場から、藩論を中立と定めた。そして藩主の名代として上京し、政権を徳川氏に委ねるべきことを建白したが、かえって朝敵と見なされた。

長岡へ進軍してくる新政府軍に対し弁明に努めたものの聞き入れられず、開戦の覚悟を決める。数的に有利な新政府軍の攻撃を受けて長岡城は落城するが、奇襲により奪還に成功。しかしこのとき銃弾により重傷を負う。長岡城は再び落城し、継之助は会津へ落ち延びていく途中、息を引き取った。

長岡市郷土史料館

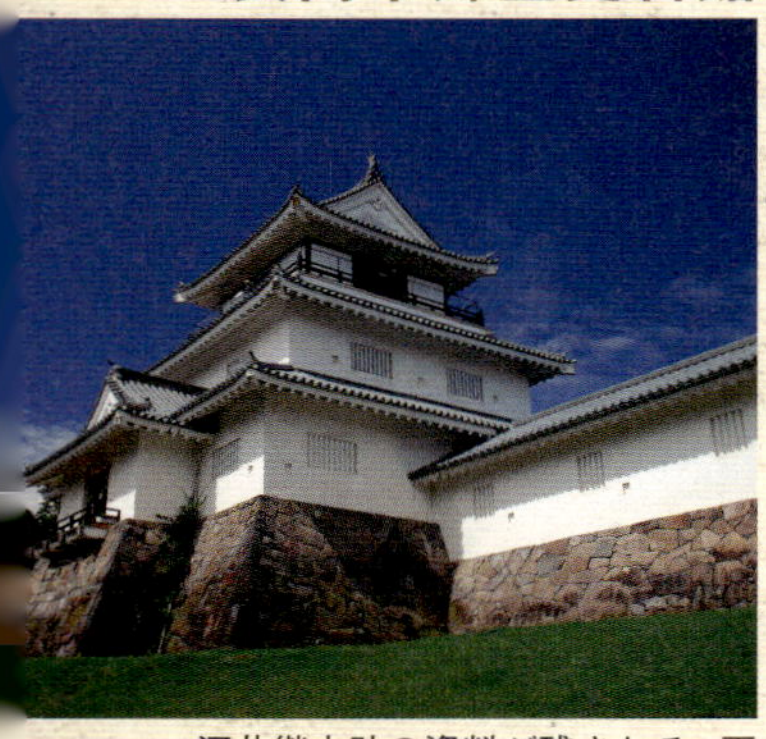

河井継之助の資料が残される、天守閣を模した郷土史料館。

第10位

中岡慎太郎《なかおかしんたろう》

来るべき内乱に備えた冷徹な革命家

生没年：1838～1867年

国立国会図書館所蔵

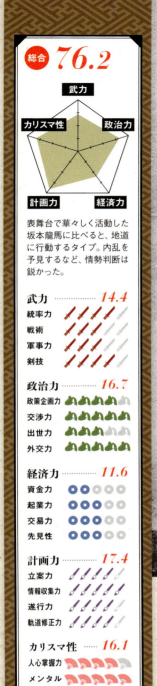

総合 76.2

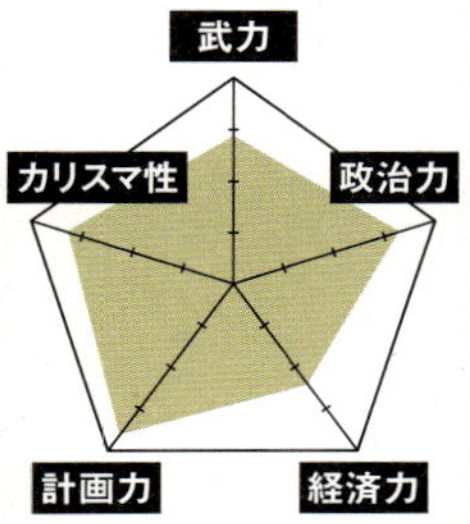

表舞台で華々しく活動した坂本龍馬に比べると、地道に行動するタイプ。内乱を予見するなど、情勢判断は鋭かった。

武力 …… 14.4
- 統率力
- 戦術
- 軍事力
- 剣技

政治力 …… 16.7
- 政策企画力
- 交渉力
- 出世力
- 外交力

経済力 …… 11.6
- 資金力
- 起業力
- 交易力
- 先見性

計画力 …… 17.4
- 立案力
- 情報収集力
- 遂行力
- 軌道修正力

カリスマ性 …… 16.1
- 人心掌握力
- メンタル
- 逆境力
- 家柄

中岡慎太郎生家

高知県北川村に中岡慎太郎の生家が復元されている。近くに遺品などを展示する中岡慎太郎館がある。

矢部チェック

土佐の庄屋の家に生まれた中岡慎太郎は、土佐勤王党に対する弾圧から逃げて長州藩に身を寄せます。その後、坂本龍馬とともに薩長同盟締結に奔走し、龍馬の海援隊に対して陸援隊を組織して隊長となり、龍馬とともに暗殺されました。

陸援隊を組織し討幕勢力の結集を図る

土佐藩の大庄屋《おおじょうや》の生まれ。武市瑞山《たけちずいざん》に学び、土佐勤王党に参加したが、藩による弾圧を避けて脱藩した。

中岡が組織した陸援隊《りくえんたい》は坂本龍馬の海援隊と並び称されるが、違いも大きい。海援隊が亀山社中を前身にしたものので、商社の側面を持っていたのに対し、陸援隊は来るべき内乱に備えて結成された純然たる戦闘部隊であった。

また龍馬と同様に大政奉還論を主張したが、龍馬が勝海舟など幕臣との連携で進めようとしたのに対し、中岡は武力討幕が必至と見ていた。そのため、薩長同盟に土佐も加え、さらに岩倉具視ら朝廷内の尊攘派とも連携するなど、広範な討幕勢力の結集に力を注いだ。

最初は龍馬の思惑通り幕府が自発的に大政奉還したが、結局戊辰戦争となった。中岡慎太郎はより現実的な視線を備えていたといえる。

中岡慎太郎と坂本龍馬

京都・円山公園の中岡慎太郎（右）と坂本龍馬（左）の像。

第11位

大隈《おおくま》重信《しげのぶ》

爆弾テロにも負けず政党政治を築く

生没年：1838〜1922年

国立国会図書館所蔵

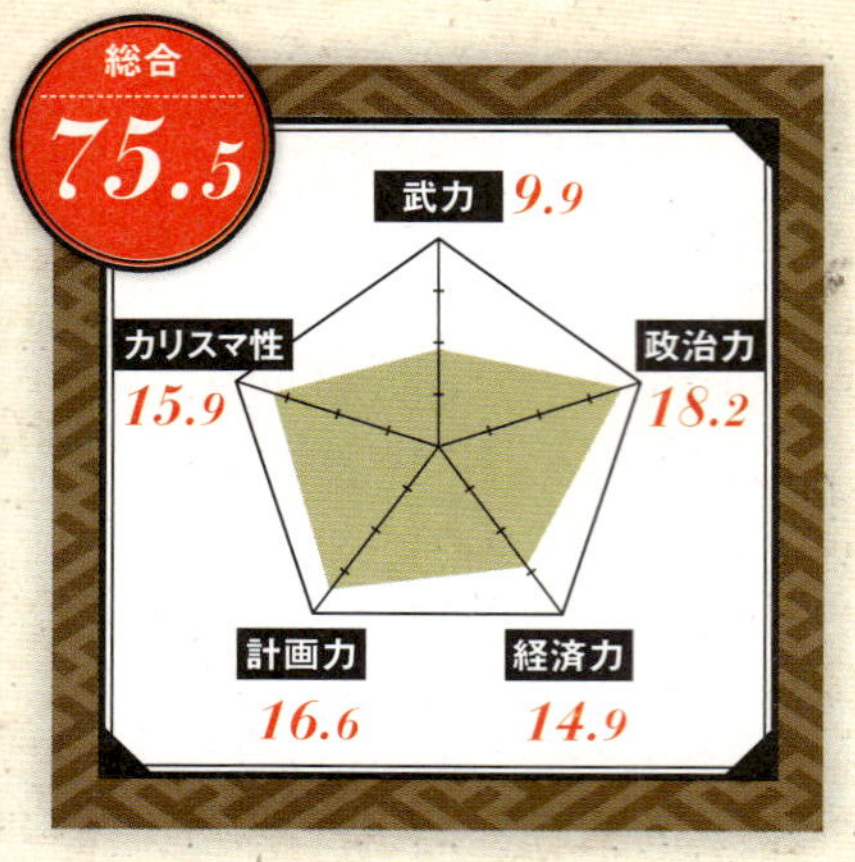

藩閥政治に反対し立憲改進党を組織

若いときには佐賀藩の急進的な尊攘志士として活動。将軍・徳川慶喜《よしのぶ》に政権返還を説こうとして脱藩し、捕らえられたこともある。

明治政府では外国官副知事、大蔵大《おおくらのだい》輔《ふ》、大蔵卿などの要職を歴任し、鉄道建設や地租改正など日本の近代化の礎を築いた。その後、藩閥政治に反対して立憲改進党を組織。国粋主義者から爆弾を投げられ、片足切断の重傷を負った。幕末維新の志士としてよりも、政党政治の立役者として知られる。

第12位

井上《いのうえ》馨《かおる》

刺客による致命傷も跳ね返した執念

生没年：1835〜1915年

国立国会図書館所蔵

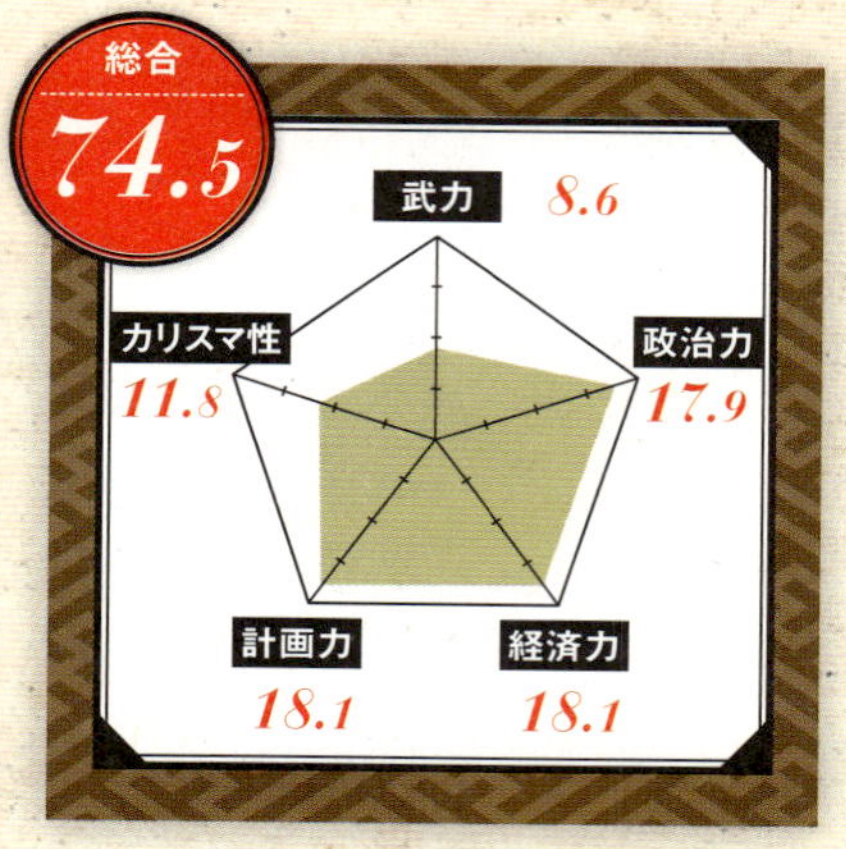

欧化政策を推進して鹿鳴館時代を演出する

長州藩の尊攘派の中心で、伊藤博文らとともにイギリスに留学。しかし四国連合艦隊の下関攻撃を知って急きょ帰国した。保守派の刺客に襲われ重傷を負ったが、奇跡的に命を取りとめると、高杉晋作の挙兵に参加し、第二次長州征伐では参謀として活躍した。

明治政府では大蔵大輔として強大な権力を握り、三井などの政商を保護したため「三井の番頭さん」と呼ばれた。また条約改正のための欧化政策を展開し「鹿鳴館《ろくめいかん》時代」を生み出した。

第13位

渋沢《しぶさわ》栄一《えいいち》

近代産業を育成した実業界の巨人

生没年：1840〜1931年

渋沢資料館所蔵

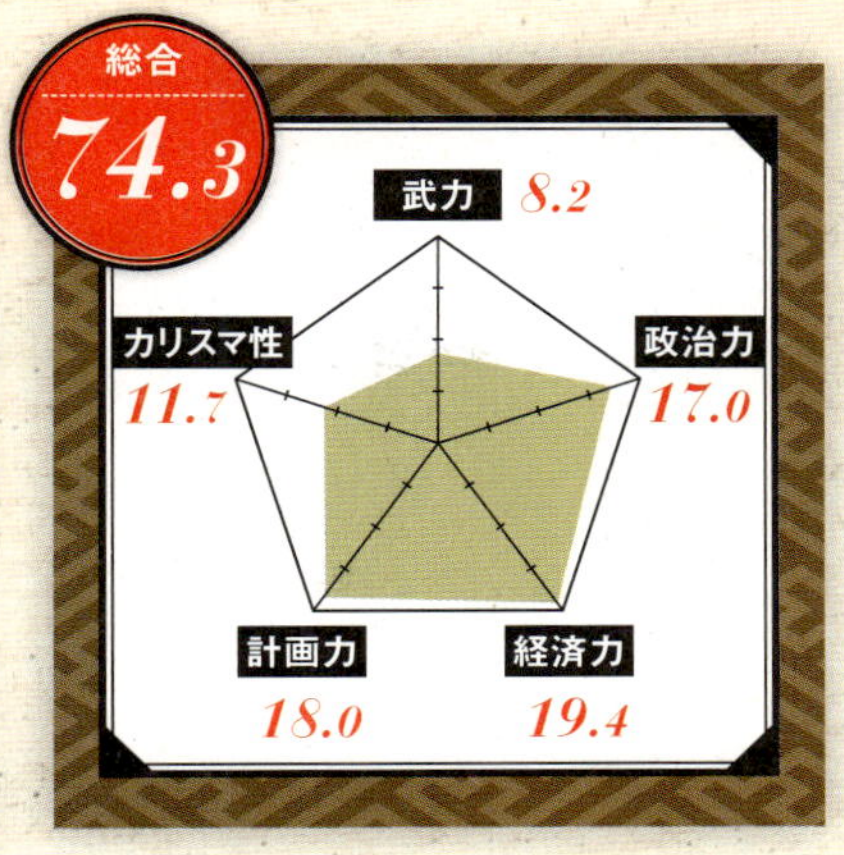

あらゆる産業部門を手がけるも財閥を作らず

武蔵国の農家に生まれ、尊攘運動に参加した後、幕臣に転身。将軍・徳川慶喜の弟・昭武のパリ万博列席に随行し、近代文明を実地に体験した。

明治政府に仕えて、大蔵省で国立銀行の設立に従事した。退官後は第一国立銀行の頭取を務め、製紙・紡績・鉄道・汽船などあらゆる産業部門で事業を展開した。これらの活動は産業の近代化と育成を目的としたもので、三井や三菱のように大財閥を形成しなかった点が、高い評価を得ている。

第14位

岩崎《いわさき》弥太郎《やたろう》

地下浪人から身を起こし三菱を創業

生没年：1834〜1885年

国立国会図書館所蔵

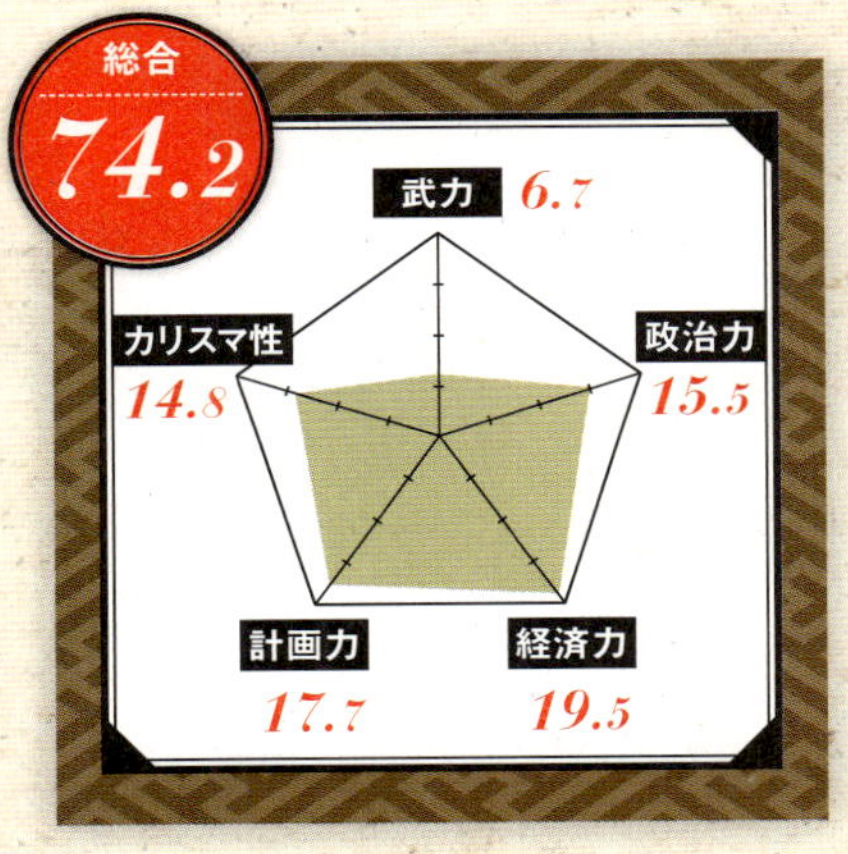

士族から実業家に転進し海運業で成功を収める

土佐藩の士族の最下層の身分である地下浪人の出身。改革派藩士の吉田東洋の門人となり、師の推薦を受けて藩に登用された。長崎の土佐商会の運営を任され、海援隊を組織していた坂本龍馬とも交わった。

明治維新後は実業界へ転進し、海運会社の三菱汽船を創業する。海運振興政策を進める大久保利通の援助を受けて、国内最大の汽船会社に成長。鉱山・造船・金融などの多角経営に乗り出し、三菱財閥の礎を築いた。

第15位

榎本武揚《えのもと たけあき》

新政府に最後まで抵抗した幕臣

生没年：1836～1908年

国立国会図書館所蔵

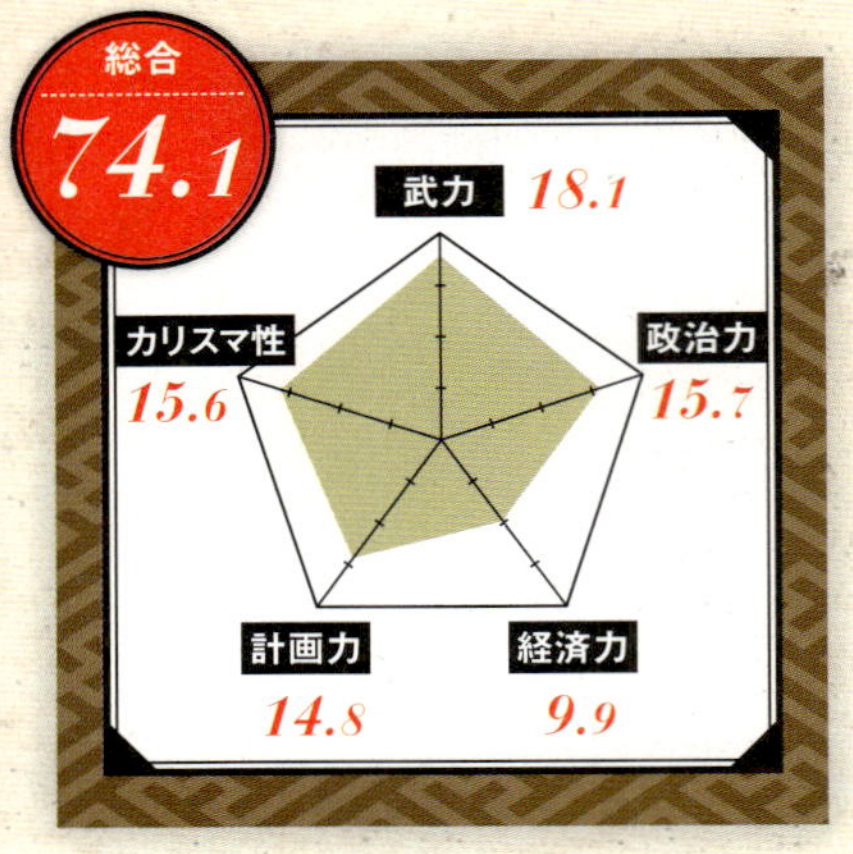

明治政府の特赦を受け外交官などとして働く

幕府の海軍副総裁だった榎本武揚は、江戸城の明け渡しを決めた勝海舟に対し「一寸の虫にも五分の魂とかや」と書き送り、幕府の軍艦を率いて江戸を脱出。箱館で蝦夷《えぞ》共和国（通称）を樹立したが、新政府軍の攻撃を受け降伏した。特赦を受けると明治政府に出仕し、樺太千島交換条約に調印するなど政府高官として活躍した。幕臣から政府高官への転身は非難の的となったが、旧幕臣の救済に挺身し、江戸っ子気質の侠気の士とも評される。

第16位

板垣退助《いたがき たいすけ》

暴漢に襲われた自由民権運動の闘士

生没年：1837～1919年

個人蔵

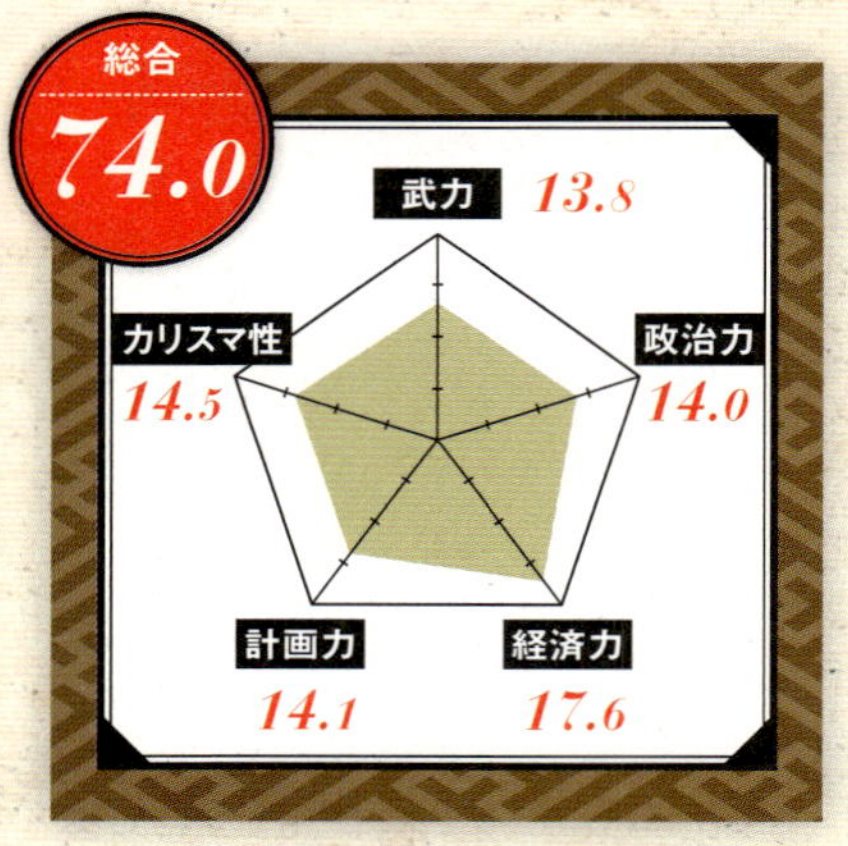

征韓論に敗れ下野し自由民権運動に投じる

土佐藩士に生まれる。藩主・山内容《よう》堂《どう》の側用人を皮切りに藩の要職を務めた。藩論は大政奉還により徳川の温存を図るものであったが、板垣はしだいに薩摩・長州との連携を深め、藩論を討幕に導いた。

戊辰戦争では参謀を務め、新政府軍の中心的存在となった。しかし明治政府では、征韓論を主張して大久保らに敗れ、下野。国会開設を求める自由民権運動の先頭に立ち、自由党を結成。遊説途中、暴漢に襲われ負傷した。

第17位

徳川《とくがわ》斉昭《なりあき》

容赦なく幕府を批判した水戸藩主

生没年：1800～1860年

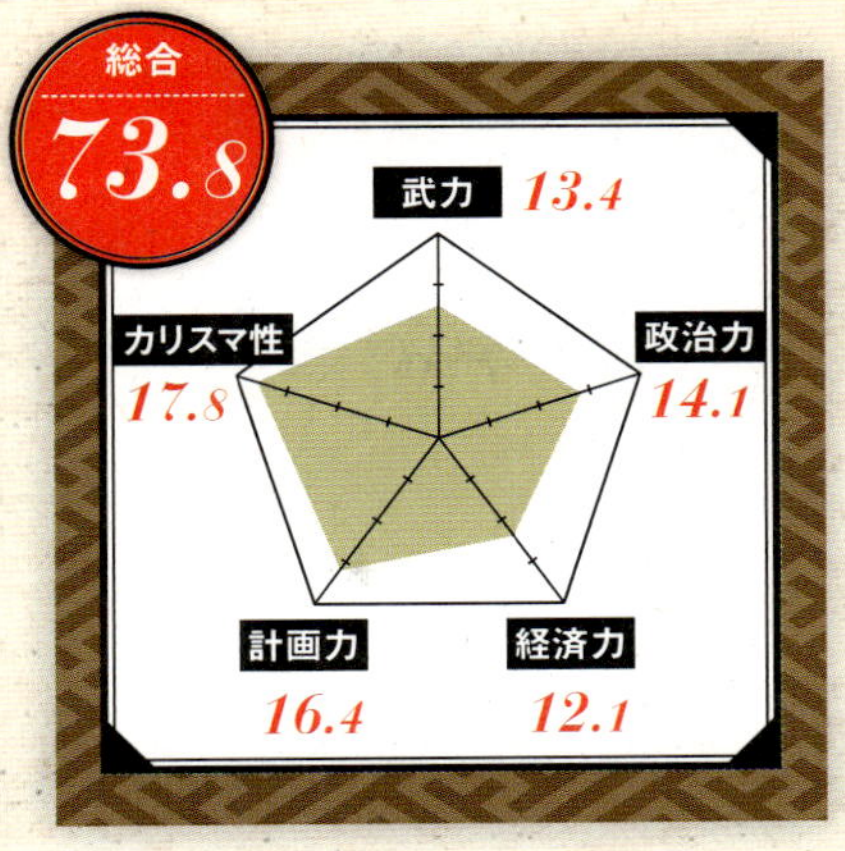

京都大学附属図書館所蔵

謹慎に処せられるも カリスマ的人気を誇る

〝烈公〟という諡号《しごう》が物語るとおり、激しい気性の持ち主であった。海防を重視し、開国や将軍継嗣問題について容赦なく幕府批判を行ったため、大老・井伊直弼と宿敵の間柄となり、謹慎に処せられた。

豪胆な気質と決断力により、改革派の諸侯や尊攘志士たちの間ではカリスマ的人気を誇った。幕政改革を担う人物として期待が大きかったが、宿敵の井伊直弼が桜田門外の変に倒れた5カ月後、惜しくも病により急死した。

第18位

山県《やまがた》有朋《ありとも》

軍部から政界入りし元老として君臨

生没年：1838～1922年

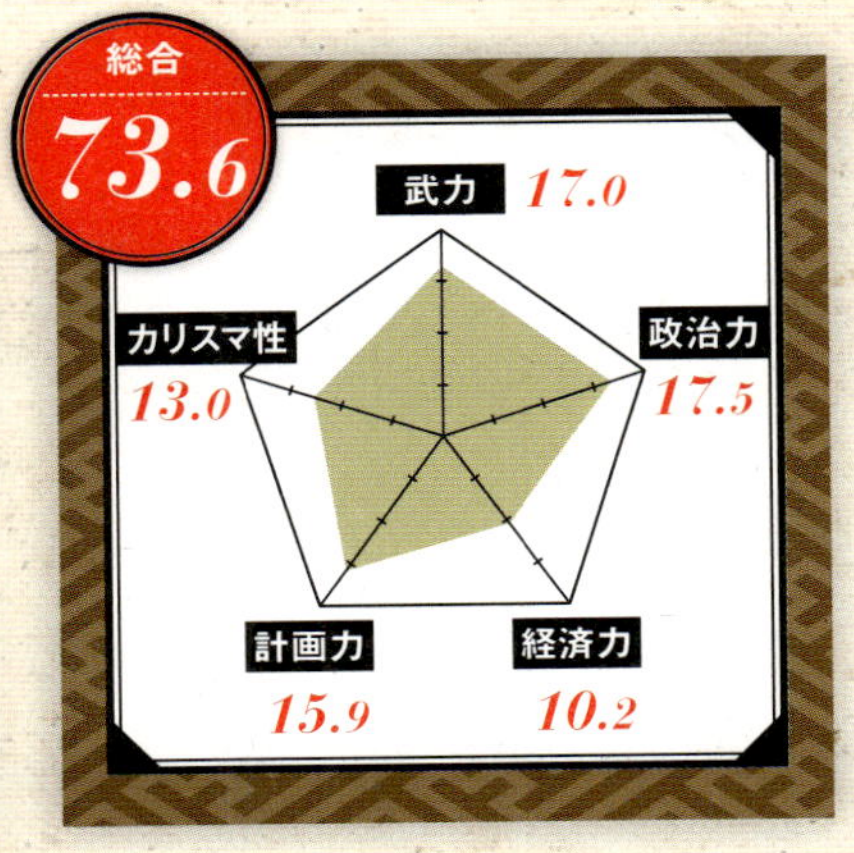

松下村塾と奇兵隊で学び 近代的軍隊の礎を築く

松下村塾で学び、奇兵隊に所属。戊辰戦争では北越方面で指揮を執った。明治初年にヨーロッパに外遊し、帰国すると、軍制改革に取り組み徴兵制を実現。初代陸軍卿に就任した。

その後政界入りし、明治22(1889)年に内閣総理大臣に就任。政界から身を引いた後も元老として影響力を持ち、伊藤博文の死後は、政界の中心的存在となった。山県の政治思想の基本は、国家の独立を保持するための軍備拡張だったが、外交は穏健であった。

第19位

陸奥《むつ》宗光《むねみつ》

逆境を乗り越えて外務大臣に昇進

生没年：1844～1897年

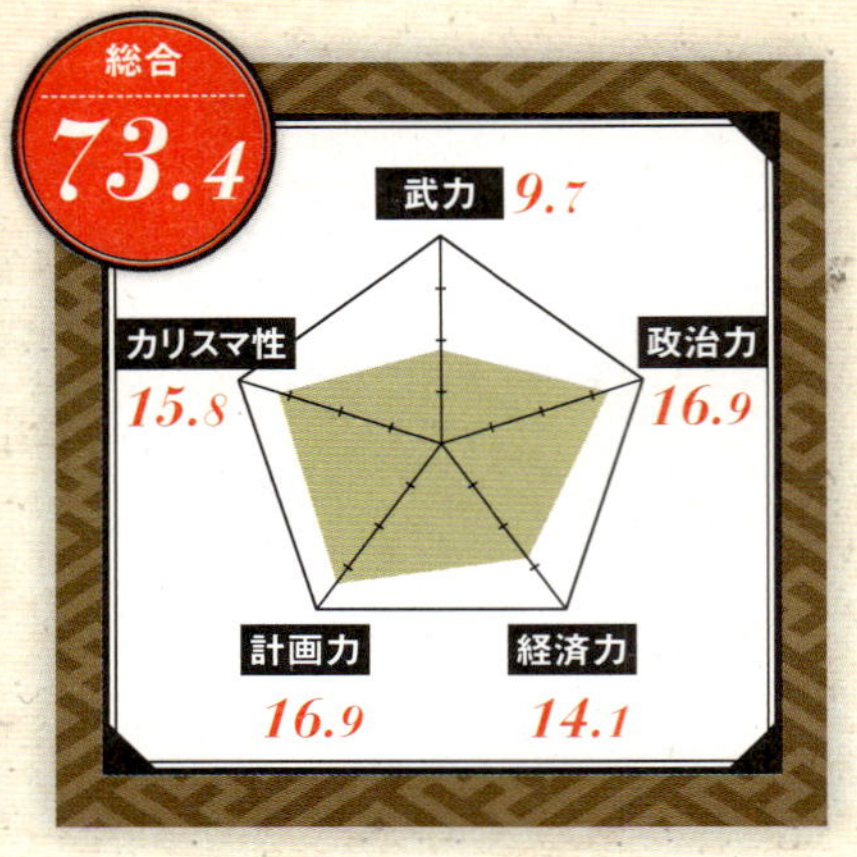

「陸奥外交」を推進し日清戦争に踏み切る

紀州藩士だった父が政争に巻き込まれて失脚。一家が流離する中、宗光は江戸に出て苦学した。その後、京都で尊攘運動に身を投じるうちに坂本龍馬と知り合い、海援隊に所属した。

明治政府に出仕するも、西南戦争のときに政府転覆計画に関わった容疑で入獄。出獄後、伊藤博文に見出されて外務大臣を務め、不平等条約の改正にあたった。朝鮮半島情勢に対しては強硬姿勢で臨み、日清戦争に踏み切って、世に「陸奥外交」と呼ばれた。

京都大学附属図書館所蔵

第20位

松平《まつだいら》慶永《よしなが》

福井藩を雄藩に飛躍させた明君

生没年：1828～1890年

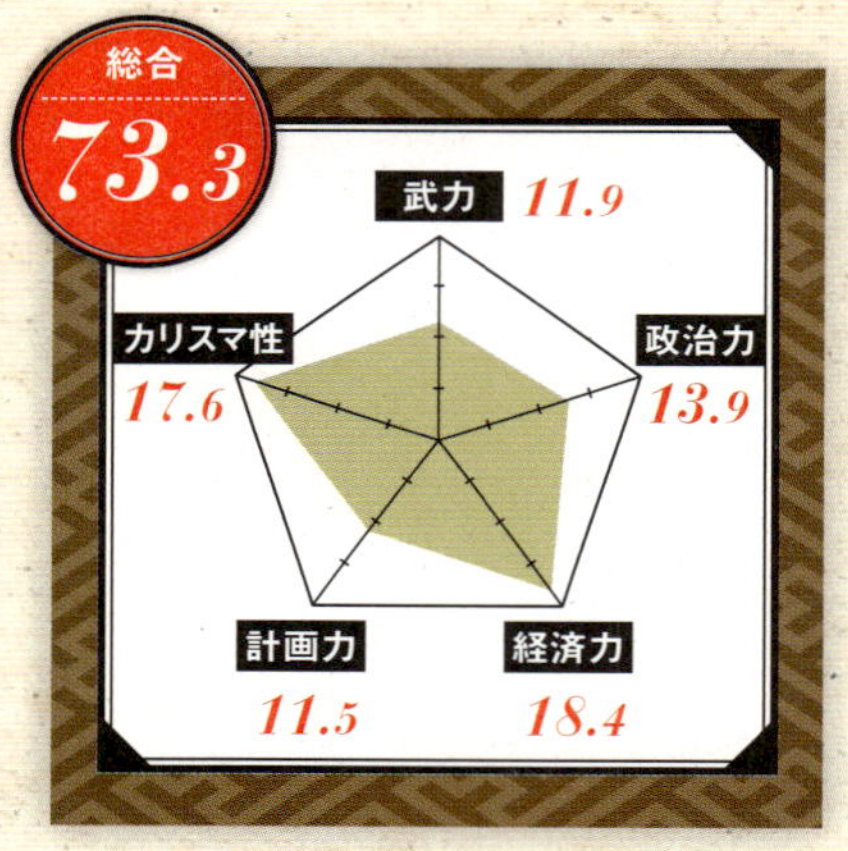

雄藩連合政権を提唱するが討幕派に押し切られる

御三卿の一つ田安家に生まれ、福井藩主を継いだ松平慶永（春嶽《しゅんがく》）。橋本左内や由利公正などの下級藩士を抜擢し、熊本藩士の横井小楠を政治顧問として招聘。福井藩を雄藩に飛躍させた。

将軍継嗣《けいし》問題では一橋慶喜を支持したため、安政の大獄によって隠居・謹慎に処される。しかし桜田門外の変の後、大老に相当する政治総裁職に就任。幕政改革や公武合体を進めようとしたが、討幕派の台頭を押しとどめることはできなかった。

国立国会図書館所蔵

第23位 明治天皇《めいじてんのう》

生没年：1852～1912年

「五カ条の誓文」を宣言し国民的人気で国をまとめる

王政復古の大号令の発令や「五カ条の誓文」の宣言など新政権の発足にあたって重要な役割を演じた。

維新後は君主として絶大な存在感を示し、国民からの人気も高かった。このカリスマ性もあって、日本は比較的容易に中央集権国家としてまとまっていくことができたのである。

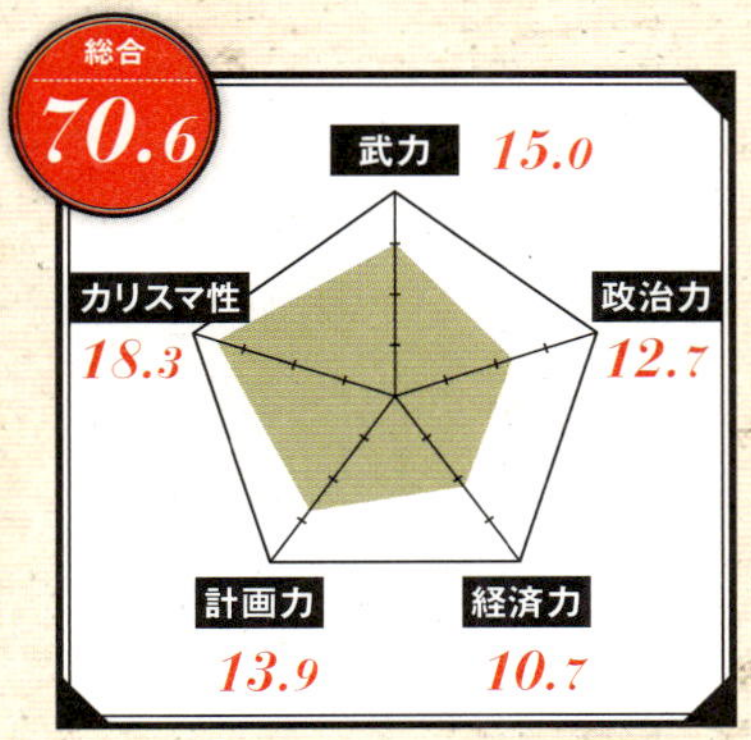

第21位 大村益次郎《おおむらますじろう》

生没年：1825～1869年

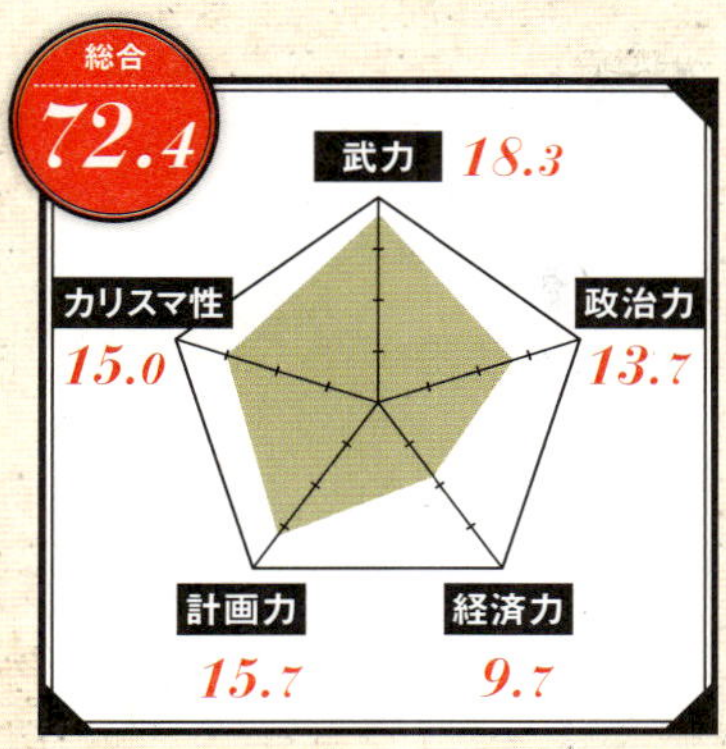

国立国会図書館所蔵

長州征伐で幕府軍を破り彰義隊を壊滅させた兵法家

長州藩領の町医者の子に生まれる。緒方洪庵《おがたこうあん》のもとで蘭学を学び、兵法家となる。長州藩の軍制改革を進め、第二次長州征伐では全軍の指揮をとり、長州を勝利に導いた。さらに戊辰戦争で彰義隊《しょうぎたい》を討伐。明治政府で徴兵制を進めようとしたが、不平士族の刃に倒れた。

第22位 徳川慶喜《とくがわよしのぶ》

江戸幕府を閉じた最後の将軍

生没年：1837～1913年

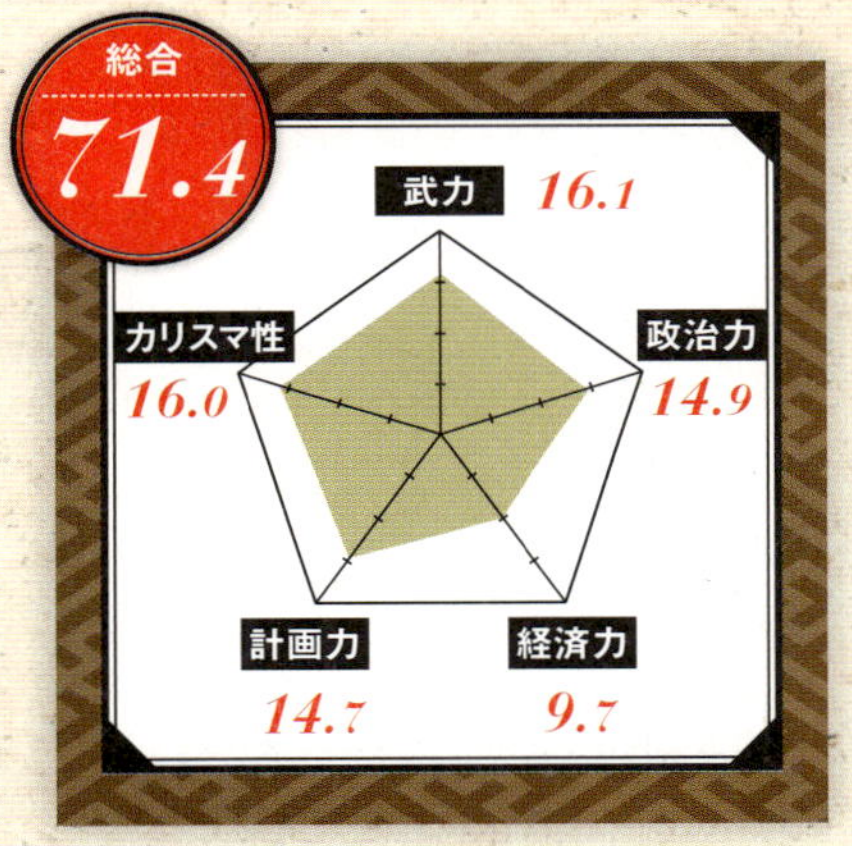

江戸城を明け渡し将軍から趣味人へ転身

水戸藩主・徳川斉昭《なりあき》の子で御三卿の一橋家を相続。若い頃は英才ぶりを謳われ、将軍継嗣争いで徳川家茂の対抗馬となる。これには敗れたが、家茂の死去を受けて将軍に就任した。

幕政改革に邁進したものの、勢力を盛り返すにはいたらず、大政奉還を上奏。しかし倒幕派による王政復古の大号令に切り返され、鳥羽・伏見の戦いにも敗れて、江戸城を明け渡した。

その後は油絵や写真撮影などの趣味に没頭する生涯を送った。

茨城県立歴史館所蔵

第26位 佐久間象山《さくま しょうざん》

生没年：1811～1864年

西洋技術の摂取による国力拡大を提唱

松代《まつしろ》藩士。アヘン戦争に衝撃を受け、西洋技術の摂取による国力充実を唱えるようになる。江戸に私塾を開き、勝海舟や吉田松陰らを教えた。松陰の密航を助けた罪で蟄居となる。赦免後は、公武合体と開国を掲げて京都で活躍したが、尊攘志士の刃に倒れた。

国立国会図書館所蔵

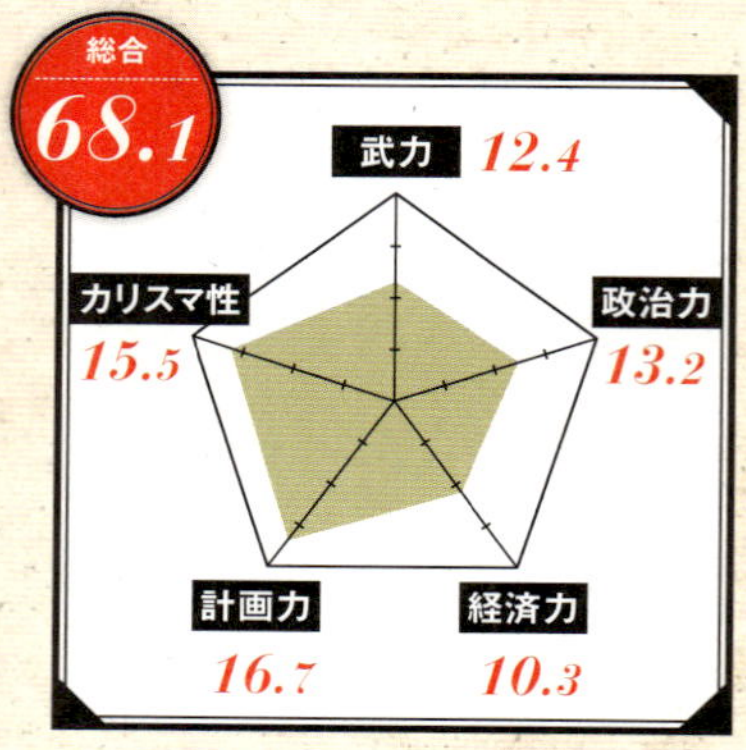

第24位 江藤新平《えとう しんぺい》

生没年：1834～1874年

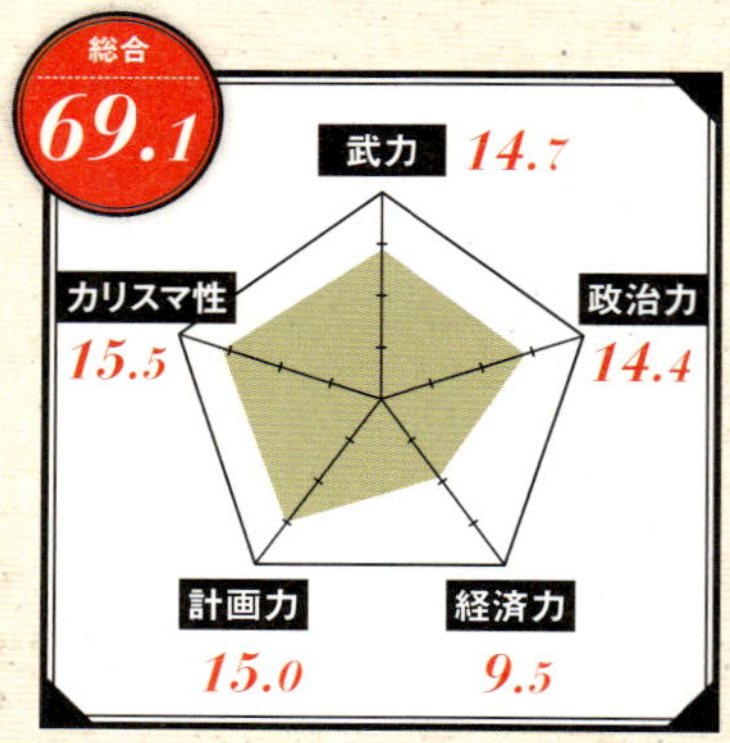

国立国会図書館所蔵

征韓論に敗れ佐賀の乱を起こした反骨の精神

佐賀藩士。尊攘運動に共鳴し脱藩したため、蟄居《ちっきょ》に処せられた。

明治政府に出仕し、西郷隆盛とともに征韓論を唱えるも認められず、郷里で挙兵し、佐賀の乱を起こす。だが不平士族らの呼応はなく、敗北。再起を図って土佐へ逃れたが、捕らえられ、さらし首となった。

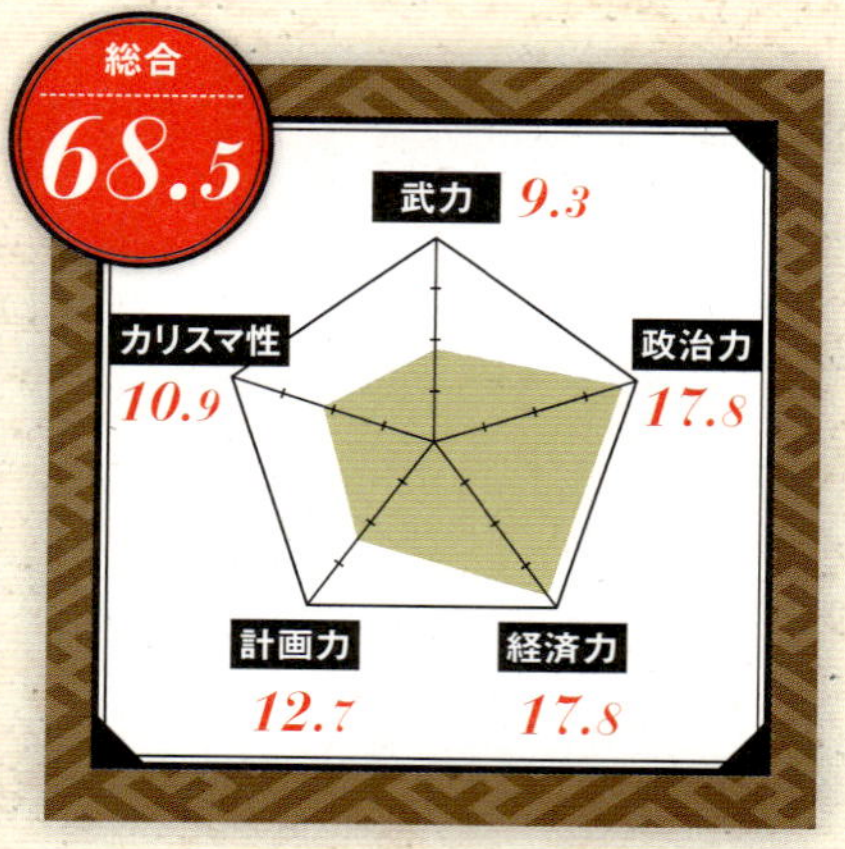

第25位 後藤《ごとう》象二郎《しょうじろう》

持ち前の交渉力で大政奉還を実現

生没年：1838～1897年

龍馬と意気投合し「船中八策」を託される

土佐藩士で、吉田東洋は義叔父にあたる。東洋の推薦により藩の要職に就いたが、東洋が暗殺されたため失脚。江戸に出て蘭学などに打ち込んだ。

その後、藩主・山内容堂に登用され、勤王党《きんのうとう》を粛清する。長崎に出張中に坂本龍馬と出会い、意気投合。「船中八策」を託されると、容堂を説得して大政奉還を幕府に建白させた。

明治時代には自由民権運動に投じたが、やがて政府と協調し、逓信大臣や農商務大臣を務めた。

会津武家屋敷所蔵

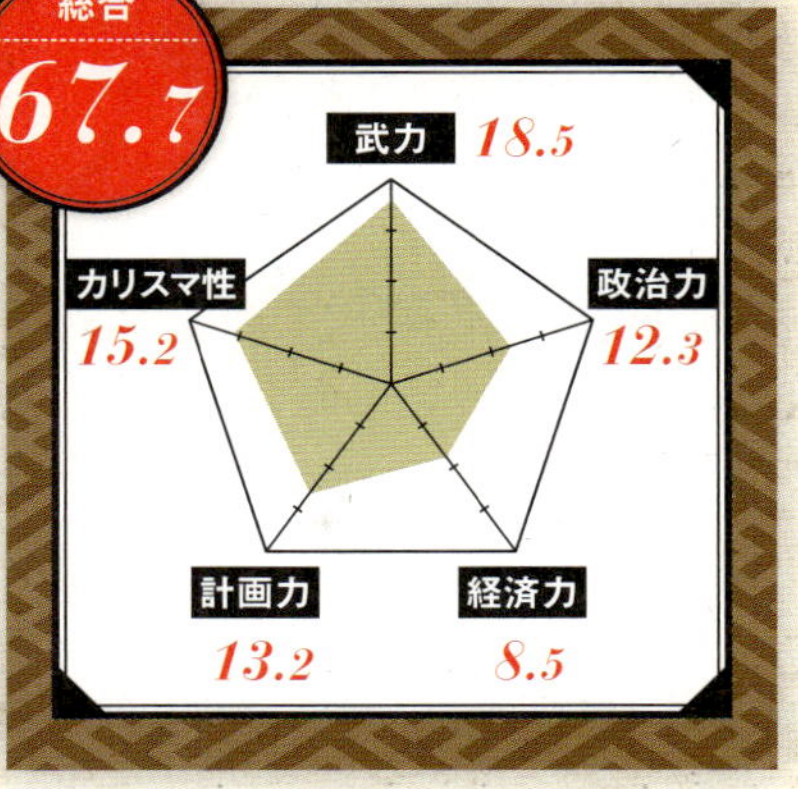

第27位 松平容保《まつだいら かたもり》

新政府軍に徹底抗戦した敗軍の将

生没年：1835〜1893年

京都守護職を務めた末に逆賊のレッテルを貼られる

会津藩主・松平容保は戊辰戦争の敗軍の将である。その運命のきっかけは、京都の尊攘志士の取締りを任務とする京都守護職への就任であった。当初は辣腕《らつわん》を揮って尊攘派を弾圧し、禁門の変で長州軍を破るなど成果を上げた。

しかし薩長同盟の成立と討幕派の台頭の中で形勢が逆転。鳥羽・伏見の戦いで幕府側が敗北すると、逆賊のレッテルを貼られた。容保は新政府軍に徹底抗戦した末に降伏。後に許されて日光東照宮の宮司《ぐうじ》となった。

第29位 徳川家茂

とくがわ いえもち

生没年：1846〜1866年

幕府立て直しのため公武合体を進め和宮を娶る

紀伊藩主であったが、大老・井伊直弼の専断により、13歳で14代将軍に就任した。幕府の威信を回復するため公武合体を進め、自ら孝明天皇の異母妹・和宮《かずのみや》を正妻に迎えた。温厚で実直な性格が幕臣の信望を集めたが、第二次長州征伐の最中に21歳で病死した。

徳川記念財団所蔵

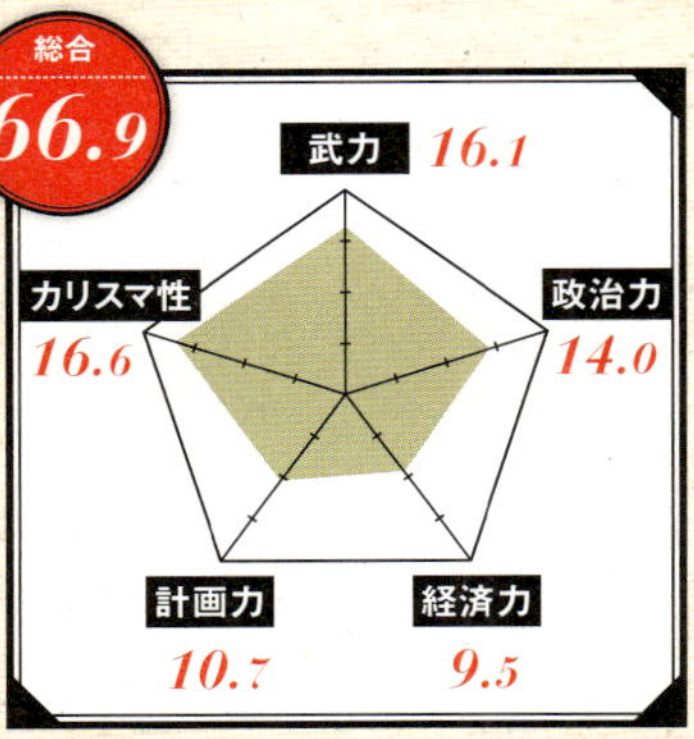

第28位 岩倉具視

いわくら ともみ

生没年：1825〜1883年

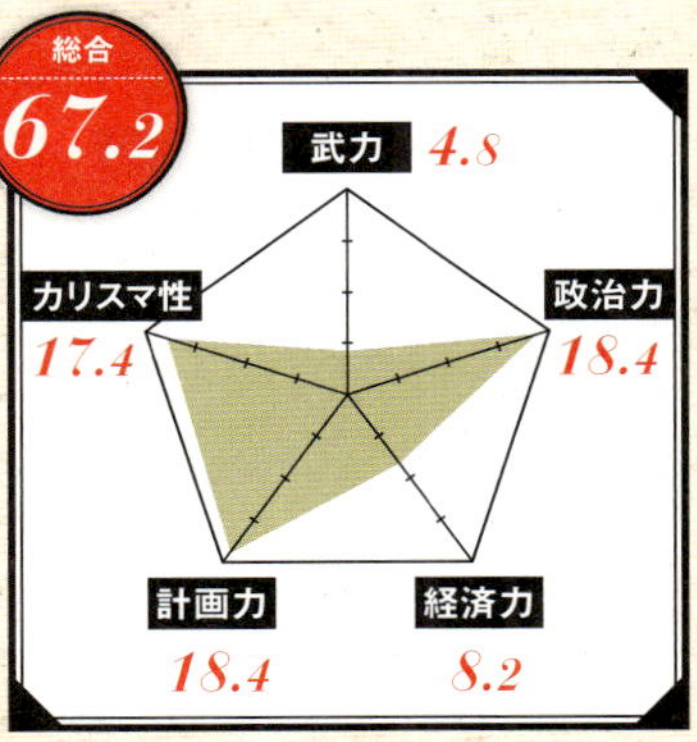

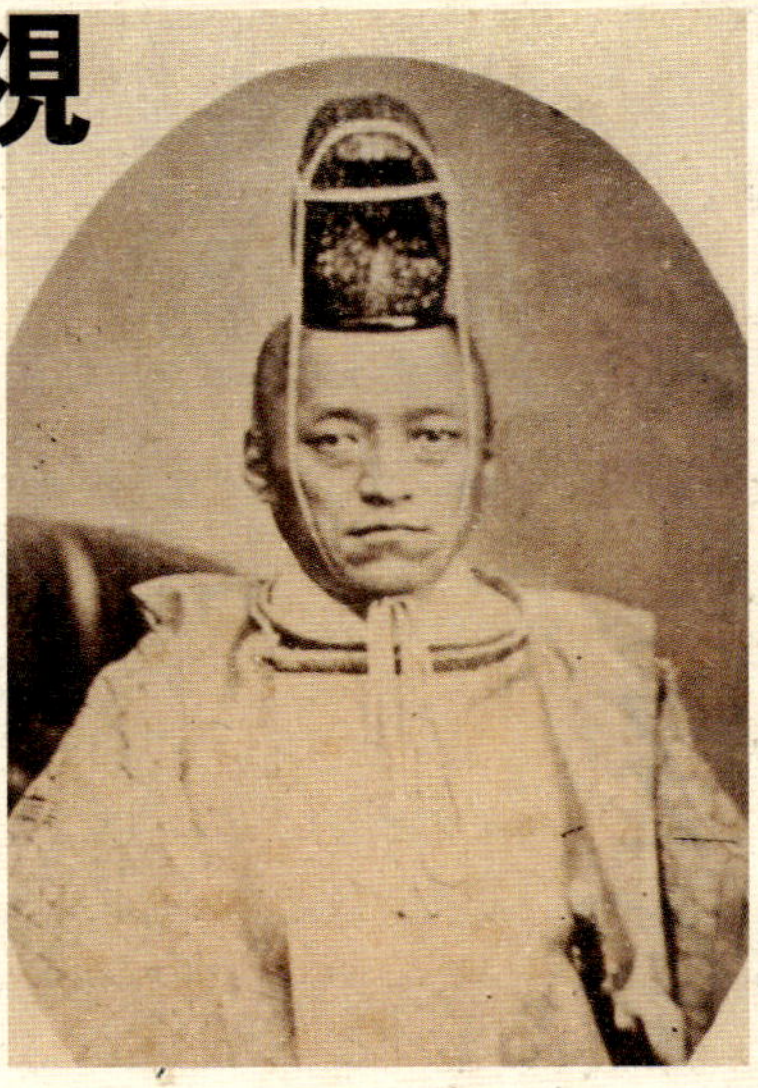

公武合体を進め王政復古を画策した公家

孝明天皇の近習となり、朝権回復のために和宮降嫁を推進したが、尊攘派の強い反発を招き、一時失脚。復権すると薩摩と結んで王政復古のクーデターを決行した。

明治政府では岩倉使節団を率いて欧米各国を歴訪し、天皇の大権を認める欽定憲法の制定に尽くした。

第30位

井伊《いい》直弼《なおすけ》

強権により難局打開を目指した大老

生没年：1815～1860年

彦根城博物館所蔵

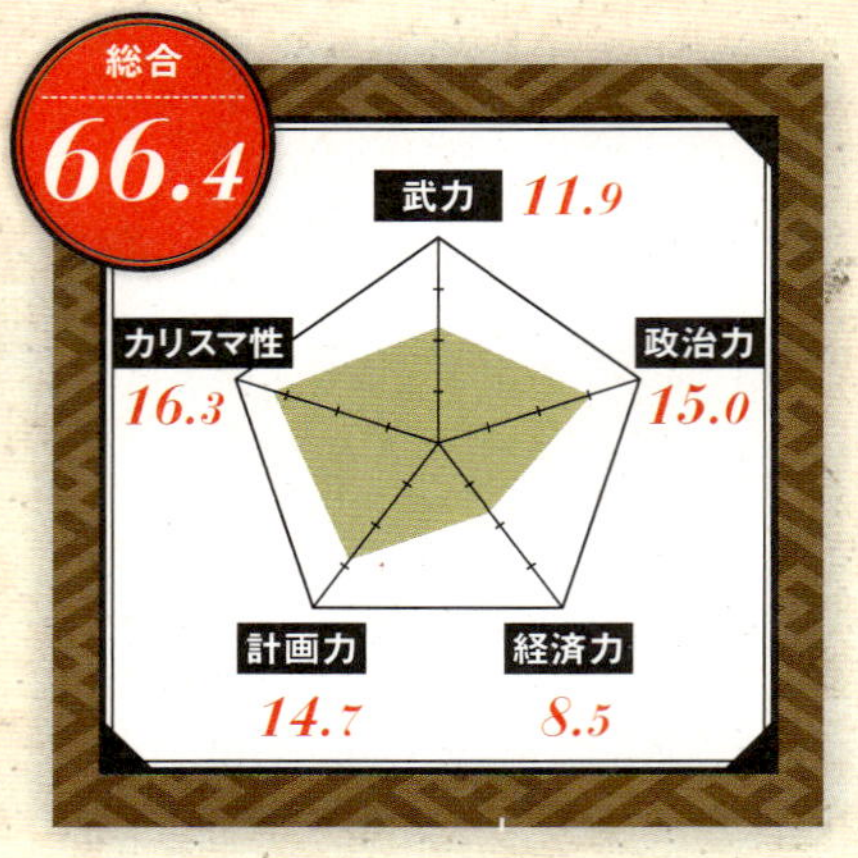

反対派を弾圧するも恨みを買い暗殺される

彦根藩主の14男に生まれ、若い頃は埋木舎《うもれぎのや》に籠もり、禅や茶道に専心したが、兄の死去によって藩主を継いだ。

ペリー来航に際して開国を主張し、打払いを主張する水戸藩主・徳川斉昭と対立。将軍継嗣問題でも南紀派として徳川家茂を推したため、一橋派の松平慶永や島津斉彬を敵に回した。

大老に就任して強権を振るい、安政の大獄と呼ばれる弾圧によって難局を切り抜けようとしたが、水戸藩士の恨みを買い、桜田門外で暗殺された。

第31位

阿部正弘《あべ まさひろ》

生没年：1819～1857年

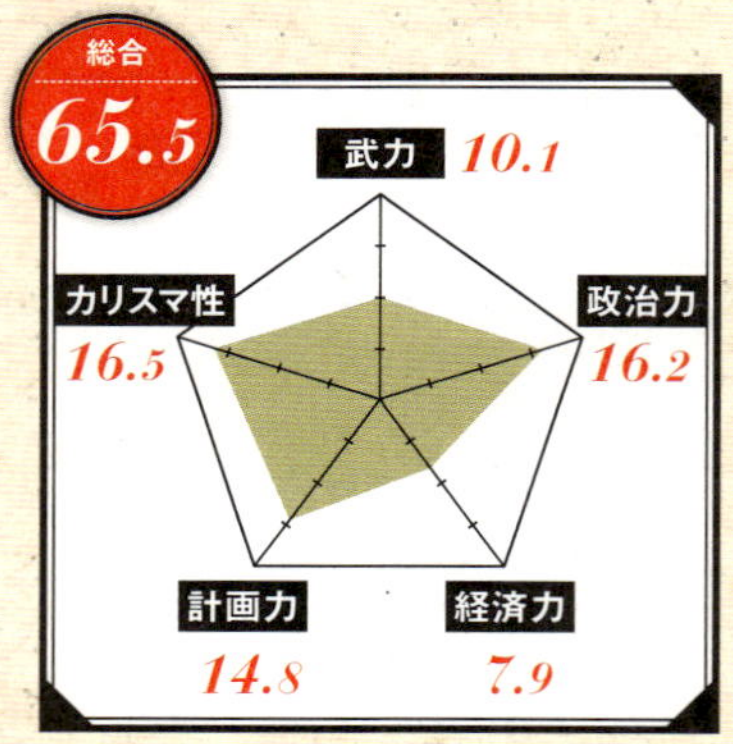

福山誠之館高校所蔵

幕府の外交方針について諸大名の意見を募る

備後《びんご》国福山藩主から老中に出世した。ペリー来航の際に、米大統領の書簡を諸大名に公開して、広く意見を求め、諸侯が幕政に参加するきっかけを作った。

また若く有能な人材を登用して幕政改革を目指したが、志半ばで病に倒れた。

第32位

前島密《まえじま ひそか》

生没年：1835～1919年

幕臣から新政府に転身郵便制度を創設する

越後《えちご》国の豪農の家に生まれ、13歳で江戸に留学。最初は幕臣となったが、東京遷都を提言したことがきっかけで新政府に登用された。

海運・鉄道・教育など広い分野で活躍し、とりわけ郵便制度の構築で大きな業績を残したことから、「郵便の父」と称される。

国立国会図書館所蔵

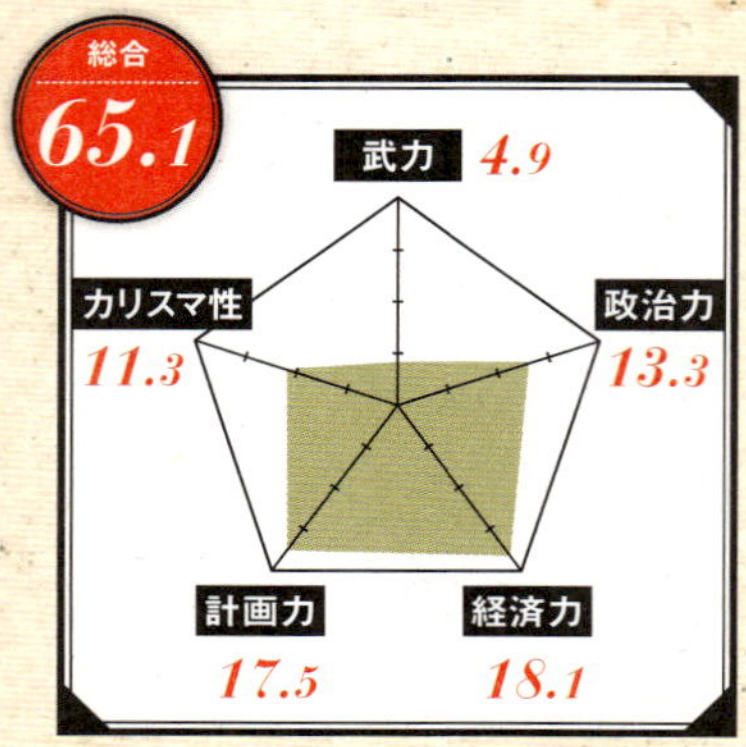

第33位 久坂玄瑞《くさか げんずい》

吉田松陰の遺志を継いだ尊攘過激派

生没年：1840〜1864年

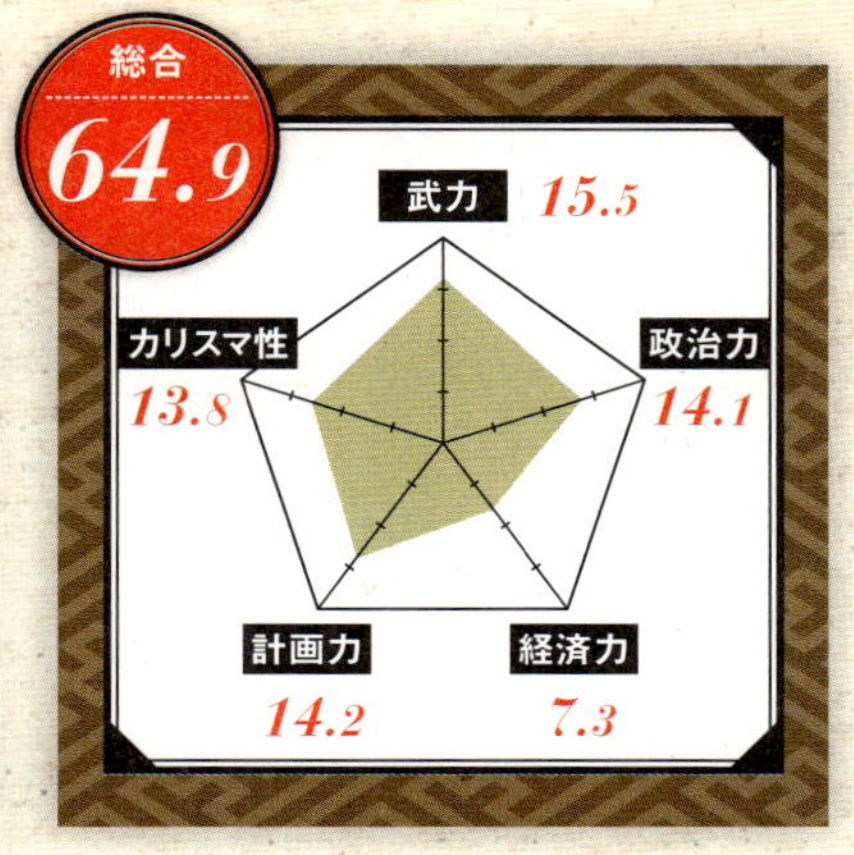

松下村塾の俊才 禁門の変で25歳で死去

松下村塾で高杉晋作と双璧《そうへき》と称された俊才。師の吉田松陰と親交を結び、松陰の妹・文《ふみ》と結婚した。

松陰の処刑後は、その遺志を継ぎ、長州藩の尊攘過激派の中心となる。公武合体運動に反対して、和宮の降嫁《こうか》阻止を画策。藩論として採用された長井雅楽《うた》の航海遠略策を厳しく批判した。一方で、坂本龍馬らと交わり、草莽《そうもう》の志士らの広い結合を目指した。

元治元（1864）年、禁門の変で流れ弾に当たり、25年の生涯を閉じた。

第35位 山内容堂《やまうち ようどう》

生没年：1827 〜 1872 年

公武合体を支持し 幕府に大政奉還を建白

土佐藩主。山内容堂（豊信《とよしげ》）は、ペリー来航を機に幕政に参加し、一橋派に与したが、安政の大獄によって隠居。その後は公武合体を支持し、藩内の過激な尊攘派・武市瑞山を弾圧した。後藤象二郎の建策を受けて幕府に大政奉還を建白し、徳川氏の保全に尽力したが、果たせなかった。

高知県立歴史民俗資料館所蔵

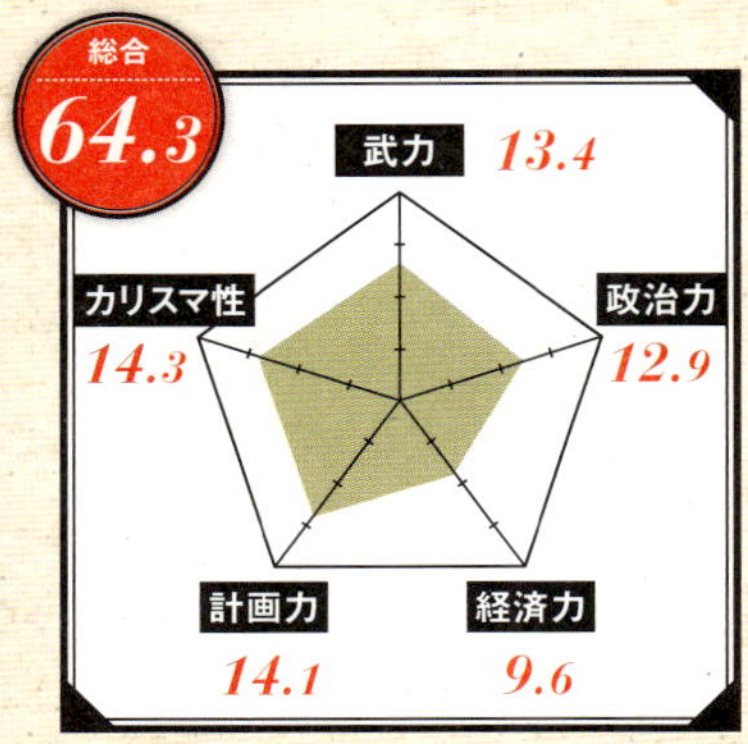

第34位 近藤勇《こんどう いさみ》

生没年：1834 〜 1868 年

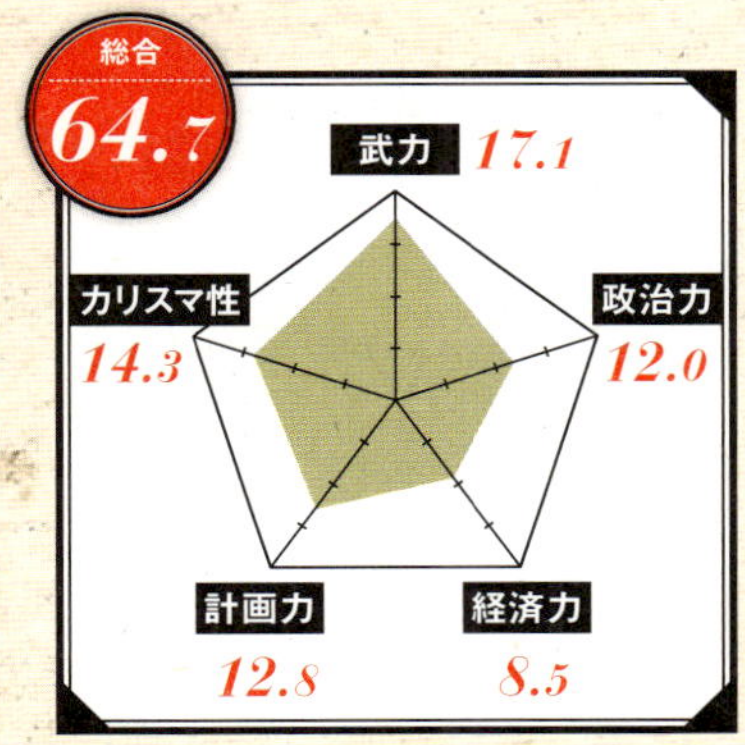

国立国会図書館所蔵

尊攘派の弾圧を天職とした 天然理心流の剣客

武蔵国の農家に生まれ、天然理心流の師範・近藤家の養子になった。京都守護職・松平容保《かたもり》の配下で新撰組を組織。局長を務め、尊攘志士を厳しく取り締まった。

戊辰戦争では新撰組の残党を率いて新政府軍と戦ったが敗北し、捕らえられ、斬首刑に処せられた。

第37位 橋本左内《はしもと さない》

生没年：1834～1859年

26歳で安政の大獄に散った和魂洋才の俊英

適塾に学び蘭学・医学を修得。若くして福井藩主・松平慶永（春嶽）の側近として幕政に関わり、幕藩体制のもと西洋文化を取り入れ進歩を目指す思想が志士から評価される。将軍の後嗣問題に介入した慶永が大老井伊直弼から問題視され謹慎処分になると、左内も罪を問われ斬首された。

福井県立郷土歴史博物館所蔵

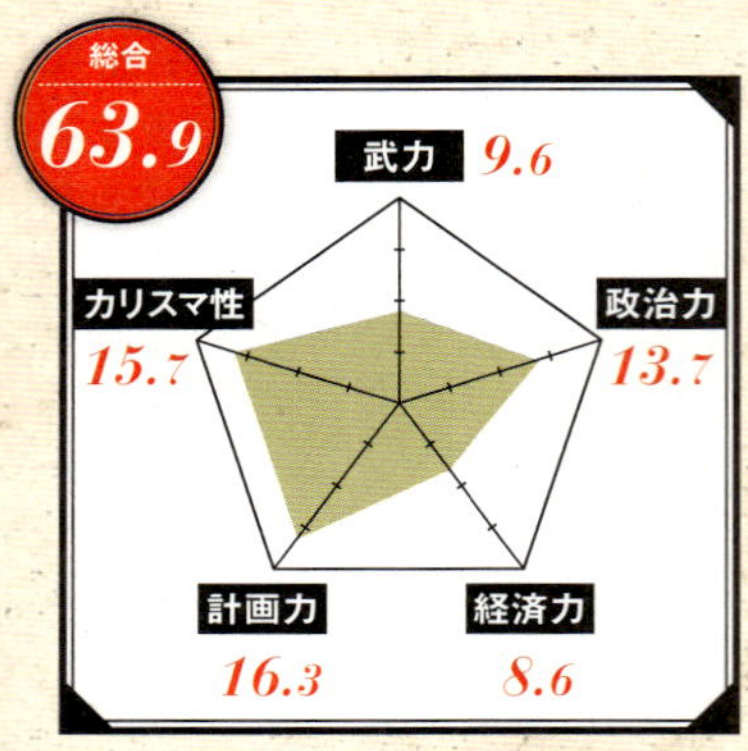

第36位 土方歳三《ひじかた としぞう》

生没年：1835～1869年

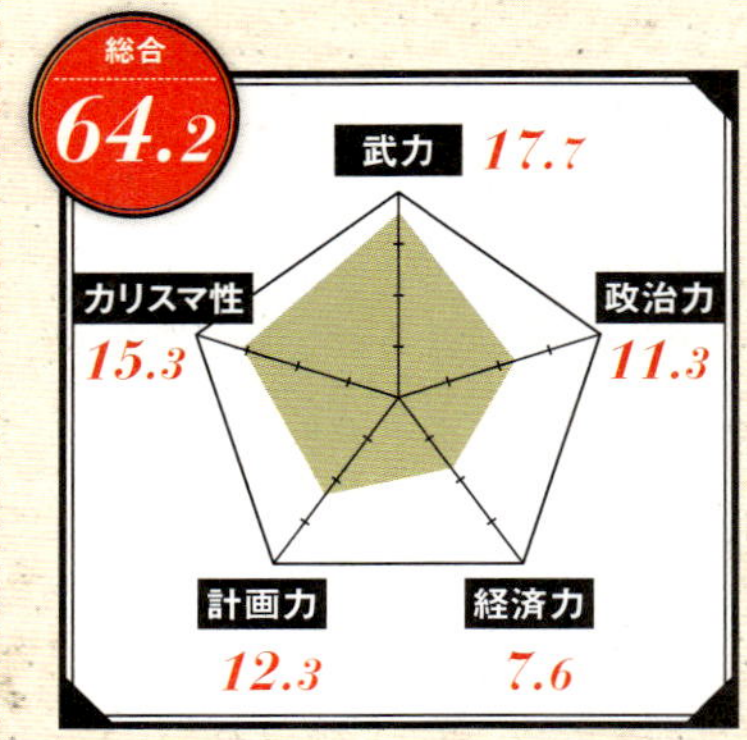

国立国会図書館所蔵

新撰組を支え転戦を重ねる言わずと知れた鬼の副長

剣豪が居並ぶ新撰組を厳しい規律と粛清でまとめあげた鬼の副長。旧幕府軍に従い戊辰戦争に参加し各地を転戦。相次ぐ旧幕府軍の敗戦に近藤勇の死、隊士の離脱と苦境が続く中でも志を曲げず、死地を求めるかのように戦い抜いた。箱館五稜郭防衛戦において腹部に被弾し死去。

第39位 桐野利秋《きりの としあき》

生没年：1838～1877年

剣は冷徹、心は明朗 情厚き"人斬り半次郎"

幕末の四大人斬りに数えられる示現流の使い手。その剣の冴えは新撰組をも震撼させた。島津家久に従い、京に上り、坂本龍馬を始め多くの志士と友誼《ゆうぎ》を結ぶ。自らを頼るものは利害を顧みず助ける情の厚い一面を持ち、小松帯刀や西郷隆盛などからも大きな信頼を寄せられた。

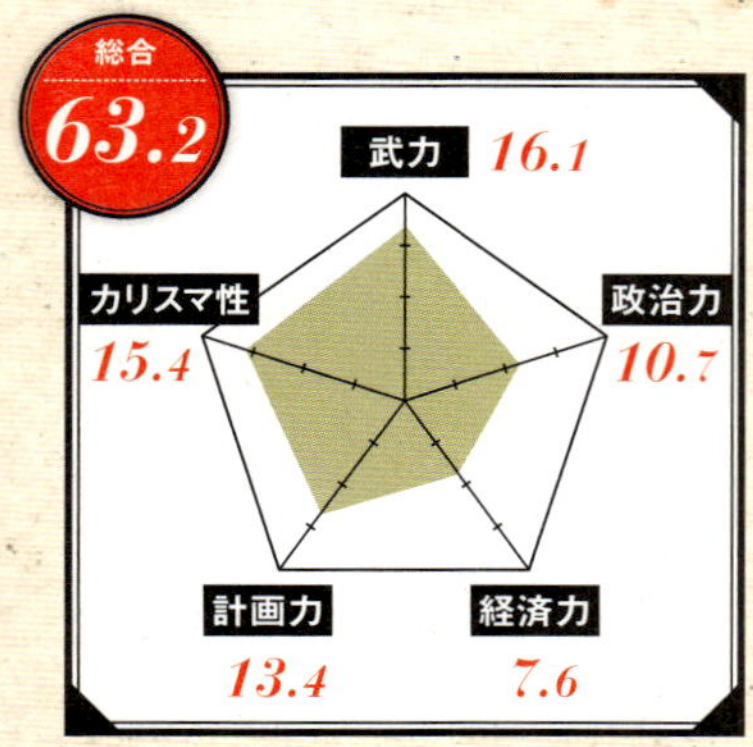

第38位 島津久光《しまづ ひさみつ》

生没年：1817～1887年

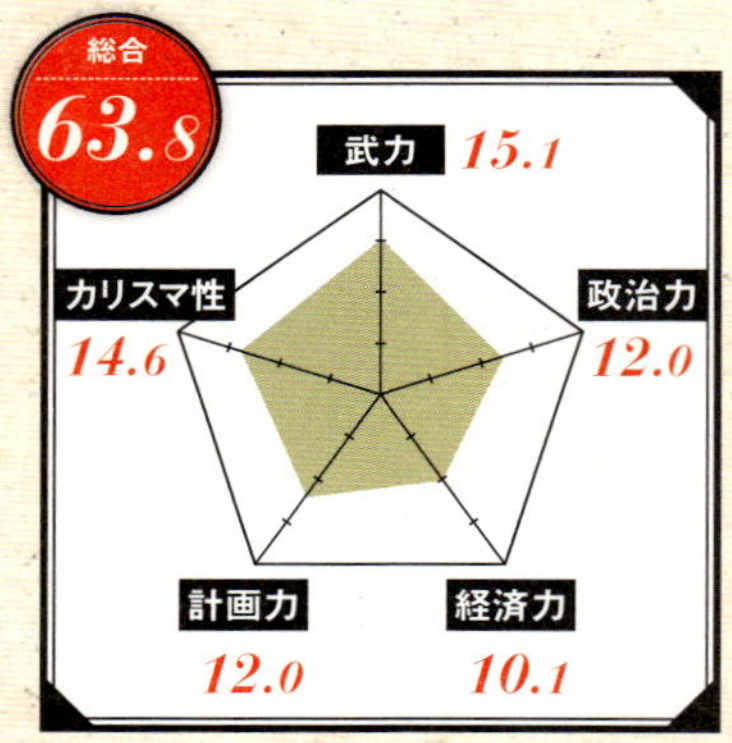

国立国会図書館所蔵

知的にして一徹 国学を愛した国父

薩摩藩11代当主島津斉彬の異母弟。斉彬の死後、嫡男忠義《ただよし》を藩主とし、その裏で実権を握る。大久保利通や小松帯刀《たてわき》の登用、松平春嶽の政治総裁職への推薦など人材面での慧眼《けいがん》が光る。国学を愛する保守派で気性が激しく、斉彬に心酔する西郷隆盛とは最後まで折り合いが悪かった。

第40位 吉田東洋《よしだとうよう》

多くの志士を育てた苛烈な土佐藩参政

生没年：1816～1862年

高知県立歴史民俗資料館所蔵

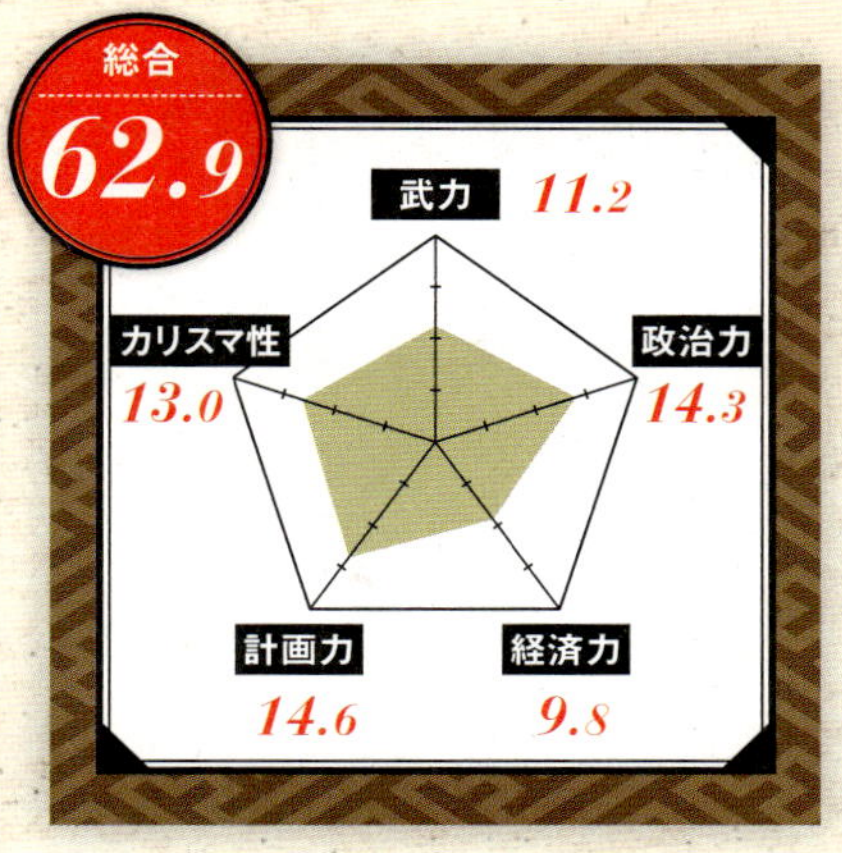

多くの志士を育て上げた急進、苛烈な土佐藩参政

土佐藩上士。藩主山内容堂に起用され大目付として辣腕を振るうも、酒宴において旗本を殴打し、罷免される。その後私塾を開き、後藤象二郎、板垣退助、福岡孝弟、岩崎弥太郎ら後に「新おこぜ組」となる人材を育てた。安政４(1857)年、藩政に復帰し、強硬な開国路線のもと富国強兵など藩政改革を断行。気性の荒さに加え、急進な改革姿勢が攘夷派・土佐勤王党から疎まれ、文久２(1862)年、武市半平太の指示を受けた土佐勤王党員によって暗殺された。

第42位 武市瑞山《たけちずいざん》

生没年：1829～1865年

一藩勤皇を掲げる土佐勤王党の盟主

安政の大獄後、薩長土三藩による挙藩勤王体制の樹立を目指し、尊攘を掲げる土佐勤王党を立ち上げた土佐藩士。吉田東洋ら公武合体、佐幕派の粛清を続け京の尊王攘夷派の中心人物となるが、八月十八日の政変により政局が変化すると山内容堂によって投獄、切腹を命じられた。

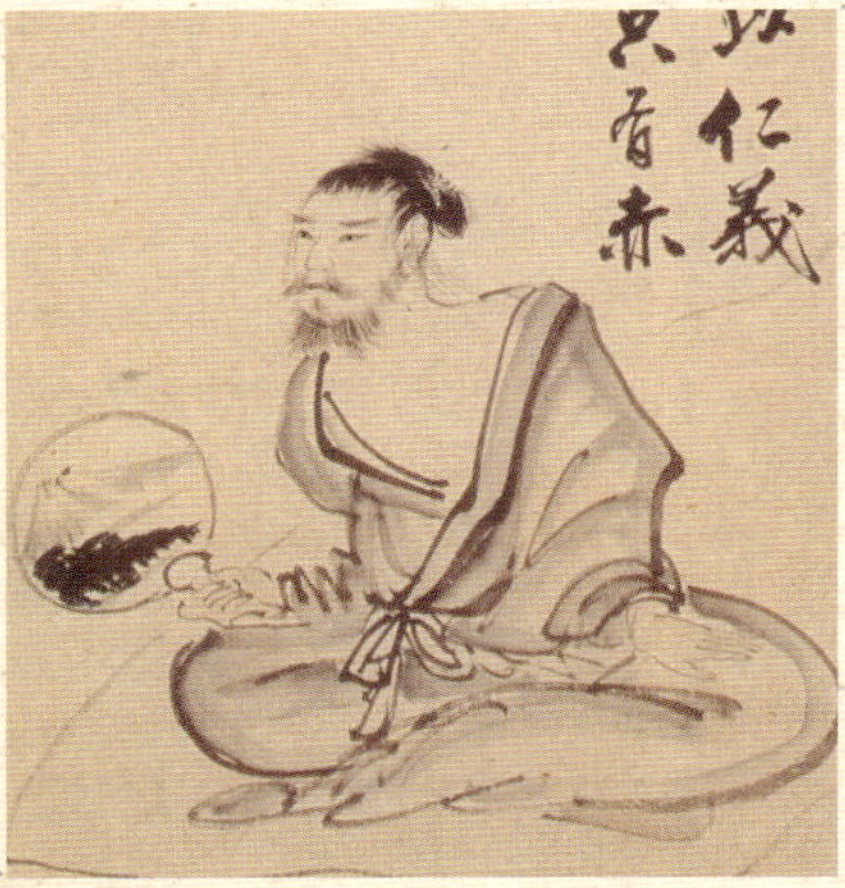
高知県立歴史民俗資料館所蔵

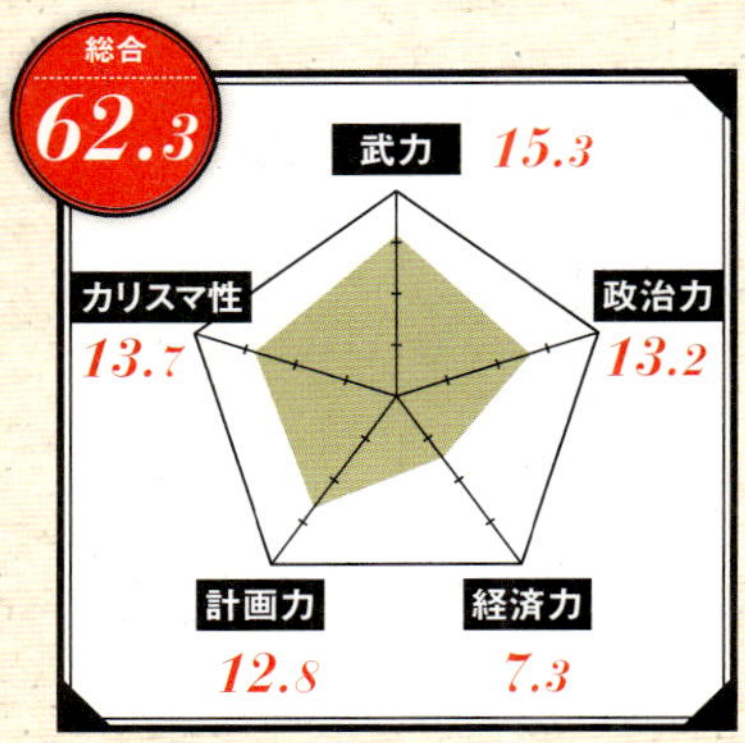

第41位 吉田松陰《よしだしょういん》

生没年：1830～1859年

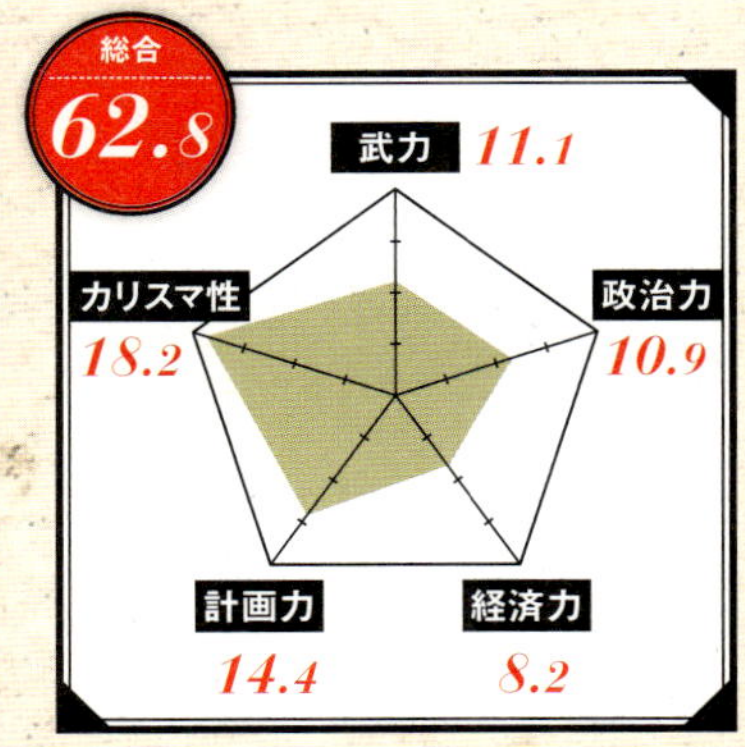

国立国会図書館所蔵

幕末の志士へ思いを託した長州藩きっての天才

松下村塾に学び９歳で明倫館《めいりんかん》の兵学指南、13歳で西洋艦隊撃滅演習を指揮した天才。西洋文化を学ぶため密航を企てるも失敗し投獄され、出獄後に松下村塾で指導にあたる。安政の大獄によって斬首されるが、その遺志は久坂玄瑞、高杉晋作、伊藤博文ら松陰の教え子に受け継がれた。

第44位 沖田総司

おきた そうじ

生没年：1842～1868年

新撰組一番隊組長 病に倒れた天才剣客

９歳で天然理心流試衛館《てんねん り しんりゅう し えいかん》の内弟子となり、若くして試衛館塾頭に。浪士組結成後は、一番隊の組長として芹沢鴨や内山彦次郎の暗殺、池田屋斬り込みなどに関わる。慶応３(1867)年頃より結核を病み、戊辰戦争への参加は叶《かな》わなかった。幼い頃から慕い続けた近藤勇の死を知らぬまま27年の生涯を閉じた。

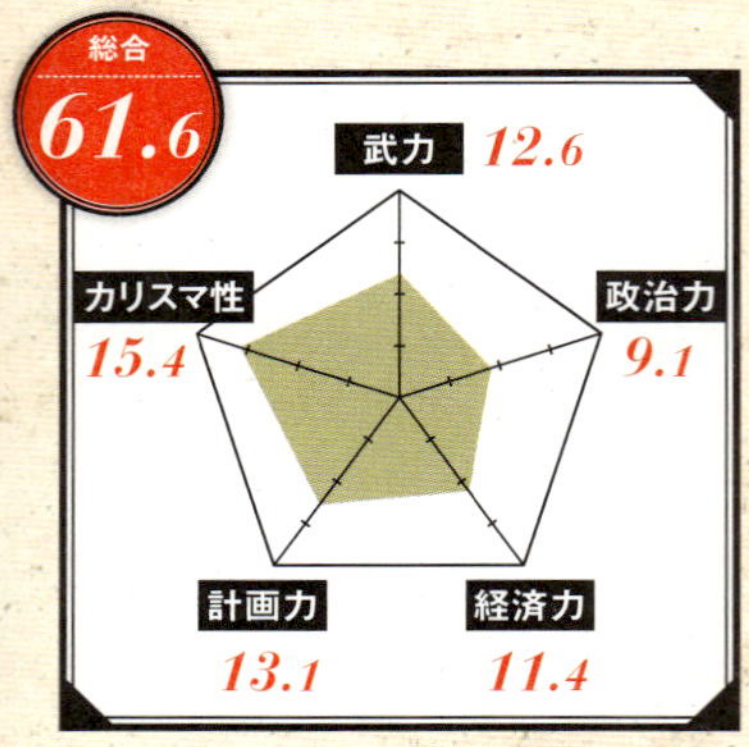

第43位 品川弥二郎

しながわ やじろう

生没年：1843～1900年

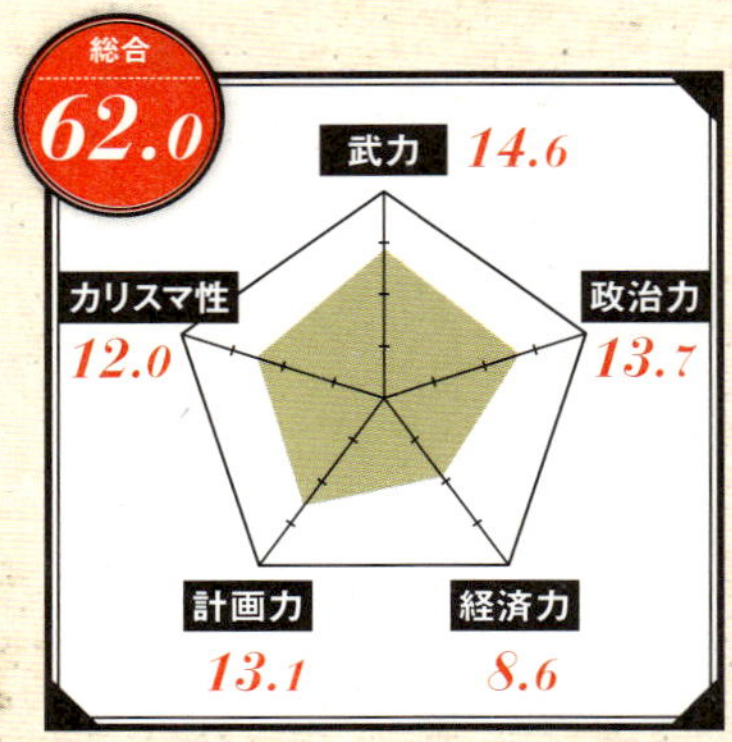

国立国会図書館所蔵

明治政府を底支えした 吉田松陰の愛弟子

15歳で吉田松陰の松下村塾に入門。安政の大獄によって松陰が亡くなった後脱藩し、攘夷運動に身を投じる。禁門の変では八幡隊の隊長として活躍。戊辰戦争においても、奥羽鎮撫総督参謀を務めた。維新後、明治政府の要人を歴任。晩年には松陰の遺志を継ぎ、京都に尊攘堂を創設した。

第46位 藤田東湖

ふじた とうこ

生没年：1806～1855年

尊皇志士の心に種を蒔いた 水戸学の巨人

水戸学藤田派の学者。水戸藩藩主・徳川斉昭の腹心として、藩政改革を支援し続けたが、井伊直弼ら開国派との争いに敗れ斉昭が失脚すると、東湖も上屋敷に蟄居となる。この間に書かれた『弘道館記述義《こうどうかん き じゅつ ぎ》』『常陸帯《ひた ち おび》』『回天詩史《かいてんしし》』などの書物が、尊皇志士たちに多大な影響を与えた。

茨城県立博物館所蔵

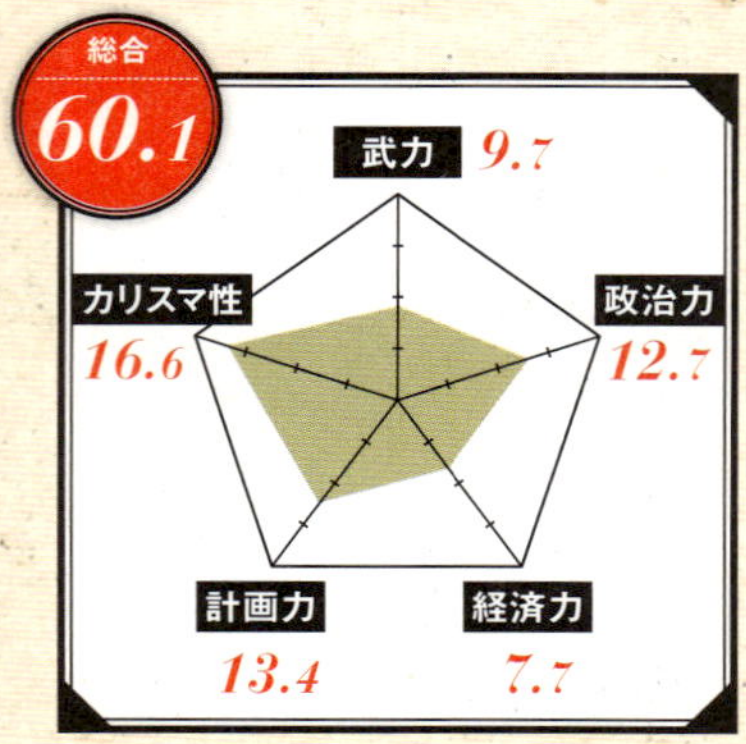

第45位 山岡鉄舟

やまおか てっしゅう

生没年：1836～1888年

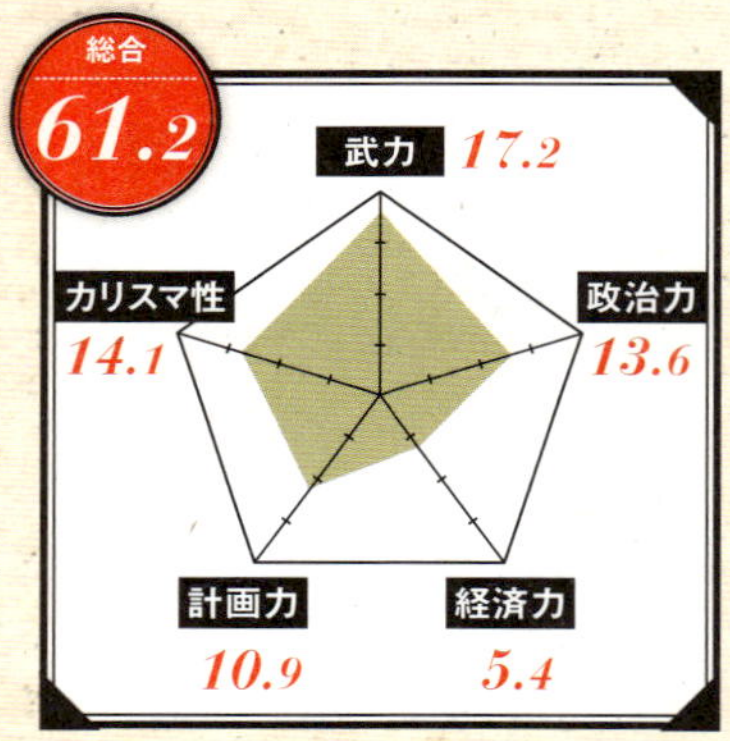

福井市立郷土歴史博物館所蔵

江戸無血開城の 陰の立役者

新陰流《しんかげりゅう》、北辰一刀流《ほくしんいっとうりゅう》、樫原流槍術《かしはらりゅうそうじゅつ》などの遣い手。清河八郎《きよかわはちろう》とともに、虎尾の会を立ち上げた。江戸無血開城にあたっては、駿府で勝海舟より早く西郷隆盛に接見し、徳川慶喜の身の安全を保証させている。維新後は西郷の依頼を受け10年間にわたって明治天皇に侍従として仕えた。

第48位 孝明天皇《こうめい てんのう》

生没年：1831 ～ 1866 年

攘夷を唱え続けた 江戸幕府最後の天皇

第121代天皇。朝廷内の開国論争で開国反対の立場を貫き、日米修好通商条約の勅許の拒絶や水戸藩に直接勅書を下賜するなどして幕府・朝廷間の対立を招いた。終始攘夷派であったものの、志士の過激な倒幕運動には異を唱えており和宮を徳川家茂に降嫁し公武合体の道を開いた。

泉涌寺所蔵

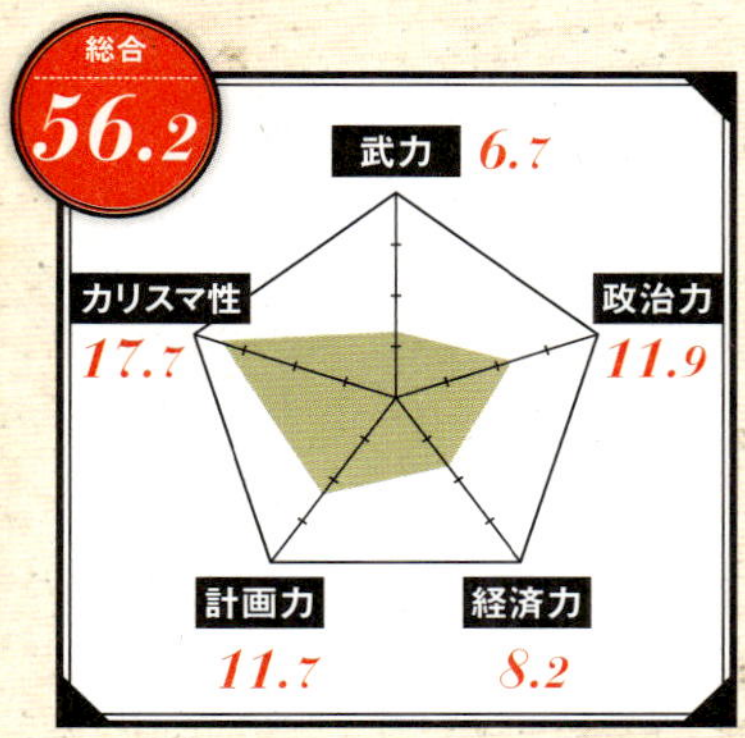

第47位 相楽総三《さがら そうぞう》

生没年：1839 ～ 1868 年

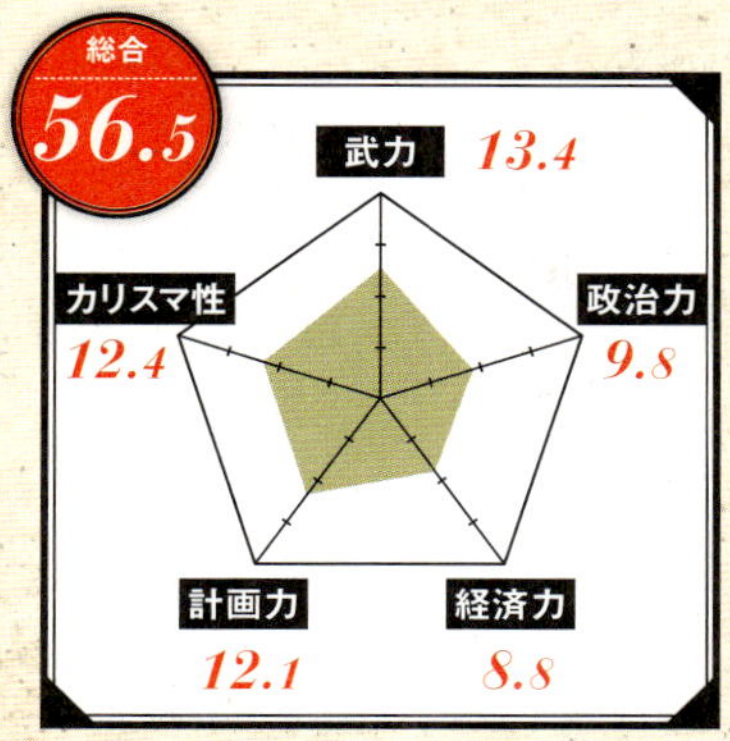

赤報隊が斬首された地に建つ相楽塚（下諏訪町観光協会提供）

偽官軍として処刑された 赤報隊一番隊隊長

西郷隆盛の命を受け浪人を集め、江戸城下で火付けや略奪を起こして幕府を挑発した。これに憤った庄内藩らが起こした薩摩藩邸の焼き討ちは、薩摩藩による倒幕の口実となる。戊辰戦争では赤報隊一番隊長として活躍するが、政府の方針転換により偽官軍の汚名を着せられ処刑された。

第50位 三条実美《さんじょう さねとみ》

生没年：1837 ～ 1891 年

明治政府の要職を歴任した 尊王攘夷派公卿

幕末における尊王攘夷派公卿の代表。八月十八日の政変で京を追われ長州に逃れる。この幽閉生活中に、坂本龍馬、高杉晋作、西郷隆盛と交流していたとされる。王政復古の大号令によって京に戻り、以後、右大臣、太政大臣、内大臣兼任内閣総理大臣を歴任。明治政府の中枢を担った。

国立国会図書館所蔵

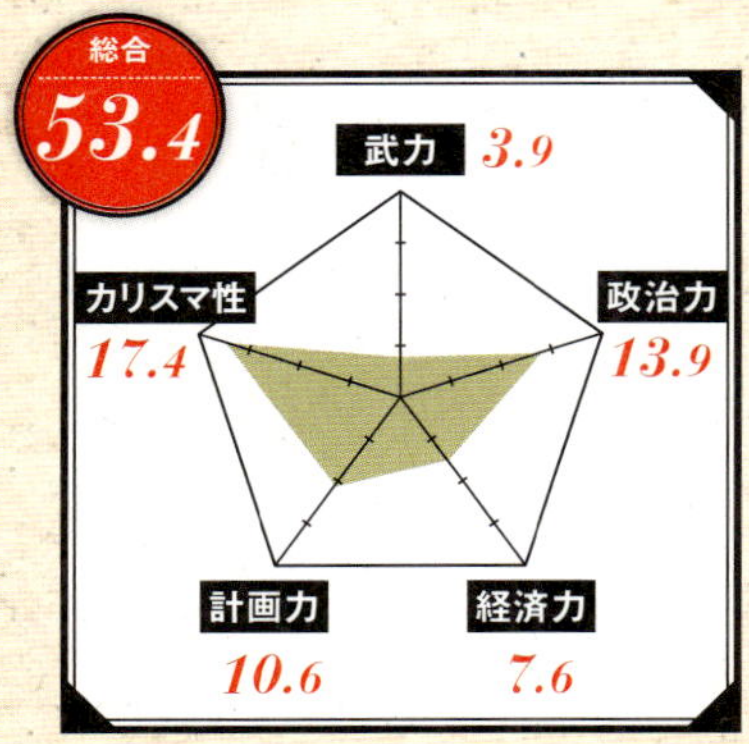

第49位 赤根武人《あかね たけと》

生没年：1838 ～ 1866 年

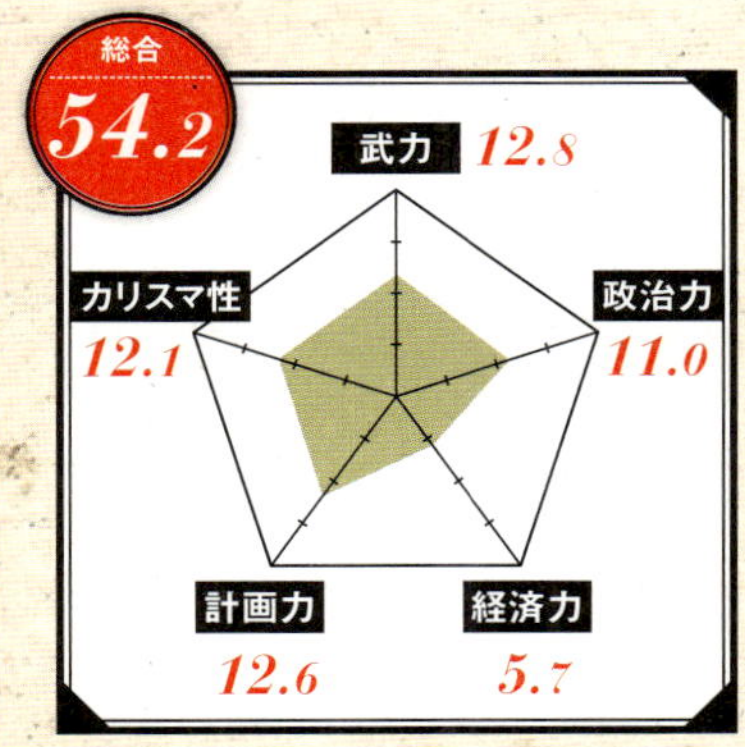

赤根武人処刑場の碑（山口市）。

戦回避に奔走し 志半ばで倒れた奇兵隊総督

松下村塾で高杉晋作と交誼を結び、高杉が奇兵隊を結成するとこれに参加、第３代総督を務めた。禁門の変での長州藩の敗北や四国連合艦隊との戦力差に、攘夷の無力さを痛感し、藩存続のため融和の道を探るが、その姿勢が高杉らとの対立を招き、裏切り者の烙印を押され処刑された。

監修者　矢部健太郎（やべ けんたろう）
1972年生まれ。國學院大學文学部史学科教授。歴史学博士。2004年に國學院大學大学院文学研究科日本史学専攻博士課程後期修了後、防衛大学校人文社会科学群人間文化学科専任講師などを経て、現職。著書に『関白秀次の切腹』（KADOKAWA）など。監修に『日本の武士100人の履歴書』（宝島社）、「超ビジュアル！ 歴史人物伝」シリーズ（西東社）などがある。

編集協力　株式会社ゴーシュ（五島 洪、野澤果南子、半田大介）
執筆　五十嵐英人　小林 聖　奈落一騎　水野大樹
鷲巣謙介　和田 進

装丁・本文デザイン　藤居雪子（i'll Products）

イラスト　諏訪原寛幸
CG制作　成瀬京司
図版　梶村ともみ

幕末・維新
ナンバーワン決定戦

2017年12月20日　第1刷発行

監修　矢部健太郎
発行人　蓮見清一
発行所　株式会社宝島社
〒102-8388　東京都千代田区一番町25番地
電話：03-3234-4621（営業）
03-3239-0928（編集）
http://tkj.jp
印刷・製本　株式会社光邦

ISBN978-4-8002-7539-4

参考文献

『詳説 日本史図録 第7版』（山川出版社）
『徳川慶喜　最後の将軍と明治維新』（山川出版社）
『日本史広辞典』（山川出版社）
『日本の時代史20　開国と幕末の動乱』（吉川弘文館）
『日本近世の歴史5　帰国前夜の世界』（吉川弘文館）
『日本近世の歴史6　明治維新』（吉川弘文館）
『物語　幕末を生きた女101人』（新人物往来社）
『新選組大事典』（新人物往来社）
『幕末維新大人名事典』（新人物往来社）
『幕末維新人物事典』（新紀元社）
『武器と防具 幕末編』（新紀元社）
『幕末維新人物事典』（新紀元社）
『【決定版】図説・幕末志士199』（学研）
『日本の近代100年史』（河出書房新社）
『図解 幕末・維新の100人』（成美堂出版）
『逆説の日本史 21 幕末年代史編Ⅳ』（小学館）
『聖徳記念絵画館オフィシャルガイド』（東京書籍）
『激動の明治維新』（鹿児島県歴史資料センター黎明館）
『図解で迫る 西郷隆盛』（淡交社）
『歴史人 別冊 幕末維新の真実』（KKベストセラーズ）
『歴史人 2016年12月号』（KKベストセラーズ）